本书是国家社会科学基金重大项目“中国经济自发展能力研究”（15ZDB133）的成果之一

中国经济短期波动对长期增长趋势的影响机制研究

邢炜　著

中国经济出版社
CHINA ECONOMIC PUBLISHING HOUSE
·北京·

图书在版编目（CIP）数据

中国经济短期波动对长期增长趋势的影响机制研究/邢炜著. -- 北京：中国经济出版社，2021.8（2023.8 重印）

ISBN 978 - 7 - 5136 - 5383 - 1

Ⅰ.①中… Ⅱ.①邢… Ⅲ.①经济波动 - 影响 - 中国经济 - 经济增长 - 研究 Ⅳ.①F124.1

中国版本图书馆 CIP 数据核字（2018）第 227380 号

责任编辑　严　莉
责任印制　巢新强
封面设计　任燕飞

出版发行　中国经济出版社
印 刷 者　北京建宏印刷有限公司
经 销 者　各地新华书店
开　　本　710mm × 1000mm　1/16
印　　张　23.5
字　　数　320 千字
版　　次　2021 年 8 月第 1 版
印　　次　2023 年 8 月第 2 次
定　　价　88.00 元
广告经营许可证　京西工商广字第 8179 号

中国经济出版社 **网址** www.economyph.com **社址** 北京市东城区安定门外大街 58 号 **邮编** 100011

本版图书如存在印装质量问题，请与本社销售中心联系调换（联系电话：010 - 57512564）

序

“保持经济稳定可持续增长或可持续发展”是世界各国政府经济政策的核心目标，也是各国人民的经济梦。稳定持续的经济增长是人民富裕、国家富强和社会安宁的必要条件。如果一个国家的GDP年增长率达到7%，10年后该国GDP规模将翻一番；如果该国人口自然增长率年均5‰，其人均GDP大约11年就会翻一番。可见，经济增长对于富民强国何等重要！

由于受内在因素和外在因素影响，经济增长过程从来都不是稳定的，也不是持续的。经济增长过程如同大海潮汐一样，总是高低起伏的，从来都不是平稳的、直线式的；经济增长过程又是时断时续的，有经济持续高增长时期，也有经济增长停滞甚至是负增长时期，不可能总是像飞机起飞那样不断攀升。从市场经济史看，经济总是在波动中实现增长的。但是，“保持经济稳定可持续增长”一直是人们追求的目标。自经济学成为一门独立的学科以来，经济稳定和经济增长一直是经济学家们研究的核心课题。

经济波动和经济增长原本是宏观经济学研究中的两个板块，它们分别形成宏观经济学中的经济波动理论和经济增长理论。前者使用的是短期分析，经济学家们从总需求一方寻找经济波动的原因，认为是总需求的波动引发了经济波动。后者使用的是长期分析，经济学家们从总供给一方寻找经济增长的原因，认为自然资源、物质资本、人力资本、技术进步和制度五大要素决定了经济增长率的高低，决定了长期经济增长路径或趋势。当实际的经济增长偏离增长路径时，经济波动就出现了。但是自20

世纪80年代实际经济周期理论(Real Business Cycle,RBC)产生以来,经济波动和经济增长的二分法被打破了,二者被纳入一个统一的模型框架中进行研究。2004年诺贝尔经济学奖获得者基德兰德(Finn E. Kydland)和普雷斯科特(Edward C. Prescott)等认为,对技术或劳动生产率的冲击使经济的潜在总产出或增长路径发生了移动,从而使经济在新的水平下提供总产出,这种供给冲击既造成了经济波动——潜在总产出位移或经济增长路径变化,又实现了经济增长——在新的增长路径上实现了总产出增长。经济波动和经济增长都是供给冲击的结果,因此可以在同一个框架下研究。

RBC改写了宏观经济学的内容和体系结构,因此被认为在宏观经济学中掀起了又一场革命——"实际经济周期革命"。但是,RBC主要解释的是经济波动(和经济增长)的原因和形成机制,并没有分析经济波动对经济增长的影响,也就是说,它没有分析短期经济波动对长期经济增长趋势会造成什么影响。显然,短期经济波动会造成经济比例关系和市场环境的改变,对消费者、投资者和生产者的信心和预期会产生影响,从而对消费、投资、创新、就业和生产产生影响,最终造成长期经济增长的波折甚至中断。但是,短期经济波动又是市场经济自动清除和自我修复的过程。在经济波动过程中,通过优胜劣汰的竞争机制,市场经济自动清除了那些落后的、不适合需要的产品、服务、技术以及相关的企业,同时为新产品、新服务、新技术以及生产它们的新企业腾出了市场空间,这就使得经济波动过程成为市场经济的新陈代谢过程,成为产品市场、劳动市场、资本市场和技术市场的重新洗牌过程,成为经济结构自动调整、优化和升级过程,这个过程是为新一轮、更高质量的增长蓄积动能的过程,甚至它本身就是经济增长的一部分或经济增长的前奏。

呈献给读者的这本专著《中国经济短期波动对长期增长趋势的影响机制研究》主要研究中国经济短期波动对长期增长的影响具有什么样的特征事实,中国经济波动通过哪些机制和以何种关系(正向或负向)影响经济增长，中国经济波动影响经济增长的机制有哪些特殊性，我们可以通过哪些途径平缓经济波动、促进中国经济的长期增长。

本书基于理论阐释和实证分析，分别从投资率、资源在企业内配置和资源在企业间配置三个视角研究了中国经济短期波动如何对长期增长产生影响。

本书有不少新发现和创新观点。重要的创新性见解有：

(1)中华人民共和国成立以来，中国经济波动性变化对经济增长趋势的影响呈现“负—正—负”的阶段性特征。

(2)由于现阶段金融摩擦机制难以发生作用，中国经济波动通过投资率对经济增长产生的影响比发达的市场经济国家要小；在发达国家，金融摩擦是一个重要的机制，而中国经济波动主要是通过实际期权机制对投资率，从而对经济增长产生影响。

(3)中国经济波动不仅对企业内部研发活动和非研发活动之间产生筛选效应，而且对研发活动中究竟采取技术引进还是自主创新实现技术进步也产生了筛选效应，这种效应受金融发展以及国有企业占比两个因素的影响。

(4)中国经济波动通过资源在企业间再配置(非国有企业固定资产投资占比提高)这一机制对经济增长产生促进作用，而且这一机制是中国短期经济波动对长期经济增长影响的主要机制。

(5)金融发展程度会影响投资率、资源在企业内配置和资源在企业间配置这三个机制作用的大小。

中国经济自2011年开始进入下行周期，GDP增长率由2010年的10.6%下降到2011年的9.6%，此后持续下行，2018年下行到6.6%。经济下行时期正是经济结构调整升级的机遇期。我国自2015年11月开始进行供给侧结构性改革，正是抓住了这个机遇期。由于中国社会主义市场经济正处于发育成长过程中，市场机制的调节力度还不足不强，还无法在经济结构调整中发挥应有的作用，所以我们这一轮经济结构调整还是政府这只“看得见的手”主导的，但是市场机制在这一轮经济结构调整中所起的作用要大于以前的历次经济结构调整。并且，随着社会主义市场经济体制的不断完善，未来的中国经济结构调整将越来越多地依靠市场机制这只“看不见的手”调节。在供给侧结构性改革和中国经济迈向社会主义市场经济这个伟大变革征程中，我们如何认识短期经济波动对长期经济增长的影响以及通过什么样的机制产生影响？我们如何尽快走出这一轮经济波动、结束经济下行？如何利用短期波动或经济下行做好经济结构调整、优化和升级，为新一轮经济增长创造条件、奠定基础？在思考这些问题时，本书都将给你提供有益的启示。

本书是作者邢炜在其博士论文基础上修改、加工、扩展而成的。邢炜是我指导的中国人民大学西方经济学专业2017届博士生。他的博士学位论文在匿名评审和答辩过程中，受到专家学者们的一致称赞，认为是一篇优秀的博士学位论文。他的博士论文的部分内容已经发表在《经济研究》《管理世界》《经济学动态》等一流学术期刊上。

世间少有尽善尽美之物，学界也稀缺完美无缺论著。本书也不是优秀到无可挑剔。本书研究了中国经济波动对经济增长的影响，但是在实际经济生活中，经济波动和经济增长往往是交织在一起的，经济增长中有波动，经济在波动中增长，本书并没有分析经济增长对经济波动的影响——这应当是另一个研究课题。本书所用的数理模型和计量方法也可能会见仁见智。

方福前

2019年10月18日写于北京时雨园

内容提要

自2008年国际金融危机以来,中国经济呈现出波动加剧和增速持续下滑的现象。中国经济波动加剧如何影响长期经济增长?为了走出经济增长困境,研究清楚这个问题至关重要。本书通过综述已有的文献和基于省级面板数据进行实证分析,发现中国经济短期波动对长期增长的影响呈阶段性的特征事实:1978年之前影响为负,1978年之后到本轮经济下行之前为正,进入新常态以来又为负,即在中华人民共和国经济史上,经济波动性变化对增长趋势的影响呈现出“负—正—负”的阶段性特征。

中国经济短期波动对长期增长的影响为什么会呈现这种阶段性特征?本书分别从投资率、资源在企业内配置和资源在企业间配置三个视角研究了经济短期波动如何对长期增长产生影响。

从投资率角度来看,我们基于省级面板数据实证分析了经济波动性变化如何通过投资率机制对增长趋势产生影响。本书的分析发现:第一,经济波动加剧可以通过实际期权效应和金融摩擦效应两种机制降低投资率,进而抑制经济增长,这一结论和已有文献相符。第二,中国经济波动主要通过实际期权机制对投资率产生影响,这一点和国外的情况很不同(国外发达国家的数据表明金融摩擦是一项更为重要的机制),进一步研究发现,这主要是因为中国存在大量的国有企业以及政府的隐性担保,金融摩擦机制(仅对经济波动和投资率关系而言)很难发生作用。第三,经济波动通过投资率机制对经济增长产生的影响有限,这一点也和已有文献相符;由于金融摩擦机制难以发生作用,中国经济波动通过投资率对经济增长产生的影响较国外更小。

从资源在企业内配置的角度来看，经济波动通过影响研发活动强度以及技术进步模式两种方式对经济增长产生影响。我们通过研究发现：第一，中国经济波动对自主创新强度的影响为负，即经济波动加剧会导致自主创新投资强度下降。第二，中国经济波动加剧对技术引进强度有明显的促进效应，而且对技术引进的促进效应明显强于对自主创新的抑制效应，从而表现出中国经济波动对总研发强度（自主创新强度和技术引进强度之和）影响显著为正。这说明中国经济波动的确通过企业内资源再配置这一机制对经济增长产生了促进作用。第三，中国经济波动不仅对企业内部研发活动和非研发活动之间产生筛选效应，而且对研发活动中究竟采取技术引进还是自主创新实现技术进步也产生了筛选效应，这种效应受金融发展以及国企占比两个因素的影响。

从资源在企业间配置的角度来看，我们通过理论模型分析和实证分析发现，中国经济波动加剧会提高非国有企业固定资产投资占比，进而促进长期经济增长。也就是说，中国经济波动通过资源在企业间再配置这一机制对经济增长产生了促进作用，而且根据实证分析，资源在企业间再配置这一机制是中国经济短期波动影响长期增长的主要机制。中国过去三十多年实行的市场化改革，对计划经济体制遗留的大量落后企业进行了清理，对严重错配的资源进行了重新配置，这种改革红利的释放使得中国经济波动和经济增长的关系与发达国家的情况不同。

通过逐项分析，我们研究清楚了中国经济波动是如何通过投资率、资源在企业内配置以及资源在企业间配置三条机制对经济增长产生影响的。同时，我们还发现金融发展程度会影响这三条机制作用的大小。金融发展程度之所以会影响经济波动和经济增长之间的关系，主要有两方面原因：一是金融摩擦具有普遍存在性；二是对不同类型投资或企业而言金融摩擦具有异质性。因此，金融发展在经济波动性变化对增长趋势影响中所起的作用取决于金融资源的支持偏好。如果金融资源更多地用于高效率投资，那么随着金融发展程度的提升，经济波动性变化对增长趋势的促进效应就更强。如果金融资源配置偏向于低效率投资，那么金融发展程度提升就会导致经济波动和增长更偏向负相关。如果金融资源配置不偏向任何类型的投资，那么金融发展就不会有任何影响。总的来看，随着过去几十年金融发展程度的提高，我国经济波动和增长之间越来越偏向正相关，但是金融发展的作用仍然存在时间和空间上的差异性。

除了金融发展程度以外，我们还发现国有企业占比变化会对经济波动和经济增长之间的关系产生影响。国有企业占比大小首先会直接影响各地区企业异质性大小，即资源在企业间重新配置空间的大小。这主要是因为计划经济时期遗留了大量低效率企业，而这些低效率企业大多是国企，但这不是说国有企业就一定是低效率企业。国有企业在研发活动中还会表现出与其他类型企业不同的特征：当经济波动加剧时，国企占比越高的地区，自主创新强度会下降得越厉害，而技术引进强度则会上升得越明显。国企占比提高，还会导致投资率对经济波动敏感度下降，因此，在一定程度上国企占比也通过投资率机制影响经济波动和经济增长之间的关系。

我们研究清楚了经济波动如何通过投资率、资源在企业内配置以及资源在企业间配置三条机制对经济增长产生影响，又弄清楚了金融发展和国企占比在其中所起的作用，在此基础上，就可以进一步对中国经济波动和增长的特征事实或特殊现象进行分析和解释了。1978 年之前，中国经济属于计划经济体制，市场的筛选效应无法发挥作用，因此中国经济波动性增大会抑制长期增长。1978 年以后，中国实行改革开放，阻碍资源自由流动的闸门被打开，市场的筛选效应开始起作用。同时，由于当时的国内外技术差距较大，可供引进的技术较多，因此经济波动对增长呈现出促进效应，而且这种促进效应受金融发展程度和国企占比两个因素的影响。根据我们的分析，金融发展程度越高，经济波动和经济增长之间越偏向正相关；国企占比越高，经济波动和经济增长之间越偏向正相关。改革开放之初，虽然存在大量低效率企业，但是由于我国金融发展程度较低，经济波动对经济增长的促进效应较弱。随着金融发展程度的提高，经济波动对经济增长的促进效应不断增强。21世纪以来，由于国有企业职工占比不断下降，低效率企业不断减少，资源配置不断优化，配置效率不断提高，再结合中国技术水平提升、技术引进空间越来越小，经济波动对经济增长的促进效应不断减弱，两者之间越来越偏向负相关关系。

此外，本书还将金融波动和经济波动放在一个统一的分析框架下进行研究，我们通过分析得出，由于融资约束的原因，不仅金融波动和经济波动各自会对经济增长产生影响，而且两者会对经济增长产生交互作用。对于企业而言，遭到负向实际冲击时，不仅用于预防流动性冲击的自营资金减少，用于预防流动性冲击的信贷资金也会按比例相应减少，进而长期投资相对于短期投资的存活概率就会较大幅度降低，长期投资相对于短期投资的预期收益就会较大幅度下降，企业自然会大幅度降低长期投资占比。同样，遭到正向实际冲击时，不仅用于预防流动性冲击的自营资金增加，用于预防流动性冲击的信贷资金也会按比例相应增加，长期投资相对于短期投资的存活概率就会较大幅度上升，长期投资相对于短期投资的预期收益就会较大幅度上涨，企业自然会较大幅度增加长期投资占比。当经济波动加剧时，不仅用于预防流动性冲击的自营资金数量波动加剧，用于预防流动性冲击的信贷资金数量波动也会加剧，长期投资相对于短期投资的风险就会较大幅度上升，企业自然会大幅度削减长期投资。

本书最后还分析了经济政策不确定性对经济长期增长的影响。一方面，近年来经济政策不确定性越来越被学术界和政策制定者们关注，学者们认为经济政策不确定性属于引致经济波动的一个重要因素。另一方面，我们也可以将经济政策波动视为一种特定来源的经济波动，通过对比分析来检验本书结论的稳健性。通过分析我们得出以下几点结论：第一，以经济政策不确定性为核心解释变量与以经济波动为核心解释变量时的回归结果一致，说明本书的结论是稳健的。第二，经济政策不确定性主要是通过投资率对经济长期增长产生影响。说明不同类型波动对经济长期增长的影响机制存在一定差异。第三,与金融波动相似,经济政策不确定性和经济波动同时变化会放大对方对经济长期增长的负面效应。经济政策不确定性的增大会导致人们难以产生稳定的政策预期,进而投资决策波动就会较大,从而导致经济波动较大。同样,经济波动加剧时,为应对更加复杂的经济形势,政府也会相机抉择制定相应的经济政策,因此经济政策不确定性也会加大。正是因为存在经济政策不确定性和经济波动相互加强对方效果的效应,经济政策不确定性和经济波动对经济长期增长产生交互影响。

本书的研究认为,过去几十年中国经济短期波动对长期增长的促进作用是边际递减的、不可持续的。在当前情形下,我们尤其要避免出现经济短期波动加剧和长期增长放缓交叉影响的恶性循环,更要重点应对各类风险因素共振带来的威胁,对当前经济形势不能盲目乐观。必要的时候政府应当出台适当的稳定性政策。当然,从长期来看,我们还是应当继续深化改革、优化资源配置、提升资源利用效率,最终促进TFP提升。我们还要加大自主创新投入、增强自主创新能力,实现技术进步模式成功转型。通过优化资源配置和加强自主创新能力建设,实现我国经济从投资驱动型向效率驱动型、创新驱动型的成功转变。

目　录

第一章

导论

第一节　本书的研究背景和意义

一、研究背景

2008年金融危机之后，中国经济呈现出波动加剧、增速放缓的现象。若与危机前2007年14.2%的增速相比，此轮经济下滑已超过一半幅度。若从季度数据来看（如图1－1所示），从2010年第一季度的高点开始，经济增速已经连续33个季度走低，其中有25个季度经济增速低于8%。此轮经济下行既有趋势性放缓的特点（方福前，2014）①，也有周期性放缓的表现（郭豫媚、陈彦斌，2015）②。针对趋势性放缓和周期性放缓，学者们分别从短期、中期和长期的角度提出了走出此次增长困境的政策建议③，

---

① 方福前（2014）认为此轮经济减速为技术性减速。所谓技术性减速，是指由于技术水平提高（或技术进步）的速度减慢造成全要素生产率（TFP）提高的速度减慢所导致的经济增长减速。改革开放后的一段时间内，我国凭借“后发优势”，利用引进发达国家的先进技术实现高速增长。随着我国经济的不断发展，这种后发优势越来越弱，而我国自主创新的速度又没有跟上，不能有效地通过自主创新来替代技术引进，从而导致我国经济活动的技术进步整体速度减缓。

② 郭豫媚和陈彦斌（2015）通过使用附加人力资本的增长核算模型对1979—2014年中国经济增长进行了核算，并在此基础上估算了1979—2020年中国潜在经济增长率。他们认为2012—2014年中国潜在经济增长率为9.4%，而现实经济增长率为7.6%，因此当前经济放缓主要还是由总需求不足的周期性因素引起的。

③ 例如方福前和马学俊（2016）认为，一方面，通过扩投资和扩融资来扩大内需，努力把经济增长率稳定在7%左右，但是这些投资和信贷的流向必须是有选择性的。另一方面，要通过国家财政支持和政策激励企业加大创新投入来提高R&D经费支出和设备投资的增长速度。蔡昉（2016）提出中国经济寻求长期发展的关键不在于寻求需求侧刺激手段，而应该从供给侧推进结构性改革，释放体制潜力，达到提高潜在增长率的目的。陈彦斌、姚一旻和陈小亮（2013）认为中短期内，应该通过加快推进城镇化、总量减税以及使用宏观调控措施来实现“稳增长”，防止经济出现“硬着陆”。长期内，破解增长困境的根本之道是，通过深化改革完成“三大转变”，降低“高增长依赖”。

但是这些研究都没有考虑短期经济波动对长期增长趋势的影响，即经济周期性放缓是加剧还是缓和了经济趋势性下滑，不考虑清楚这个问题，所提出的政策建议有可能是互相冲突的。因此，我们要顺利走出此次增长困境，必须研究清楚一个关键问题：中国经济短期波动如何影响长期增长趋势。

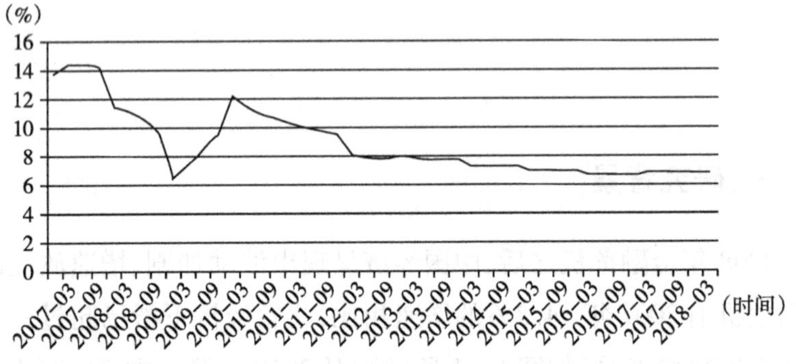

图1－1　中国经济季度增速

资料来源：中经网。

究竟是一个大起大落、波动剧烈的经济体表现较好，还是一个运行平稳、波动幅度较小的经济体平均增速更高？很久以前，经济学家已开始关注资本主义市场经济活力与其不稳定性之间的关系，而市场的不稳定性则可以通过经济周期的反复出现来体现。凯恩斯主义则认为经济上下波动的现象并非必须存在，政府只要采取适当的政策干预就可以避免经济波动。但这只是基于波动自身的一套调节机制，且是在对经济增长没有任何影响的假设之下提出的。凯恩斯学派不太关注经济的长期增长问题，所以他们没有研究经济波动对经济增长的影响。真实经济周期（RBC）学派（新古典宏观经济学）的经济学家认为经济波动是经济增长过程中不可或缺的一部分，经济增长和经济波动可以放在同一个理论框架下进行研究。这一学派认为，给定经济资源约束，市场会尽可能发挥其最大的作用，这时波动自然而然就会产生。至于为什么会产生波动，他们认为生产率的提升大部分是通过巨大的创新来驱动的，而这种巨大的创新不是时常发生的。通常,经济伴随着生产率冲击的发生而快速增长,而这些冲击往往还是负向的冲击(例如石油危机)。所以经济增长可以看作一系列波动螺旋上升的过程,如果忽视这些经济波动,那么换来的就是经济增长停滞的惨痛代价。真实经济周期学派认为经济波动和经济增长都出自同一个根源——生产率冲击,但是经济事实表明,经济波动往往有其独立的生成原因,生产率冲击不足以解释所有的经济波动,并且经济波动不能完全看作是经济增长的伴生现象,经济波动本身也影响经济增长的速度、平稳性和质量。所以,现在许多主流经济学家开始把经济波动和经济增长分开来进行研究。

Aghion 和 Banerjee(2005)、Aghion 等(2010)基于 Schumpeter 的思想建立了一个联系波动和增长的经济模型,即 AABM 模型。在 AABM 模型中,经济增长来自 R&D 投入,而经济波动则来源于各种冲击的发生(包括供给冲击、需求冲击等一系列可以引起生产率变化的冲击)。投资分为两类,即短期固定资产投资和长期研发投资。固定资产投资可以很快带来回报,而研发投资有利于长期经济的增长。每个企业可以存活三期,企业在第一期决定分别投入多少给短期固定资产投资和长期研发投资两个项目。在第二期,短期固定资产投资即可带来产出,而长期研发投资则在第三期才可以带来回报。不存在信贷市场摩擦时,短期投资的收益即是长期投资的机会成本,而短期投资收益是亲周期的,因此长期投资在总投资中的占比具有逆周期性。当一个负向的冲击发生时,企业会增加对长期项目的投资,进而促进了长期经济增长,此时经济短期波动对长期增长表现出促进作用,这被称为"机会成本效应"。而当信贷市场存在摩擦时,由于长期投资项目需要连续不断的投资,因此更容易遭受信贷约束。如果信贷约束足够紧,那么当负向冲击发生、产出下降时,长期投资项目失败的概率会加大,从这个角度来看,经济波动对经济增长表现出衰退效应,总的影响取决于两种效应相抵之后的净结果。

Aghion 和 Banerjee(2005)、Aghion 等(2010)的研究很好地解释了发

达国家经济波动和经济增长的关系，但是它是否能直接运用于解释中国经济还值得商榷。中国属于发展中国家，正处于构建社会主义市场经济体制的转型时期，中国和发达国家之间必然存在许多不同之处。因此，本书认为需要构建适合中国情景的理论模型和研究框架来分析中国的经济波动和经济增长的关系。本书接下来将基于中国实际情况，借鉴 Aghion 和 Banerjee（2005）、Aghion 等（2010）的研究方法，对中国经济波动性变化如何影响经济增长进行研究。

二、研究意义

本书具有重要的研究意义：第一，本书的研究为以后研究中国经济波动和经济增长关系问题提供了一个较为合理的机制分析框架。经济波动性变化对长期增长趋势的影响是目前宏观经济学领域一个前沿、热门的话题，针对中国也有较多的研究。然而根据收集到的文献，我们发现，针对中国的研究主要是经验分析，而较少涉及理论机制的分析。虽然国外已有一些文献通过构建理论模型对经济波动性变化如何影响长期增长趋势进行了分析，但是其所研究的对象基本是发达国家，而中国是一个发展中国家，正处于社会主义市场经济体制不断完善的转型期。中国经济既不同于以往的计划经济，也不同于欧美发达国家较为完善的市场经济，因此，基于发达国家经济现象提出的理论模型不能完全适用于中国，即必须对其进行“中国化”改造才能用于解释中国的经济现象。本书从中国实际出发，借鉴国外的模型对中国经济波动性变化如何影响长期增长趋势进行了研究，对以后这一领域的研究起到了搭桥铺路的作用。

第二，本书的研究为通过短期调控来影响长期增长提供了可能。若想走出此次经济增长困境，不外乎从需求和供给两个方面想办法。从需求方来看，消费短时间内难以提升，净出口受到国外经济形势拖累也难以恢复往日水平，增加投资受到产能过剩的困扰，而且容易造成政府和企业杠杆率过高。从供给角度来看，资本本身受到边际效率递减的限制，由于人口红利的减少，我们无法再依赖廉价劳动力来支撑经济增长，剩下的唯一能够有效解决当前困境的就是提高生产率。本书的研究将会为在经济下行背景下如何促进生产率的提升提供思路。

第三，本书的研究结论还有助于经济政策的权衡以及经济波动福利成本的估计①。例如，如果经济波动对长期经济增长影响显著为正，那么短期的稳定性政策就会不利于长期增长，政府就得面临短期经济稳定和长期经济增长的权衡。如果短期经济波动对长期经济增长为负，那么逆周期的稳定性政策就获得了更有力的支持，因为稳定性政策不仅减小了经济波动，而且有助于长期经济增长，从而更能提高人们的福利水平。如果经济波动性变化对增长趋势没有任何影响，那么政府在出台短期平抑经济波动的政策时就无须考虑对长期增长趋势的影响。

---

① 根据李小明（2013）的研究，国内学者主要基于 Lucas（1987）的基准模型，对中国经济波动的福利效应进行考察。这些研究可以分为两类：一类是将中国经济波动的福利成本与美国（或其他经济体）进行比较。例如陈太明（2007）直接使用 Lucas（1987）理论模型对中国 1978—2004 年经济周期福利成本进行计算，他的研究强调了福利成本的阶段性差异；陈彦斌和周业安（2006）将习惯形成引入 Lucas（1987）模型，发现福利成本有所增大，跨国比较的结果显示，中国经济周期的福利成本与土耳其的福利成本大致相当，大约是美国的 22 倍；黄梅波和吕朝凤（2011）将 Lucas（1987）所指出的“消费满足指数增长和一个随机冲击”的做法融入 Al - varez 和 Jermann（2004）研究模型，估算了中国经济周期的边际福利成本。另一类国内文献则致力于中国经济波动与经济增长福利成本的比较研究。陈彦斌（2005）认为，Lucas（1987）论断并不适用于中国。一方面 Lucas（1987）模型本身存在错误，另一方面中国经济增长率较高导致对降低经济增长的福利成本的严重高估，而经济较大的波动性导致对经济波动福利成本低估。他将 Lucas（1987）模型对经济增长福利成本的分析扩展到 CRRA 效用函数下，比较中国经济波动与经济增长的福利成本，发现两类福利成本大致相当。饶晓辉和廖进球（2008）利用递归效用函数刻画消费者的偏好结构，得到的结论与之类似。李凌和王翔（2010）则认为，促进经济增长比平抑消费波动更为重要，他们在 Lucas（1987）模型的基础上引入习惯形成，使用 1991—2006 年中国城镇不同收入群体的消费增长和波动数据，发现促进消费增长 1% 带来的福利效应比平抑 1% 消费波动带来的福利效应大。

第二节　本书研究的重点、难点及创新与价值

一、研究的重点、难点

本书研究经济波动对中国经济增长的影响,重点是研究经济波动对经济增长影响的机制,因此,本书主要是影响机制分析,而非经验事实研究。关于经济波动性变化对增长趋势影响的经验事实,卢二坡和曾五一(2008)已经进行了较为充实的研究,他们的研究已经对实证分析可能存在的相应问题进行了较为细致的分析,而且得出较为稳健的研究结论。因此,本书直接以他们的研究为基础,对于模型存在的内生性问题、经济波动指标衡量问题没有过多细究。

本书的难点主要在于理论模型如何构建和如何处理实证分析中可能存在的内生性问题。在理论模型方面,传统宏观模型(如RBC模型)无法运用于研究本主题,因为RBC模型中经济波动和经济增长均来源于技术冲击或生产率的变动,波动和增长只是同一个因素引发的两种经济表现,无法研究自身变动对自身的影响。本书参考了以往研究经济波动和经济增长关系的理论文献,无论是改进过的AK模型还是AABM模型,基本上都对经济波动和经济增长来源实行了分开设定的处理,即将RBC模型中的生产率A拆解为两块,一个衡量波动,一个衡量增长。在这种设定下,我们可以方便地研究经济波动对经济增长的影响。由于经济波动对经济增长的影响主要是通过投资结构变化实现的,因此如何引入投资异质性是理论模型构建的另一个难点。本书同样借鉴了AABM模型的设定,引

入了异质性企业或投资的假设,进而对经济波动如何影响投资结构进行分析。

在实证分析方面,本书研究难点主要有两个,一个是经济波动性如何测度,另一个是如何解决模型可能存在逆向因果带来的内生性问题。对经济波动性进行测度的方法很多,最常用的方法便是本书选择的增长率标准差法。由于不同衡量方法所代表的经济含义不同,因此理应采用各种方法进行稳健性检验。但是这部分工作已由卢二坡和曾五一(2008)基本完成了,因此,本书不再做这种重复劳动,而且本书研究的重点是机制分析,而非经验分析。至于内生性问题,卢二坡和曾五一(2008)的研究也对其进行了细致的分析,得出的结论与没有处理内生性问题时的研究结论相符,即研究结论是稳健的。本书也采用工具变量法做了处理,结果也很稳健。

二、本书的创新与价值

(一)理论创新与价值

关于经济短期波动对长期增长的影响,与国内研究相比,我们基于中国国情,通过构建理论模型分别从投资率、企业内研发活动以及企业间资源配置三个方面分析了经济短期波动对长期增长趋势的影响,并基于实际数据进行实证分析以验证理论模型的适用性,为以后关于这方面的研究提供了较为科学的研究框架,填补了国内研究很多方面的空白。

与国外研究相比,本书的理论创新与价值主要体现在以下两方面:其一,研究角度创新。国外已有研究多是从投资率机制和研发投资占比机制出发研究经济短期波动对经济长期增长的影响,而忽略了技术进步模式机制以及资源在企业间重新配置机制的作用,因此,自然也就忽略了企业产权性质和金融资源支持偏好的作用。本书的研究弥补了这些不足。

其二,理论模型创新。研究角度不一样,所构建的理论模型自然就存在差别。AABM 模型主要基于研发投资占比机制进行分析，本书则引入技术进步模式机制和资源在企业间重新配置机制进行分析。AABM 模型中设定了经济波动对短期投资直接影响大于长期投资，这是符合研发投资占比机制相关特征的。而对于技术进步模式机制和资源在企业间配置机制而言，经济波动对哪种类型投资直接影响更大取决于投资对经济波动的敏感性高低。因此在我们的理论模型中，经济波动对不同类型投资的直接影响不是一成不变的，会随着产权性质等因素变化而变化。此外，金融摩擦的引入方式也不同，在 AABM 模型中，只有长期投资会遭到流动性冲击，短期投资不会遭到流动性冲击，因此金融发展必然会减小长期投资相对于短期投资的风险，本书则认为两种投资都会遭受流动性冲击，这样的假定更符合现实。而且我们据此分析出金融发展对经济波动与两种投资相对结构关系的影响取决于金融资源的支持偏好。

关于不同类型的经济波动对经济长期增长产生的交互效应，本书的创新主要有：第一，从研究方法来看，仅有的几篇文献均是经验分析，而对背后影响机制分析的较少。本书通过构建理论模型的方式对不同类型经济波动对经济长期增长产生交互效应的机制进行分析。第二，从研究对象来看，目前尚无学者专门基于中国数据对不同类型经济波动对经济长期增长产生的交互效应进行研究，本书的研究将有助于我们更直接地了解中国的实际情况。无论对于国内还是国外，本书都具有较强的创新性和理论价值。

（二）应用创新与价值

第一，本书通过理论分析和实证分析，研究清楚了经济波动性变化对增长趋势的影响机制。本书进而据此指出，改革开放以来的几十年中，中国经济短期波动对长期增长的促进效应是边际递减、不可持续的。因此，在当前经济下行的背景下，政府不应当对未来经济增长速度盲目乐观。要想提高中国经济的调节能力，中国经济必须实现从投资驱动到效率驱动直至最终由创新驱动的转变。

第二，为在经济下行背景下提升生产率提供思路。根据本书的分析，经济下行对生产率的促进作用受到两个因素的影响：金融发展程度和改革力度。因此短期内在杠杆率过高的背景下可以从两个方面着手：一是提高金融资源利用效率，将大量支持低效率、落后的企业或项目的资金转移出来用于支持高效率、创新型的企业或项目，即要结构性去杠杆；二是深化改革、优化资源配置，尤其是针对中西部地区的资源配置。

第三，为在经济下行背景下如何成功转变技术进步模式提供了理论基础。根据本书的结论，在目前情形下，金融发展程度越高，经济波动与自主创新占比越偏向正相关。经济越是持续下探、下探幅度越大，经济波动与自主创新占比越偏向正相关。因此，一方面可以利用此轮经济增速不断下行、经济波动加剧，促进技术进步模式向自主创新技术进步转变。另一方面加快推进金融体制改革，注重金融体系的培育和完善，为自主创新型企业提供偏向性资金支持，为技术进步模式的成功转换创造条件。

第四，通过本书的分析可以发现，金融波动和经济波动会通过共振效应对经济长期增长产生负面的交互影响。因此，在当前经济波动加剧的背景下，防控金融风险、平抑金融波动不仅有利于当下，更有利于未来。我们要严守金融风险的底线，促进杠杆结构性调整，助力经济发展质量的提升。

第三节 本书主要观点与逻辑结构

一、本书主要观点

本书的主要观点可概括为:①中华人民共和国成立以来,中国经济波动性变化对增长趋势的影响呈现出“负—正—负”的阶段性特征。②经济波动加剧会通过实际期权机制和金融摩擦机制降低投资率进而降低长期增速,但投资率对经济波动和经济增长关系的贡献并不是很大。③经济波动加剧对自主创新表现出抑制效应,但会促进企业进行技术引进进而促进长期经济增长,但是通过技术引进实现技术进步是不可持续的。④中国过去三十多年实行了市场化改革,对计划经济体制遗留的大量落后企业进行了清理,对严重错配的资源进行了重新配置,这种改革红利的释放使得中国经济波动和经济增长的关系呈现出特殊的阶段性特征。但是靠优化资源配置来促进 TFP 增长是不可持续的,这就是近几年经济波动对经济增长促进效应下降的原因。

二、本书的逻辑结构

中国经济短期波动主要通过投资率、资源在企业内配置和资源在企业间配置三条机制对经济增长产生影响。由于金融摩擦的普遍性和异质性,金融发展程度对这三条机制的贡献存在影响;由于国企和非国企之间存在异质性,国企占比对这三条机制的贡献也存在影响。中国经济短期波动对长期增长产生影响的逻辑说明如图 1 –2 所示。

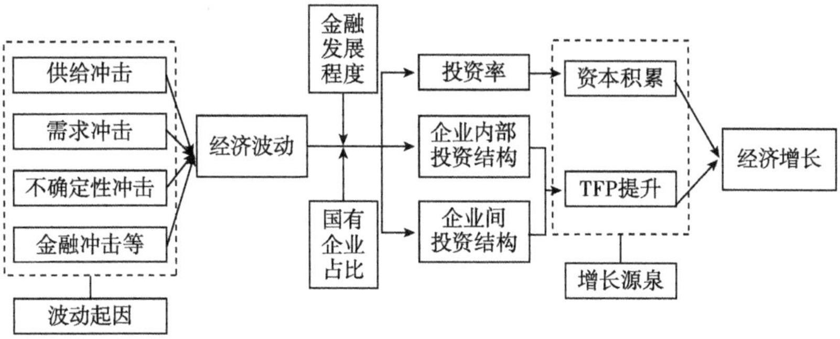

图 1 –2 经济波动对经济增长影响机制图示

根据以上逻辑关系图,本书将分章节对上述机制逐项进行分析。本书先通过文献综述分析已有研究,并基于经验分析对已有研究结论稳健性进行检验。在研究清楚中国经济波动和经济增长关系的基础上,本书继而根据经济波动对经济增长的影响机制进行逐项研究,并最终对金融发展和国企占比的作用进行综合分析。最后,依据以上这些研究得出本书的结论,并提出政策建议。

第二章

文献综述

第一节　主要概念界定

一、经济波动

（一）经济波动、经济周期以及经济波动性

在以往的研究中，经济波动和经济周期两个概念常常相互替代使用。然而，两者所代表的内容还是存在差异的。经济波动（economic fluctuation）指的是经济并没有按照某一条平稳的路径运行，而是呈现出上下起伏的现象。因此，经济波动是一种普遍现象，不会随着经济发展阶段和体制的变迁而消失。在奴隶社会、封建社会等时期，经济都呈现出不断波动的现象。

经济周期（economic cycle）则是社会生产力和商品生产关系发展到一定阶段的产物。根据马克思的经济周期理论，经济周期是由资本主义的基本矛盾引起的。在西方经济学界，学者们认为经济周期主要表现为宏观经济活动的主要指标（如经济增长率、就业率或失业率、通货膨胀率）时而共同繁荣、时而普遍衰退，并依次接替、周而复始地呈规则性变化的现象。由此不难发现，经济波动比经济周期包含的内容更多，经济周期只是经济波动的一种表现形式。20 世纪 80 年代以来，主流经济学一般认为经济波动是重复性的，但不具有规则性，因此，越来越多的经济学家倾向于使用“经济波动”的提法。

经济波动性（economic volatility）衡量的是经济波动的剧烈程度，是对

经济波动某一方面属性的观察结果，本书即是以经济波动性为自变量，研究经济波动加剧如何影响经济增长。对于经济波动性目前还没有一个标准的衡量办法①。经济增长率标准差测量了观测期内经济增速对它均值的偏离，而且其算法简单，产生的分歧很小，因此它是衡量经济波动性的一个天然指标。本书即选择采取经济增长率标准差来衡量经济波动性。

（二）经济波动性、不确定性以及风险

通常，经济波动性衡量的是经济变量波动的剧烈程度，包含经济变量所有的变动，风险和不确定性则更多的是指这些波动中的不可预测部分。在以往的研究中，学者们通常会通过构建增长方程，计算预测残差的标准差来对其进行衡量，因此经济波动性比风险和不确定性包含更多内容②。

（三）短期经济波动起因

从研究中国经济波动起因的文献来看，在早期的研究中，不同学者得出的结论不尽相同。有的研究认为供给冲击是主要因素，例如黄赜琳（2005）、简泽（2005）和赵留彦（2008）等。黄赜琳（2005）采用动态随机一般均衡方法，将政府支出作为外生随机变量，构建中国三部门实际经济周期（RBC）模型，并对改革后的中国经济进行了实证检验，从而考察中国宏观经济波动的周期特征及财政政策的效应问题。研究发现，在包含政府部门的 RBC 模型中，技术冲击和政府支出冲击可以解释 70% 以上的中国经济波动特征，中国经济波动是技术因素、供给因素和需求因素综合影响的共同产物。因此她认为在治理中国经济波动问题时不能像以前那样只关注需求方面的因素，供给方面的因素也很重要。简泽（2005）则是利用结构向量自回归模型分析了我国经济波动中技术冲击所起的作用。通

---

① 我们通常可以采用经济增长率的标准差、产出缺口标准差和通过构建增长方程算得预测残差的标准差作为经济波动性的度量，这些指标有各自的优点和不足。

② 经济波动性有时也会被拆分为可预期波动和不可预期波动两个部分。

过分析他发现，技术冲击可以解释绝大部分的消费波动、将近一半的产出波动以及大概 1/5 ~ 1/3 的投资波动。赵留彦(2008)采用 Blanchard 和 Quah(BQ,1989)的 SVAR 技术分析了外部冲击、国内供给冲击、国内吸收冲击和货币冲击对中国经济波动的贡献。结果表明，需求冲击虽然短期内对经济有显著影响，但是长期来看对经济的影响很弱。导致产出变动的主要因素来自供给侧，而且主要来自国内供给冲击，而不是国外供给冲击。而另一些学者却发现需求冲击才是主要来源，例如刘树成、张晓晶和张平(2005)，刘金全、刘志刚和于冬(2005)，钱士春(2004)以及李春吉和孟晓宏(2006)。李春吉和孟晓宏(2006)运用新凯恩斯主义垄断竞争模型来研究中国经济波动问题。模型校准的结果表明，就暂时冲击而言，消费偏好冲击、投资边际效率冲击、技术冲击、名义货币供给增长冲击和政府支出冲击都能产生明显的暂时经济波动；就冲击的持久性而言，只有消费偏好冲击和技术冲击的持久性对经济波动变化具有较明显的影响。但技术冲击对产出波动的影响不如 RBC 类模型那样大，而持久的正向消费偏好冲击对稳定经济增长非常重要。因此，启动需求特别是刺激消费需求对于经济稳定增长的意义应高于技术进步对于经济稳定增长的意义。

近年来，在对经济波动起因的研究中学者们开始引入金融因素进行分析，并认为货币冲击或者金融冲击才是最主要的因素，例如李春吉、范从来和孟晓宏(2010)，王国静和田国强(2014)以及刘金全、李楠和刘汉(2009)。王国静和田国强(2014)在 DSGE 模型中引入金融冲击来对中国经济运行状况进行分析，结果发现金融冲击是中国经济波动的主要来源，金融冲击会导致就业、投资等实际经济变量大幅度下滑。刘金全、李楠和刘汉(2009)通过建立具有货币政策干预的产品市场均衡模型，对我国实际产出波动率进行了成分分解，并将实际产出波动的来源归结为需求冲击、供给冲击和货币冲击的作用。通过这些经济冲击方差序列的度量，又对实际产出波动率进行了冲击方差序列的回归检验，发现我国需求冲击和货币冲击强度的逐渐平稳是经济周期波动率降低的主要原因，而供给冲击对实际产出波动率没有产生显著影响。除了金融因素以外,外生的不确定性以及政府支出变化也被认为是导致中国经济上下波动的重要因素,例如。庄子罐、崔小勇、龚六堂和邹恒甫(2012)尝试将预期冲击与中国经济结合起来研究,在动态一般均衡框架内探讨其动态特征,并从数量上测度其重要性。他们首先建立一个包含预期冲击的小型 DSGE 模型,探讨预期冲击驱动经济波动的机制及其动态特征。然后在此模型基础上,利用贝叶斯方法估计预期冲击解释改革开放以后中国经济周期波动的重要性。估计结果表明,预期冲击是改革开放以后中国经济周期波动最主要的驱动力,预期冲击可以解释超过 2/3 的经济总量的波动。最后,他们在小型 DSGE 模型的基础上构建了一个包含更多冲击的大型 DSGE 模型,以考察上述结论是否稳健。结果表明,是稳健的。吕朝凤(2014)构建考虑信念偏差所代表的不确定性因素和政府支出冲击的太阳黑子 RBC 模型来解释宏观经济的周期波动,利用中国改革开放以来的经济数据,对该模型进行实证检验。研究发现,该模型能够解释 80% 以上的中国经济波动特征,可以合理预测各宏观经济变量与产出之间的协同关系,合理预测各变量与劳动生产率之间的相关关系。信念冲击与政府支出冲击均是中国宏观经济波动的重要冲击来源。

二、经济增长

(一)经济增长概念

关于什么是经济增长,不同学者有不同的定义。库兹涅茨认为经济增长可以定义为"人均商品和劳务的生产能力不断提高";萨缪尔森认为经济增长是一个国家实际 GDP 的增长;诺斯认为经济增长即是人均收入的增长。本书将人均国内生产总值作为经济发展水平的衡量指标,用人均国内生产总值的增长代表经济的长期增长。

（二）经济长期增长源泉

根据已有文献，中国经济增长来源可以分为两类：要素投入和 TFP 提高。以往的研究多认为中国经济增长的主要推动力是要素投入，其次是 TFP 提高。而在要素投入中，投资的作用尤为显著，资本积累是中国经济增长的主要驱动力。例如，林毅夫和苏剑（2007）、武鹏（2013）、余泳泽（2015）以及李平、钟学义、王宏伟和郑世林（2013）。武鹏（2013）基于中国 1978—2010 年的省级面板数据，综合利用 SFA 和 DEA 方法计算了改革开放以来中国经济增长的动力来源，研究结果表明，资本投入是中国经济增长持续稳定的最主要来源，中国经济增长的投资拉动特征非常明显；TFP 改进对中国经济增长的贡献逐渐降低，2002 年以后持续呈现负值；中国经济增长的动力由改革最初的资本、劳动和 TFP“三驾马车”式的平衡拉动，转换成现阶段的资本投入与 TFP 反向角力态势。余泳泽（2015）基于中国 1978—2012 年的省级面板数据，采用检验后的超越对数生产函数的随机前沿模型，利用两套资本存量核算方法，对中国经济增长动力的来源及其时空特征进行分析，并对 2008 年金融危机的 4 万亿元投资政策进行了效率评价。研究结果表明，中国属于典型的投资主导型经济，资本投入是中国经济增长持续稳定的最主要来源，TFP 贡献率呈现逐年下降的趋势；中国经济增长动力由改革开放初期的资本、劳动力和 TFP“三驾马车”平衡拉动，形成了现阶段的资本投入与 TPP 反向角力态势；区域经济差距主要源于资本投入与 TFP 双重差异，但 TFP 差异是最重要因素；4 万亿元经济刺激政策下中国经济复苏属于典型的“投资主导型复苏”，是以牺牲中国生产率为代价的，TFP 在 2008 年后呈现断崖式下降，平均拉低中国 TFP 达 0.23 ~ 0.32 个百分点。李平、钟学义、王宏伟和郑世林（2013）根据中国 1979—2010 年总量和省级面板数据，运用纯要素生产率法和索洛余值法分别测算了中国总体和省级生产率变化及其对经济增长的贡献率。研究发现，改革开放以来，中国生产率变化趋势出现了涨跌互现的波动情形，生产率提高促进了中国经济较快发展，但资本投入仍然是中国经济增长的首要来源，而东、中、西部经济差距主要是由资本投入贡献不同造成的。

三、给我们的启示

我们通过对以往关于中国经济短期波动起因和长期增长来源的相关文献进行梳理，能够得到以下几点启示：第一，经济波动和经济增长的驱动力量并非同一因素，并且经济波动的起因往往是不同的。有的研究发现供给冲击是主要原因，有的学者则认为需求冲击才是主要因素，近几年的研究又认为金融冲击和外生不确定性亦有可能是主要力量。这说明中国经济波动的起因是多重的、复杂的，并非如 RBC 模型中所假设的完全由技术冲击导致。第二，到目前为止，中国经济增长主要驱动力为资本积累，其次是人口红利，再次是 TFP 提高。因此，中国经济波动与经济增长的驱动力量不总是相同的。第三，技术冲击（或生产率冲击）与技术进步不能画等号。技术冲击是指重大的技术革命引起 TFP 的大幅度提高，以及经济关系和经济结构的重大变革；而技术进步是指技术水平的不断提高带来 TFP 或生产效率的不断提高。技术冲击是一个非连续过程——科技革命好多年才发生一次，而技术进步是一个连续过程——经济社会的技术每时每刻都在改进提高。技术冲击是爆发式的、累积式的发生，而技术进步是温和式的、渐进式的出现。这说明，AABM 模型将波动和增长起因分为两种因素的设定是合理的，对 AABM 模型进行适当的改造，可以用于本书的研究。

与发达经济体不同，中国经济增长的主要驱动力是资本积累而非 TFP 提高①，由此引发两个问题：其一，投资导致经济增长，投资变动又会带来经济波动，那么经济波动和经济增长是不是投资率这一共同因素推

① 其实，核算中国 TFP 时，由于包含技术引进内容的生产设备更新被认定为资本积累，因此会造成 TFP 改进对经济增长贡献率的低估。

动所致？我们认为，投资变化的确会导致经济上下波动和经济增长速度发生变化，但是经济波动性和经济平均增速并不一定相关，就像投资率上下波动并不一定会影响平均投资率一样。如果是因为投资率变化导致经济上下波动，经济波动和经济增长之间应该没有相关性才对。其二，投资率机制是否是中国经济波动影响经济增长的主要机制①？要想获得这个问题的答案我们就得研究清楚两个问题：一是经济波动如何影响投资率；二是投资对经济增长的贡献度。中国经济增长的主要驱动力是资本积累，但是以往的研究又发现投资率并不是经济波动和增长之间关系的主要机制②。这说明中国经济波动对投资率影响较小，这可能是两个原因所致：第一个原因是中国有大量的国有企业，很多国企往往并非以利润最大化为目标，还有地方政府的隐性担保，因此经济波动加剧时，这些国企资金来源不受影响，投资意愿也不受影响，进而投资率变化不大。第二个原因是经济波动加剧，投资下滑时，中国政府往往会出台逆周期的财政政策和货币政策，进而对冲掉民间投资率的下滑，最终导致经济波动加剧对投资率影响较小。

既然投资率机制不是主要机制，那么中国经济波动对经济增长产生影响就应该主要依靠 TFP 改进。对于发达经济体而言，TFP 改进主要依靠自主创新所带来的技术进步。对中国这样一个发展中国家来说，TFP 改进包含两个方面：技术进步和效率提升。而我们又可以通过两种方式来促进技术进步：自主创新和技术引进。因此本书接下来将主要研究经济波动如何通过技术进步和效率提升两个途径来影响经济增长。认识到技术进步和效率提升可能是主要影响机制有两个好处：其一，说明 AABM 将经济波动和经济增长的起因分开设定很适合中国经济情形，我们可以借鉴 AABM 模型。其二，在回归方程中，经济波动和经济增长之间的内生性问题并不严重，尤其是本书后面研究经济波动对中间传导变量的影

---

① 在发达经济体中，研发活动占比是主要机制。

② 可参考卢二坡和曾五一（2008）的研究。

响时，我们可以较为放心地进行回归分析。虽然中国经济波动的主要来源不是技术进步和效率改进，但是引起经济波动的因素和促进经济增长的因素可能存在一定的交叉影响，因此我们在下文的实证分析中会采取滞后期作为工具变量，运用工具变量法进行稳健性检验，进一步论证本书结论的合理性。

第二节　经济波动和经济增长

一直以来，在宏观经济学领域，学者们主要研究两大主题，即经济的波动和增长。在真实经济周期理论(RBC)出现之前的主流经济学中，经济的波动和增长一直被当作两个平行的主题进行研究，学者们分别给出了经济短期波动和长期增长的影响因素以及平稳经济、促进增长的政策建议，这被称为宏观经济研究的“二分法”。虽然熊彼特的创造性破坏范式以及奥地利学派都将二者进行了联系，但它们不属于主流经济学，因此产生的影响较小。

真实经济周期模型出现后，学者们可以在同一个分析框架下研究经济的波动和增长问题，然而对二者的研究仍然沿着两条平行的路径进行。在真实经济周期模型中，经济波动和增长的来源均为技术冲击或生产率的变动冲击。因此，学者们认为短期经济波动对长期经济增长只有二阶效应，没有一阶效应。

另外，Campbell 和 Mankiw (1987)发现在美国经济增长过程中发生的外生冲击会对 GDP 水平产生一种持续性的影响，后来 Campbell 和 Mankiw(1989)发现这一现象同样出现在很多其他的国家。Hall(1988)以及 Burnside、Eichenbaum 和 Rebelo(1993)也认为索洛余值和其他相关变量存在相关性，即真实经济周期理论相关文献认为的索洛余值完全外生是不正确的，产出趋势项和周期项应当一起进行研究。因此，有些学者开始试图将增长和波动放在同一个模型中进行研究。King、Plosser 和 Rebelo(1988)研究认为，通过资本、劳动力、能力、能源和自然资源的质量以及对外贸易与结构效应，经济周期对各要素生产率产生了实际影响。在实际经济周期理论中，暂时性随机冲击只会引起潜在产出的暂时偏离。考虑到生产率的平均正增长，趋势增长本身就是随机的，但仍然是外生的。虽然生产率的波动可以被解释为商业周期，但趋势本身的变动在实际的经济周期理论中仍然无法解释。最近有几篇论文试图对内生增长和周期进行建模。Matsuyama（1999）和 Waelde（1999）认为生产率的变化只是偶然发生的，要么是因为创新中存在着随机的失败因素，要么是因为公司愿意在高生产率增长后投资于资本积累。Comin 和 Mulani（2006）通过企业的特殊性和普遍性的创新提出了一种创新模式。企业的特殊性导致波动，普遍性的创新导致经济增长。因此，经济增长和经济波动都是内生的，而两者之间的权衡主要取决于市场结构。Bojanovich（2005）的研究结论也与此相接近。增长率的选择导致了随机成本的正相关。

随后，一系列论文集中讨论了外生增长模型中波动性与增长之间的关系。一方面，学者们关注经济波动对不确定性、预防性储蓄和资本积累的影响，例如 Boulding（1966）、Leland（1968）和 Sandmo（1970）。另一方面，Bernanke（1983）和 Pindyck（1991）认为如果投资具有不可逆性，增加波动将导致投资减少，从而降低资本积累。这两种文献的共同点是，它们都是基于外生增长模型的，因此，经济波动性的变化可能会影响增长率，但长期经济增长仍然是外生的。最近，在一个内生增长模型中，经济波动和增长之间是正相关还是负相关取决于促进生产率增长的因素与产出是互补关系还是替代关系。如果是替代关系，经济衰退会产生资源重新配置等效应，进而有利于经济长期增长。这一想法已经在相关文献中进行了模型化，例如 Aghion 等（2005）和 Jovanovich（2006）。Zarnowitz（1981）是第一个对应用于内生增长模型进行实证研究的。他通过审查美国 1882 年至 1980 年的实际国内生产总值增长率和与经济趋势和波动相关文献中发现的账目，识别出经济波动性较高和较低的时期，然后计算了高经济稳定性（A 组）和低经济稳定性（B 组）的年增长率和方差。虽然 A

组的平均增长率较高，但其不能拒绝零假设，即 A 组和 B 组平均增长率的差异是偶然的。

虽然各类文献所得结论并不一致，但经典实证文献表明经济短期波动和长期增长之间的关系为负相关（Aghion，Angeletos，Banerjee & Manova 2010）。例如 Ramey 和 Ramey（1995）、Fatas（2002）、Rafferty（2005）、Lin 和 Kim（2014）、Abate（2016）。Ramey 和 Ramey（1995）的研究是这个领域的经典文献，他们分别基于 92 个国家以及 OECD 国家 1962—1985 年的数据，从统计的角度对二者的关系进行了实证分析。根据他们的研究结论，经济波动对经济增长的影响系数符号为负。

为了解释实证研究得出的结论，很多学者构建理论模型进行分析，从传导机制角度可将这些研究大致分为两类。第一类研究认为投资率为中间传导机制，基本分析框架为 AK 模型（Jones et al.，2000；Angeletos，2007）以及进行改造过的“干中学”模型。在 AK 模型的框架中，经济波动对经济增长有两种相对立的效应，因此结论并不明确。一方面，由于预防性动机，当经济波动时，人们倾向于多储蓄，这将导致更高的投资和更高的经济增长率。另一方面，经济波动降低了风险调整报酬，会抑制投资，进而阻碍经济增长。总的效应如何取决于跨期替代弹性的大小。虽然对于跨期替代弹性的大小没有定论，但是 Aghion 和 Banerjee（2005）指出，大部分实证分析的结论都是风险调整报酬机制占主导，因此经济波动对经济增长的影响为负。

第二类研究基于“干中学”思想建立模型进行分析，这类模型认为本期的技术进步或人力资本积累与上期的产出或资本相关，因此技术进步或人力资本积累呈现出顺周期性，进而可以推出经济波动与经济增长负相关（Martin & Rogers，1997，2000 a，2000 b）。

Barlevy（2004）对传统 AK 模型进行了改进，他在资本积累方程中引入了上期投资和资本存量的比值，即作者假定 $K_{t+1} = [1 + \phi(\frac{I_t}{K_t}) - \delta]K_t$，

$\phi'(\cdot)>0$,因此负向冲击不仅减少投资,还会降低资本的生产技术,进而降低长期增长速度。Blackburn 和 Pelloni(2004)基于相同的思想进行建模,只不过他们是假定人力资本的积累和上期资本存量相关,因此,经济低迷会导致人力资本积累率下降,从而拖累长期经济增长。

在此类模型中,经济波动性的变化对增长趋势的负反馈大多是通过"干中学"机制产生的,因此,此类模型多认为短期波动对长期增长有拖累效应。也有学者在此类模型基础上加入了正反馈机制,比如 Pham(2011)就引入了货币政策。Pham(2011)建立了一个带有名义刚性和"干中学"技术进步的动态随机一般均衡(DSGE)模型进行分析,他将冲击分为名义冲击和实际冲击。当发生名义冲击时,经济波动意味着不确定性加大,进而致使公司制定更高的价格,从而降低平均产出增长速度,因此由名义冲击引起的经济波动对经济增长影响为负。当发生实际冲击时,经济波动还会引发货币政策进行调整,从而降低先决的价格,最终促进经济增长。因此由实际冲击引起的经济波动对经济增长的影响取决于中央银行的应对政策。

这两类研究的确可以得出经济波动通过投资率机制阻碍长期增长的结论,但是投资率机制是否是主要机制还值得商榷。Aghion 等(2010)通过研究认为主要传导机制不是投资率,他们认为,如果投资率是中间的传导机制,那么在实证分析中控制总投资率这个变量之后,经济波动的系数应该会发生较大幅度变化。然而根据 Ramey 和 Ramey(1995)、Aghion 等(2010)的研究,控制总投资率变量之后,经济波动的系数变动较小,因此他们认为投资率并非主要机制。研发活动强度大小对于经济体长期增长至关重要,因此他们认为企业内部投资结构才是中间的传导机制,这便出现了第二类模型:Schumpeter 类模型。

基于 Schumpeter 思想建立的模型大体上经过了两个阶段的发展。第一个阶段发展的模型结论为经济短期波动加剧会促进长期增长。根据熊彼特"创造性破坏"理论,经济下行会产生清理效应:遭到负向冲击时,落后企业遭受的冲击较大，而先进企业受到的负面影响则较小，因此低效率企业退出，高效率、创新能力强的企业建立，从而表现出短期波动有利于长期增长。Caballero 和 Hammour(1994)基于 Schumpeter 的思想建立模型分别描述了企业的创造和破坏。作者假设技术进步是外生的，配备先进技术的生产单位不断被创造，而那些利用落后技术进行生产的生产单位则不断遭到淘汰。由于创造新生产单位需要一定的成本，因此不同生产率的生产单位可以共存。当经济衰退时，使用落后技术的生产单位盈利性降低，更容易破产，而那些装备先进技术的生产单位则具有比较优势，因此便被创造、存活下来。通过创造和破坏两种机制，经济衰退产生了一种“清理效应”，提高了平均生产率，促进了长期经济增长。

由于第一阶段模型得出的结论与实证研究不符，因此学者们对此类模型进行了改进，该模型的发展进入第二个阶段。Holtz - Eakin 等(1994)、Musso 和 Schiavo(2008)、Ouyang(2009)等针对 Caballero 和 Hammour(1994)的研究提出质疑，认为企业的退出不仅与生产率相关，还受到信贷约束的影响。很多新创立的、生产率较高的企业会由于信贷约束而破产，因此经济波动不利于长期经济增长。

Ouyang(2009)的研究采用了与 Caballero 和 Hammour(1994)相同的思路进行研究，即经济波动对经济增长的促进效应是通过“清理效应”发生的，但她引入了一条和 Aghion 等(2010)不同的负反馈机制，即所谓的“伤疤效应”(scarring effect)。Ouyang(2009)从企业生命周期理论出发，认为企业的生产力分为两部分：一部分是和产业内其他企业相同的生产力，另一部分是自身特有的异质性生产力。相同的部分很容易观察到，而自身特有的部分需要不断地学习才能观察到。在企业创立初期，很多企业的优秀特质并没有被观察到，因此当负向冲击发生时，这些企业也会被当作差的企业淘汰掉。经济衰退会摧毁那些处于“婴儿期”的企业，进而妨碍潜力企业的发展。通过数据校准和模拟，作者发现经济波动的“伤疤效应”要大于“清理效应”，因此不利于长期经济增长。

Aghion 等(2010)构建了一个包含固定资产投资和研发投资的企业决策模型,固定资产投资可以很快带来回报,而研发投资有利于长期经济增长。每个企业可以存活三期,企业在第一期决定分别投入多少给短期固定资产投资和长期研发投资两个项目。在第二期,短期固定资产投资即可带来产出,而长期研发投资则在第三期才可以带来回报。不存在信贷市场摩擦的情况下,短期投资的收益即是长期投资的机会成本,而短期投资收益是亲周期的,因此长期投资在总投资中的占比具有逆周期性。当一个负向的冲击发生时,企业会增加对长期项目的投资,进而促进长期经济增长。此时经济短期波动对长期增长表现出促进作用,这被称为“机会成本效应”。而当信贷市场存在摩擦时,由于长期投资项目需要连续不断的投资,因此更容易遭受信贷约束。如果信贷约束足够紧,那么当负向冲击发生、产出下降时,长期投资项目失败的概率会加大。从这个角度来看,经济波动对经济增长表现出衰退效应,总的影响取决于两种效应相抵之后的结果。Aghion 等(2010)还根据 OECD 国家的数据,引入金融发展变量进行分析,研究发现金融发展程度越高的国家,经济短期波动性变化对长期增长趋势的促进作用越强,从而证实了他们的理论猜想。

如果这个理论可以成立,那么根据这一理论可以推测:与发达国家相比,中国作为发展中国家,在改革开放之初,金融发展相对落后,中国经济波动加剧对增长趋势的影响应该为负,而且随着金融发展水平的提高,这种影响逐渐转为正。然而根据中国数据所做的大量研究却不支持这一判断。以包含改革开放前几十年的样本为研究对象,学者们的研究结论往往为两阶段论:陈昆亭、周炎和龚六堂(2012)基于 1952—2010 年的省级面板数据进行研究发现,1978 年之前,经济波动性变化对增长趋势影响主要为负,1978 年以后,经济波动加剧则会有利于长期增长;卢二坡和王泽填(2007)基于 1953—2004 年的中国省级面板数据进行研究也得出类似结论,只不过在他们的分析中,时间分段节点变为 20 世纪 90 年代。以改革开放以后的数据为样本进行研究,得出的结论一般为经济波动性和增长之间正相关。例如，Narayan 等（2009）认为经济波动加剧有利于长期增长。邵军和徐康宁（2011）研究发现，1997 年后中国经济波动对效率具有显著的改进效应。卢二坡、吕介民和张焕明（2014）也得出经济波动有利于提高生产率的结论。

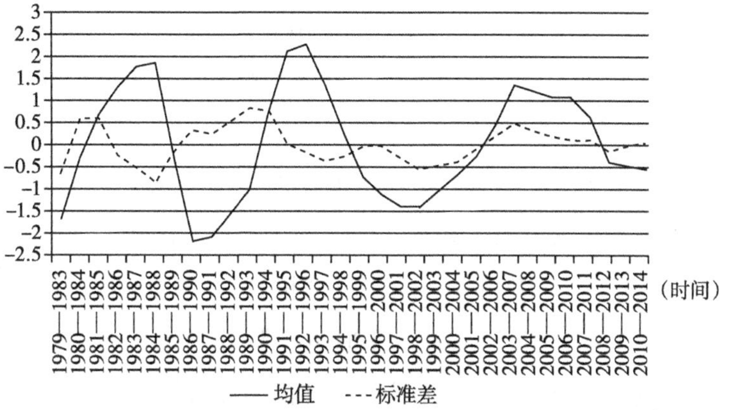

图 2－1　人均 GDP 增速均值和标准差

另外，自 2008 年国际金融危机以来，中国经济波动加剧，平均增速却不断下行。根据郭豫媚和陈彦斌（2015）的分析，潜在经济增长率已从 2008—2011 年的 10.8% 降至 2012—2014 年的 9.37%，而同时产出缺口却已扩大至 -1.8 个百分点，经济周期性下滑和趋势性放缓并存，似乎短期经济波动和长期经济增长趋势的关系又变为负相关关系。这一点我们通过改革开放以来中国人均 GDP 增速的平均值和标准差走势也可以看出来，如图 2－1 所示，近几年中国人均 GDP 增速平均值和标准差走势有背离的迹象①。

根据已有文献，并结合当前经济运行状况，我们不难发现中国经济短期波动性对长期增长趋势的影响呈现阶段性特点：1978 年之前影响为

① 图 2－1 数据为实际人均 GDP 增速均值和标准差的周期项，具体计算过程如下：利用 GDP 平减指数将 1978—2014 年中国人均 GDP 调成以 1978 年为基期的实际值，再根据实际人均 GDP 计算实际人均 GDP 增速，进而以 5 年为一计算区间计算出实际人均 GDP 增速的均值和标准差，再通过 HP 滤波法将人均 GDP 增速均值和标准差的周期项分解出来，其中趋势成分波动因子 $\lambda = 100$。

负,1978 年之后到本轮经济下行之前为正,进入新常态以来又为负。中国经济波动性变化和增长趋势之间为何会具有这种“负—正—负”的阶段性特点?这是值得认真探讨的课题。根据笔者所掌握的文献,陈昆亭、周炎和龚六堂(2012)是目前国内唯一一篇构建理论模型对此进行研究的文献。这篇文章基于“干中学”内生增长模型,加入“主动学习”机制进行研究。作者将人力资本形成过程分为自然形成和主动形成两类。自然形成部分由“干中学”决定,主动形成部分由人们主动学习、接受培训等决定。该文认为,“干中学”是经济波动对经济增长的一条负反馈机制:经济衰退不利于人力资本积累。因此为了解释中国经济波动有利于长期经济增长的现象,作者引入一条正反馈机制:经济衰退时,人们会更倾向于进行人力资本投资,以对冲未来收入下降的风险。当主动形成部分超过自然形成部分时,经济波动就会促进长期经济增长。这个研究为理解中国经济波动对增长的影响提供了一个很好的思路,结论也富有启发性。但是他们没有进一步基于实际数据证实中国人力资本“主动形成”部分表现出明显的逆周期性,并在人力资本形成中占主导地位。如果他们的解释可以成立,那么为什么其他许多国家(特别是发达国家)的经济波动对经济增长的影响为负呢?难道只有中国倾向于在经济下行时加强人力资本投资吗?因此,本书认为中国经济波动和经济增长之间的关系及其原因仍然有进一步研究的空间。

本书认为,要解释中国经济波动和经济增长关系的特殊性,就必须先了解中国经济和发达国家经济的不同之处。在已有研究经济波动对经济增长影响的文献中,所谈到的影响(或传导)机制主要有三条:投资率、企业研发投入和“干中学”式人力资本积累。本书认为,这些研究成果有价值,有启发性,但还有改进和拓展的空间。首先,中国过去几十年高速发展一直伴随着高储蓄、高投资的现象,因此投资率作为传导机制所起的作用可能会与外国经济不同。不过,通过本书下面的实证分析我们发现,与其他国家一样,投资率机制对中国经济波动和增长关系的贡献不是很大。

其次,中国企业研发投入水平一直不高,因此产生的影响有限,而且根据Aghion 等(2010)的分析,只有在金融发展程度很高时,经济波动才会通过强化企业 R&D 投入来促进长期增长。而根据张成思和李雪君(2012)的研究,我国金融体系运行效率与发达国家相比仍然有较大差距,金融市场目前还存在诸如资源配置尚不完善、金融创新程度不高、金融法律体系不完善等问题。因此本书认为企业研发投入也不是导致中国经济波动与经济增长关系呈现阶段性特征的主要原因。最后,“干中学”式人力资本积累本身会导致经济波动与经济增长负相关,陈昆亭、周炎和龚六堂(2012)引入了人力资本主动形成部分以解释中国的特殊现象,本书认为中国人和外国人在人力资本主动积累上是否存在差异以及这种差异是否能超过“干中学”对人力资本积累的影响还值得商榷。

提高生产率,除了加大研发投入和进行人力资本积累外还有一种重要的方式,即优化资源配置、提高配置效率。与发达国家经济相比,中国经济有一个显著的特点,就是过去三十多年实行了市场化改革。改革开放前,中国一直实行计划经济体制,这种经济体制带来的后果之一就是大量低效率的国企以及严重的资源错配。根据 Hsieh 和 Klenow(2009)的研究,如果按照边际收益相等原则将资本和劳动进行重新配置,中国 TFP 水平可提升 30% ~50% 。而中国 TFP 损失的 80% 则是由政策扭曲引起的(罗德明、李晔和史晋川,2012)。韩剑和郑秋玲(2014)分别研究了政府补贴、行政性市场进入壁垒等政府干预行为对资源错配程度的影响,发现政府干预行为对资源错配有着显著的影响。资源错配的一个主要表现就是大量低效率企业被保护、存活下来,从而导致中国企业异质性较大。企业异质性越大,经济波动的清理效应就会越明显,因此每一次经济波动都是淘汰这些落后企业,优化资源配置的契机。中国企业异质性较大也得到毛其淋和盛斌(2013)的支持。根据他们的研究,中国存在明显的市场选择效应使低效率企业退出市场,但是在低效率企业退出市场之前存在显著的“死亡阴影”效应,即低效率企业会在市场中存续较长时间。简泽(2011)研究发现,由于不同企业的生产率存在差异,因此资源在企业间会存在流动,资源由低效率企业流向高效率企业会带来总体生产率的明显增长。韩其恒、李俊青和刘鹏飞(2016)研究发现,中国经济增长的动力主要是要素重新配置和国家制度质量的提升。受这些研究成果的启发,我们推断对这种由政府行为和经济体制带来的资源错配的优化正是造成中国经济波动和经济增长关系呈现阶段性特征的原因。因此,本书将分别基于投资率、企业内部研发活动以及资源在企业间优化配置三条机制对中国经济短期波动与长期增长之间的关系进行研究。

第三节　经济波动对经济增长的影响机制分析

一、经济波动、投资率与经济增长

根据AK模型，经济波动可以通过影响投资率进而影响经济增长。那么自然首先要研究清楚经济波动如何影响投资率，影响力度又有多大。目前已有大量文献对此进行了分析，在已有的文献中，多是用不确定性来代替经济波动进行研究。绝大多数实证分析都表明不确定性的加剧会降低投资，即经济波动和投资之间呈负相关关系。然而对于经济波动主要通过何种途径导致投资下降却是存在异议的，基本上有两种观点。实物期权理论认为由于投资具有不可逆性，经济波动加剧会导致企业家选择"等待和观望"（wait and see），在未来形势明朗时进行投资（Dixit & Pindyck，1994；Caballero & Pindyck，1992；Bachmann & Bayer，2013）。这种理论得到很多经验分析的支持，根据数据类型，这些研究可以分为宏观层面和微观层面两类。宏观层面，Calcagnini和Saltari（2000）通过理论分析认为需求波动和金融波动加剧都会导致投资降低，并基于意大利数据进行实证分析证实了自己的结论。Bloom（2009）以及Bloom等（2012）通过在RBC模型中引入资本和劳动调整成本进行定量分析，结果发现经济波动加剧会导致经济活动在短期内急剧下滑，过后经济变量会再缓慢回升。微观层面，Leahy和Whited（1996）研究了美国工业企业股权收益和投资之间的关系，结果发现股权收益不确定性加剧时，投资会明显降低。Bloom等（2007）基于1972—1991年英国工业企业数据，运用同样的方法进行了研究,也得出类似的结论。

另外,随着人们对2008年国际金融危机形成原因的关注,越来越多的文献指出金融摩擦是导致经济波动影响宏观经济变量的重要渠道(Arellano et al., 2012;Christiano et al.,2014)。当经济波动加剧时,由于企业经营风险加大,企业债券信贷利差会因为风险溢价而变大,进而导致债务融资量变小。此外,企业风险加大,金融机构也会出于避险的目的减少对企业的贷款,这会进一步减少企业投资资金来源。Bachmann和Bayer(2009)基于德国企业数据进行研究,发现Bloom(2009)以及Bloom等(2012)提到的"等待和观望"效应所起作用很小,这一观点也得到了Chugh(2016)的支持。在模型中引入金融摩擦,Gilchrist、Sim和Zakrajsek(2014)通过研究发现经济波动加剧会导致债券溢价提升,进而导致投资下降,金融摩擦才是主要机制。Doshi、Kumar和Yerramilli(2014)通过研究发现金融摩擦机制和实际期权机制共同导致不确定性和投资之间的负相关关系,两种机制同样重要。

基于中国数据对经济波动和投资率关系的研究同样也表明经济波动加剧会降低投资率。例如王义中和宋敏(2014)以及韩国高和胡文明(2016)通过研究均发现宏观经济不确定性的加剧会对投资产生抑制效应。王义中和宋敏(2014)运用中国特有的上市公司资金需求详细用途数据,研究宏观经济不确定性影响公司投资的作用机制。他们通过研究发现,宏观经济不确定性会影响公司投资行为,且通过外部需求、流动性资金需求和长期资金需求渠道起作用。高宏观经济不确定性会减弱三个渠道对公司投资的正向促进作用。韩国高和胡文明(2016)则是基于2004—2013年的省际面板数据,采用动态面板数据的系统广义矩估计(GMM)方法,考察了近年来我国固定资产投资下滑的原因,并着重探讨了宏观经济不确定性、企业家信心及其交互作用机制对固定资产投资的影响。他们的研究结果表明,宏观经济不确定性对固定资产投资具有显著的抑制作用,企业家信心对固定资产投资则具有显著促进作用,提高企业家信心将会降低宏观经济不确定性对固定资产投资的抑制作用。

虽然国内研究得出的结论(经济波动加剧会抑制投资)与国外相符,但是国内目前还没有文献专门研究经济波动究竟是通过实际期权机制还是金融摩擦机制对投资率产生影响,这为本书的进一步研究留下了空间。

二、经济波动、研发投资与经济增长

根据内生增长模型,一个经济体长期增长速度的高低取决于技术进步的快慢。如何更好更快地促进技术进步是人们持续关注的重要课题。对于发达国家而言,技术进步主要依靠自主创新。Hall(2009)基于意大利企业数据的研究发现,产品创新和流程创新对生产率有显著影响。Griffith(2006)利用欧洲四国的工业数据进行研究也支持这一结论。自主创新活动的重要表现方式是R&D投资的增长,研究表明R&D投资的增长显著地促进了一个国家或地区经济的增长,R&D投资是造成企业生产率差异的主要因素,同时也是促进企业生产率随时间变迁的主要动力(Griliches,1986;Aghion et al.,1992;Doraszelski & Jaumandreu,2013)。但是对于发展中国家而言,除了自主创新以外,技术引进也是一种重要的途径。对于发达国家已经拥有的技术,后发国家可以通过引进、模仿和消化吸收的途径加以掌握,进而可以实现更快的技术进步和经济增长(林毅夫和张鹏飞,2005)。与自主创新相比,引进和模仿的方式具有成本低、风险小的优势,因此在后发国家中被广泛采用(Barro & Sala - I - Martin,1997)。

中国是发展中国家,许多方面的技术水平均落后于发达国家,因此对于中国而言,自主创新与技术引进同属实现技术进步的重要方式,自主创新和技术引进均会带来TFP的增长。但是,自主创新和技术引进对技术进步的促进效应存在地区差异性:自主创新对东中部地区生产率促进作用明显,技术引进则是主要对西部地区生产率作用显著(吴延兵,2008)。王青、冯宗宪和侯晓辉(2010)则通过研究发现自主创新的贡献并不明显,技术进步主要还是靠技术引进。他们进而将样本划分为东中西部三个地区进行研究,发现东部地区自主创新贡献明显,中部地区技术引进起主导作用,而在西部地区两者都贡献较小。易先忠、张亚斌和刘智勇(2007)以及唐绍祥(2011)也同意这一观点。通过这些相对较早的文献不难发现技术引进比自主创新更容易实现技术进步,而且在技术水平相对落后的中西部地区尤其如此。

然而最近几年的研究对此产生异议。余泳泽和张先轸(2015)就认为当人均 GDP 超过 30000 元时,采取自主创新的方式较为有利,在这之前,采取技术引进为主的方式更为合适。而我国人均 GDP 于 2010 年首次超过 30000 元,因此 2010 年左右很可能就是技术进步适宜模式的转折点。宋林和郭玉晶(2016)也认为在我国和发达国家之间的技术差距较大时,通过引进和模仿实现技术的进步更容易,因此适宜采取引进和模仿的方式实现技术的进步,在差距缩小到一定的"零界点"之后,技术进步模式应当转变为以自主创新为主,引进和模仿为辅。否则由于技术引进的路径依赖效应,中国经济很容易陷入"引进—落后—再引进—再落后"的被动局面。经验分析表明中国目前正处于"临界点"附近,迫切需要技术进步模式的转变。

因此,对于发达国家而言,技术进步速度快慢主要取决于研发活动强度,而且主要为自主创新投入强度。对于发展中国家而言,不仅研发活动强度(包括自主创新强度和技术引进强度)会影响技术进步速度,而且技术进步模式也是很重要的影响因素。根据刘小鲁(2011)的研究,2001—2008 年,我国自主创新投入在研发活动投资(自主创新与技术引进之和)中占比越高,技术进步越快,经济增长越迅速。

研发活动强度和技术进步模式如此关键,经济波动又是如何影响它们的呢?已有一些学者研究了经济波动对企业研发的影响(Aghion et al.,2010;Aghion et al.,2012;Ouyang,2010,2011;刘志阔和蒋坤宏,2014;程惠芳、文武和胡晨光,2015),但这些文献基本都是围绕 R&D 支出的周期性进行研究,并没有直接研究经济波动加剧对企业研发的影响。

当然,根据理论模型分析我们可以发现,根据研发周期性就可以推导出经济波动加剧对研发影响如何,例如程惠芳、文武和胡晨光(2015)通过研究就发现经济扩张对研发的抑制效应比经济下行的促进效应更强,因此,经济波动性变大对研发影响为负。因此,也可以认为经济波动对研发影响如何以及如何影响这一主题基本上研究得较为清楚了。但是已有文献的研究对象主要是自主创新,而并没有分析经济波动加剧对技术引进影响如何,不仅如此,经济波动如何影响技术进步模式也未看到有文献涉及,因此这两个领域无论是理论分析还是实证分析都属于空白,本书在后面章节将会对此进行研究。

三、经济波动、资源错配与经济增长

资源如果得不到合理有效的配置、无法以最优的状态进行分配,便会导致经济体存在一定的效率损失,进而阻碍经济长期的可持续发展。关于这一方面的研究,Hsieh 和 Klenow(2009)的文章最具代表性和影响力。根据他们的研究,与发达国家相比,中国存在严重的资源错配现象,如果按照边际收益相等原则将资本和劳动进行重新配置,中国 TFP 水平可提升 30% ~50% 。

我国资源错配现象如此严重,那么造成我国资源错配的原因有哪些呢? 已有不少文献对此进行了研究,主要观点有以下几种。企业层面利率差异导致资本错配,例如鄢萍(2012)。行政垄断、信贷歧视以及国企员工高福利导致资本和劳动力存在错配,例如靳来群、林金忠和丁诗诗(2015)。要素价格扭曲以及政府对市场的干预导致资源错配,例如宋结焱和施炳展(2014)。市场分割、户籍制度以及金融扭曲是主要原因,例如沈春苗和郑江淮(2015)。还有诸如刘伟和冯涛(2014)、韩剑和郑秋玲(2014)以及靳来群(2015)均认为政府对市场的干预、金融资源分配给企业时存在所有制歧视是主要原因。通过这些研究结论我们不难发现,虽然造成中国资源错配的原因很多,但几乎以上这些学者都认为政府对市场的行政干预、金融资源对国有企业的倾斜等因素是造成中国资源错配较国外更为严重的主要原因。

既然资源配置的优化有利于 TFP 的提升，进而促进经济长期增长，那么经济波动对资源配置又有何影响呢？根据笔者掌握的文献，目前只有杨光、孙浦阳和龚刚(2015)研究了这个主题。但是笔者发现他们的研究并非关于传统意义上的经济波动对资源配置的影响。根据他们的变量定义，经济波动用该年份地区—行业内企业生产率增长率的分布标准差表示，这衡量的其实是地区—行业内企业生产率的离散程度，反映的是企业异质性大小，而不是传统意义上的经济波动。他们的研究得出该年份地区—行业内企业生产率增长率的分布标准差与资源错配程度(用资本边际报酬离散程度)正相关，这是显然的，很多文献直接用企业生产率分布标准差表示资源错配。因此，他们的研究并未揭示传统意义上的经济波动如何影响资源配置。但是他们的分析证明了企业异质性(以生产率增长率离散程度衡量)与资源错配程度正相关，这一点为本书接下来的研究做好了铺垫。

资源优化配置对中国经济长期增长如此重要，而之前又没有文献对经济波动如何影响资源配置进行研究，这为本书留下了研究的空间。在后面的章节中，本书期望以此为突破口对中国经济波动和经济增长关系的特殊性进行分析。

第四节　经济波动的福利成本分析

本书的研究对于经济波动的福利成本分析具有重要的意义，因此我们有必要先回顾一下经济波动福利成本分析相关的文献。

宏观经济政策的必要性一直受到理论界的质疑，政策实践者也对政策的效果持不同的意见。一直以来，人们普遍认为持续稳定的消费流比随机变动的消费流能够带来更高的效用水平。因此平抑经济波动一直是宏观经济政策的目标之一。既然大量逆周期宏观经济政策的初衷是为了平抑经济波动，那么首当其冲就是将经济波动所带来的福利损失度量出来（假如该项政策成功平抑了经济波动），否则我们无法衡量出一项平抑经济波动的宏观经济政策效果如何。

1987 年，Lucas 利用美国居民消费数据，首次测度出经济波动所带来的福利损失。他认为平抑经济波动的潜在福利收益大致相当于在消费者未来无限生命期内每年增加 0.1% 的消费数量。因此经济波动所造成的损失并不是很严重，各个国家并没有必要出台平抑经济波动的反周期政策，这便是著名的"Lucas 论断"。这一论断与实际中各国政府如此热衷调控宏观经济的实践不相符，也遭到其他学者们的质疑。因此，有大量学者认为 Lucas 的模型太过简化，很多现实情况没有考虑在内。他们基于 Lucas 的模型，并扩展了 Lucas 的研究，得出与 Lucas 不一样的结论。Lucas（1987）基准模型中即期效用函数采用 CRRA 效用函数形式，尽管 CRRA 效用函数在宏观经济学中应用广泛且不乏经验研究支持，但它始终无法解释消费者对于特定类型风险的态度（Barlevy，2004）。有鉴于此，一些学者主张采用非期望效用函数替代 CRRA 效用函数执行 Lucas (1987)式的估算。Obstfeld(1994)与 Dolmas(1998)使用 Epstein 和 Zin (1991)提出的递归效用函数，但偏好形式的改变并没有明显提高 λ 的数量级。可以看出，研究者关于消费者偏好形式的选取对测算结果有显著影响。另有一些学者研究的切入点则是改变 Lucas(1987)关于随机消费流生成过程的假定。Lucas(1987)假定消费路径为一个趋势平稳的随机过程，不同时期消费波动相互独立。也就是说，当期消费低于趋势水平并不意味着下一期消费会高于抑或低于趋势水平。然而，美国真实消费序列在大多数年份的变动可以归因于随机游走或者随机趋势因素(Nelson & Plosser，1982)。换句话说，如果当期消费低于趋势水平，那么下一期消费极有可能仍低于趋势水平(Barlevy，2004a)。鉴于此，Obstfeld(1994)引入持久性消费冲击，发现经济波动福利成本与消费波动的自相关系数显著相关，且测算结果提高了 5~8 倍。

国内也有部分学者采用 Lucas(1987)的基准模型，对中国经济波动的福利效应进行考察。这些研究可以分为两类：一类是将中国经济波动的福利成本与美国(或其他经济体)进行比较。例如陈太明(2007)直接使用 Lucas(1987)理论模型对中国 1978—2004 年经济周期福利成本进行计算，他的研究强调了福利成本的阶段性差异；陈彦斌和周业安(2006)将习惯形成引入 Lucas(1987)模型，发现福利成本有所增大，跨国比较的结果显示，中国经济周期的福利成本与土耳其的福利成本大致相当，大约是美国的 22 倍。另一类国内文献则致力于中国经济波动与经济增长福利成本的比较研究。陈彦斌(2005)认为，Lucas(1987)论断并不适用于中国。一方面 Lucas(1987)模型本身存在错误，另一方面中国经济增长率较高导致对降低经济增长的福利成本的严重高估，而经济较大的波动性导致对经济波动福利成本低估。他将 Lucas(1987)模型对经济增长福利成本的分析扩展到 CRRA 效用函数下，比较中国经济波动与经济增长的福利成本，发现两类福利成本大致相当。

Wang 和 Wen(2006)考虑到经济波动与经济增长的联系,经济波动可能会导致更大的福利损失,因而构建了理论拓展模型,这也是本书遵循的理论基础。Wang 和 Wen(2006)构建了一个经济波动减缓经济增速框架下估算经济波动福利损失的理论模型,并基于美国经济的实际情况对理论模型中的参数进行设置,结果表明,经济波动的福利损失远大于 Lucas 的估算结果,因此,经济波动的福利损失以及试图降低经济波动幅度的稳定政策的收益都是比较大的。陈太明、杜两省和齐鹰飞(2011)基于 Lucas 基准模型,借鉴 Wang 和 Wen(2006)的模型拓展思路进行分析。在考虑了经济波动不利于经济增速的情况下,使用省级数据估算的经济波动福利损失明显大于国内同类研究结果,更远大于 Lucas(1987)的初始估算结果,这为那些认为 Lucas 低估了经济波动福利损失的后续研究提供了来自中国样本数据的经验证据。虽然国内外关于经济波动福利损失的研究已经考虑到经济波动和经济增长之间的关系,但是他们直接引用已有文献对经济波动与经济增长关系的测度,而已有文献均认为中国经济波动和经济增长之间是线性关系。根据本书的分析,经济波动对经济增长的影响并非一成不变的,而是会随着我国经济发展阶段的改变、金融发展程度的提升以及改革力度的变化而变化的,经济波动对经济增长的影响是非线性的。因此经济波动的福利成本也并非一成不变的,经济波动所带来的福利损失会随着经济波动和经济增长关系的变化而变化,即经济波动的福利成本也会呈现出非线性变化。自然,政府出台的各种平抑经济波动政策所带来的效益也会随着我国经济发展阶段的变化、金融发展程度的变化以及改革力度的变化而变化。如何引入经济波动对经济增长的非线性影响,更客观地估算出经济波动福利成本是个很值得研究的课题。

第五节　金融波动对经济增长的影响

对于金融波动的研究由来已久①，但是在2008年之前，世界范围内较少发生大的金融危机，因此主流经济学界一直没有将金融波动作为一个重要因素纳入模型进行分析。随着2008年金融危机的爆发，社会各界人士对主流经济学未能预测这次危机也无法合理解释这次危机进行了质疑②。直到此时，主流经济学界才开始重视金融波动，将金融体系引入模型进行分析，进而对金融危机的产生和传导进行了较为充分的解释，金融波动如何影响实体经济再次成为宏观经济领域的热点和前沿问题（Borio，2014）。

目前国际上对金融波动（金融周期）尚无标准的定义，甚至在不同文献中的称谓也不同。主要有以下几种称谓：信贷周期（credit cycle），例如Kiyotaki和Moore（1997）、Matsuyama（2007）；杠杆率周期（leverage cycle），例如Fostel和Geanakoplos（2008）、Schularick和Taylor（2012）；金融周期（financial cycle），例如Borio（2014）、Koopman等（2016）。不同学者对金融波动的理解存在一定差异，但是在他们的研究中，金融波动表现形式是基本一致的，用来衡量金融波动的指标也大体相同：金融波动通常表现为信贷市场繁荣程度或者借贷难易程度的变化，理论模型中通常以杠杆率变化代表，实证分析中多是采用私人部门信贷/GDP这一指标的变化来

---

① 最早可以追溯到亚当·斯密对信贷配给问题的讨论。

② 例如，英国女王伊丽莎白二世在访问伦敦经济学院时提出的问题：为什么经济学家没能预测到金融危机。

进行衡量。

根据金融波动产生的原因，我们可以将金融波动理论分为两类。第一类研究以 Kiyotaki 和 Moore（1997）、Bernanke 和 Gertler（1989）为代表，他们认为，由于金融摩擦的存在，外生冲击会得到不断的传播和放大，这被称为“金融加速器”效应。以此为基础构建出来的理论被称为“金融经济周期理论”或“信贷周期理论”（Gertler & Kiyotaki，2010）。国内也有很多学者将金融摩擦引入模型对中国经济的现实状况进行分析。例如康立和龚六堂（2014），康立、龚六堂和陈永伟（2013）研究了经济波动是如何通过金融摩擦机制进行国际传导和产业间传导的。袁申国等（2011）和梅冬州、龚六堂（2011）对中国金融加速器效应的存在性进行了分析，结果均发现金融加速器效应的确存在。在这一类研究中，虽然很多学者将金融摩擦引入宏观经济模型进行分析，考量了金融机构在宏观经济波动中的作用，但是他们只是将金融作为中间的传导和放大机制。金融波动的存在条件是金融市场缺陷，起因却是外生实际冲击。

第二类研究以 Borio（2008，2014）以及 Hume 和 Sentence（2009）为代表，他们认为金融经济周期理论低估了金融因素的作用，金融因素不仅是外生冲击的传播和放大机制，金融本身就是经济波动的重要来源。金融体系有其自身的一套运行机制，往往金融过度繁荣就会紧接着金融萧条，金融持续的衰退又会为下一次金融繁荣创造契机，周而复始，金融市场表现出明显的周期性。Jermann 和 Quadrini（2012）基于美国企业数据进行研究发现，企业借贷能力遭到外生冲击后，劳动力需求会受到显著影响，进而产出会发生明显变化。引入金融冲击的模型能够更好地模拟现实，无论是 2008 年金融危机，还是 1990—1991 年以及 2001 年的经济下行，金融冲击都在其中起到了重要作用。国内方面，王国静和田国强（2014）也在 DSGE 模型中引入金融冲击来对中国经济运行状况进行分析，结果发现金融冲击是中国经济波动的主要来源，金融冲击会导致就业、投资等实际经济变量大幅度下滑。此外，邓创和徐曼（2014），范小云、袁梦怡和肖立晟(2017)以及马勇、冯心悦和田拓(2016)通过研究也发现金融周期对实体经济存在显著的影响。

无论由外生经济实际冲击引起,还是依照一定规律自发出现,金融波动会导致或加剧实际经济变量波动已经成为基本共识。然而,这些研究主要还是针对金融波动和经济波动之间的关系(短期对短期),而没有涉及金融波动对长期经济增长(短期对长期)的影响[①]。据笔者所知,目前只有少数几篇文献从经验分析的角度对金融波动如何影响经济长期增长趋势进行了研究。Lin 和 Huang(2012)研究了金融波动性变化对经济增长的影响。他们采用私人信贷增长标准差作为衡量指标进行分析,发现金融波动加剧对产业增长有负面影响,而且越是依赖外部融资的产业,这种负面影响越显著。陈雨露、马勇和阮卓阳(2016)基于全球 68 个主要经济体 1981—2012 年的面板数据进行实证分析发现,金融波动性与经济长期增长之间呈显著负相关关系,这说明,金融波动加剧会显著抑制经济长期增长。不仅如此,他们还发现金融波动性增加会导致金融风险显著上升。还有一些学者研究了金融不确定性对投资的影响。Calcagnini 和 Saltari(2000)通过理论分析认为,在投资不可逆的情形下,需求不确定性加大和利率不确定性加大都会导致投资降低。这一结论也得到 Stockhammer 和 Grafl(2010)的支持。

---

① 这主要是因为传统主流宏观经济学对短期波动和长期增长关系的忽视。在传统主流经济学研究框架下,对短期波动和长期增长的研究是分开进行的,无法对短期波动和长期增长的关系进行分析,自然没有多少学者对金融波动如何影响经济长期增长趋势进行研究。虽然由于 2008 年国际金融危机的原因,主流宏观经济学无法再忽视金融因素的作用,但是金融危机也属于短期经济波动范畴,因此大家主要还是研究金融波动对经济波动的影响。另外,随着近几年对主流经济学"失败"的反思,经济短期波动和长期增长关系的研究也得到重视,但是主要还是聚焦于实际波动对长期增长的影响。

第六节　模型比较：AABM模型与传统模型

根据以上的文献综述分析不难发现，学者们较少基于传统的理论模型形式对经济波动和经济增长关系进行理论分析[①]。这又是为什么呢？我们将 AABM 模型和传统模型进行对比就可以找到原因。总的来看，AABM 模型和传统模型有两大不同：一是传统模型中，生产率既决定波动又决定增长，即只有一个 A，而 AABM 模型中，波动和增长决定因素并不相同，即波动由生产率冲击 A 决定，而长期增长则是由人力资本 H 决定（人力资本积累又由企业研发投入占比决定）；二是投资或企业为异质性。在传统模型中，无论是企业还是消费者都是同质的，而在 AABM 模型中企业或投资类型却是异质的。

为什么会有这两点不同呢？第一个不同点是为了研究经济波动对经济增长影响所设定，这其实是研究这个主题的相关文献的共同特点。传统模型中只有一个生产率 A，在其余因素既定时，A 上下波动式增长决定了经济长期表现为波动式增长。根据这种设定，经济波动和经济增长应当不相关，因为这只是同一个因素的两个面。而且从技术上也无法研究 A 的波动性对均值的影响，因为 A 的波动和 A 的增长就是同一回事。例如一个人围绕坐标轴上一个点前后左右来回走[②]，走得快还是慢，走的步子大还是小，都不会让他的坐标均值变动。但是如果将传统模型中的 A

---

① 已有文献主要是通过改进过的 AK 模型和 AABM 模型对经济波动如何影响经济增长进行研究，而且根据 Aghion 和 Banerjee(2005)的分析，AK 模型并不适合分析该主题，基于熊彼特思想构建的 AABM 模型才是较为合理的理论框架。

② 当然，此时这个人坐标变化均值为 0，否则就是趋势性变动了。

拆解为两个部分,一个部分决定波动,一个部分决定增长,此时便可以研究经济波动对经济增长的影响了。例如一个人在坐标轴上牵着一只狗,狗围绕人来回跑,狗相对于人的位置由一个因素决定,人走动的快慢由另一个因素决定,但是狗跑动的快慢程度也有可能会影响人步伐的快慢。

这种形式的设定为研究经济波动和经济增长关系提供了可能,但在不同模型中表现形式却不一样。例如 Barlevy(2004)的模型中,决定长期增长的是资本积累。Barlevy(2004)就设定资本积累和上期的经济运行相关,这种情形下,经济波动性变化就会通过资本积累这一机制对增长趋势产生影响。在陈昆亭、周炎和龚六堂(2012)的研究中,人力资本积累决定了长期经济增速,他们就设定人力资本积累会受到生产率冲击的影响,此时经济波动就会通过影响人力资本积累进而影响长期经济增速。在 AABM 模型中,Aghion 等(2010)认为决定长期经济增速的应该是企业研发投入的占比,而经济波动由其他因素引起①。因此他们就设定生产率冲击会影响企业的投资决策进而影响企业研发投入占比,最终影响经济长期增长速度。

第二个不同点是因为在 Aghion 等(2010)的研究中,经济波动对经济增长影响的机制与以往文献不同。在之前的研究中,学者们普遍认为经济波动对经济增长的影响机制为投资率,因此采用的是传统的同质性企业模型。而 AABM 模型则认为经济波动性变化对增长趋势产生影响的主要机制不是投资率,而是投资结构,因此在模型中,投资被分为两种:固定资产投资和研发投资。固定资产投资可以很快带来收益,但是无助于长期经济增长,研发投资虽然使收益增加较慢,但是却有利于长期经济增速的提升。同时,经济波动时,短期投资和长期投资受到的影响也不一样。因此,经济波动通过投资结构对长期经济增长产生影响。

我们知道了 AABM 模型与传统模型的差异,而且也知道了如此设定

---

① 包含供给冲击、需求冲击等一系列冲击所引起的波动。

的原因，不免要问 AABM 模型如此设定符合中国国情吗？答案是基本肯定的。对于经济波动和经济增长由不同因素决定的设定，我们在导论部分已经进行了说明。根据已有的文献可以看出，中国经济波动和增长的来源的确存在很大差异，因此这种设定形式也符合中国实际情况。对于主要影响机制是投资结构而非投资率这一设定，同样符合已有文献的结论。根据上面的文献综述可知，投资率并非中国经济波动对经济增长产生影响的主要机制。但是，AABM 模型毕竟是针对发达经济体的状况设定，因此直接运用到中国还是存在一些不足。例如，主要传导机制虽然是投资结构，但对于中国而言，投资结构的含义不仅包含研发投入占比，还包括企业间高效率投资占比及企业内部技术引进和自主创新两者之间的比例，因此，对于中国而言，投资结构的含义要更为丰富。我们可以借鉴 AABM 模型并对之进行扩展，以分析中国的特殊现象。

当然，AABM 理论模型假定经济中只有一类经济主体（企业家），企业家追求效用最大化，模型在一系列假定条件下推导得出宏观经济波动如何影响企业家对两种不同类型的投资决策。本书在 AABM 理论模型的基础上，将其结论引申到宏观经济波动对两类企业的影响。对于一直以来地方政府主导型的经济发展模式的中国而言，同样的假设条件似乎无法应用于宏观经济波动对两种不同类型企业的影响。的确如此，一直以来地方政府是中国经济发展的主体和主导力量之一。有相当多的学者对此进行了研究，例如，周黎安（2007），杨帅、温铁军（2010），陶然（2009），史正富（2015）等。根据已有的研究，地方政府投资主要通过两种方式对经济增长产生影响：一是地方政府投资直接促进经济增长；二是地方政府利用土地出让收入和债务融资（主要是以未来土地出让收入为抵押物的银行贷款）大力推进基础设施建设，进而营造较好的投资环境；同时还结合控制商业用地出让面积和出让价格的方式来进行招商引资，进而促进地区经济增长（范剑勇和莫家伟，2014；王贤彬、张莉和徐现祥，2014）。下面我们将基于这两种机制阐释为什么没有将地方政府作为投资主体引入本书模型中。

在第一种机制中，虽然地方政府投资直接影响经济增长，但我们基于两点考虑认为地方政府直接投资在其中所起作用有限。第一，在中国经济总体投资中，地方政府投资占比较小。这可以从两个方面数据得到支持：一是全社会固定资产投资来源于政府预算内资金的比例较小。如表 2－1 所示，2007—2014 年，无论是在全社会固定资产投资还是不含农户的固定资产投资中，来自政府预算内的资金平均不足 5%。二是从政府投资支出[①]与固定资产投资之比亦可以得到该结论，如表 2－2 所示，2007—2014 年，政府投资支出与全社会固定资产投资之比平均为 5.93%，与不含农户的固定资产投资之比平均为 6.38%。根据这两方面数据可以发现，地方政府投资在我国经济总体投资中占比较小。第二，地方政府投资大多属于间接投资而不是直接投资。在地方政府投资中，大部分资金是通过转移支付、资金补贴、土地补助、研发委托等方式进行的。这些资金均是通过企业进行投资，而非政府自己直接投资。因此，地方政府投资不仅占比较少，而且主要是通过企业进行的，综合这两点我们认为地方政府直接投资对经济增长的影响有限，在“三驾马车”中，推动投资这驾马车的主要还是企业。

表 2－1　2007—2014 年固定资产资金来源

年份	全社会固定资产投资资金来源小计(亿元)	来源于国家预算内资金(亿元)	预算内资金占比(%)	固定资产投资(不含农户)资金来源小计(亿元)	固定资产投资(不含农户)国家预算内资金(亿元)	预算内资金占比(不含农户)(%)
2007	150803.6	5857.06	3.88	130743.5	5464.13	4.18
2008	182915.3	7954.75	4.35	158579.7	7377.01	4.65
2009	250229.7	12685.73	5.07	218786.7	11493.63	5.25

① 《中国统计年鉴》中并没有直接给出政府投资支出数据，根据张卫国、任燕燕和花小安(2011)的研究，一般都是采用逐项累加法进行统计。根据他们的研究，省级地方政府投资额的构成包括：一般公共服务、农林水事务、交通运输、工业商业金融等事务，表 2－2 中政府投资支出数据即为这几项加总得来。

续表

年份	全社会固定资产投资资金来源小计(亿元)	来源于国家预算内资金(亿元)	预算内资金占比(%)	固定资产投资(不含农户)资金来源小计(亿元)	固定资产投资(不含农户)国家预算内资金(亿元)	预算内资金占比(不含农户)(%)
2010	285779.2	13012.75	4.55	273124.6	13104.67	4.80
2011	345984.2	14843.29	4.29	336895.1	14843.29	4.41
2012	409675.7	18958.66	4.63	399835.1	18958.66	4.74
2013	491612.5	22305.26	4.54	481065.9	22305.26	4.64
2014	543480.6	26745.42	4.92	532724.8	26745.42	5.02

资料来源：国家统计局。

表2－2　2007—2014年政府投资支出

年份	政府投资支出(亿元)	与全社会固定资产投资之比(%)	与固定资产投资(不含农户)之比(%)
2007	9445.08	6.26	7.22
2008	11687	6.39	7.37
2009	14614.86	5.84	6.68
2010	17663.66	6.18	6.47
2011	21235.89	6.14	6.30
2012	24774.93	6.05	6.20
2013	27125.83	5.52	5.64
2014	27429.71	5.05	5.15

资料来源：国家统计局。

在第二种机制中，地方政府依靠债务融资（主要是银行贷款）大力投资于基础设施建设和公共产品，进而优化地区投资环境、提高区域竞争力、便于招商引资，最终促进经济增长，传导机制如图2－2所示。地方政府针对基础设施建设的投入不仅可以直接促进经济增长，关键是可以撬动其他资金，因此这种投资方式对经济增长影响较大。但是笔者认为，基础设施投资与本书所分析的投资（即本书所说的投资项目一和投资项目二）属于不同类型，对经济增长的影响机制不一样。在传统的经济增长理论中，基础设施投资通常被假定为非生产性的，不是投入要素的一种，因而并没有被纳入经济增长理论模型当中。事实上,经济增长在本质上是来自于企业部门的生产行为,大多数基础设施(不是全部)并不直接生产最终产品和服务,而是通过为企业提供服务、提供保障来间接为最终生产成果做贡献,所以,基础设施投资作为公共领域的投资主要是在核算意义上对 GDP 增长有贡献。因此,一些学者认为,基础设施对实体经济的贡献并不确定(Blanca,1998),基础设施投资的作用主要在于通过为私人部门提供更好的服务和设施来扩大社会生产的可能性边界(唐东波,2015)。

另外,如果经济波动通过影响地方政府行为进而影响企业投资,主要的影响机制应该是投资率。如图 2－2 所示,经济波动通过影响地方政府行为进而影响基础设施投资,最终影响招商引资,中间影响机制应当是企业投资数量。根据本书实证部分得出的结论,经济波动对经济增长产生影响的主要机制是投资结构,而非投资率。因此,本书选择直接研究企业投资,经济波动通过对不同企业产生差异化影响进而对资源起到重新配置的作用,这里的影响机制是投资结构。

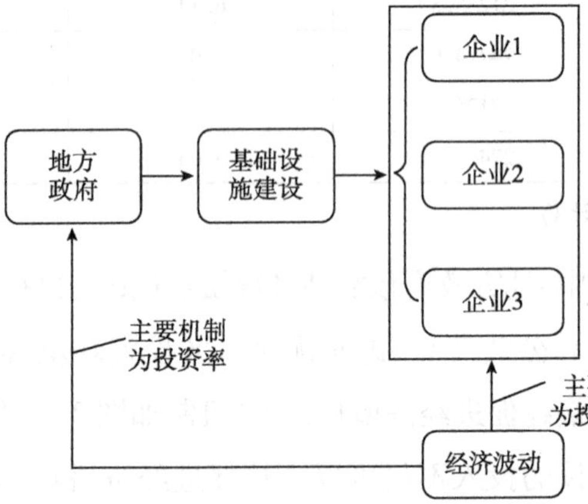

图 2－2　地方政府与企业投资

综合以上两方面考虑,本书没有将地方政府作为投资主体引入模型中进行分析。

需要强调的是,我们这样处理并不表示地方政府的作用不重要。地方政府在我国经济发展中扮演着重要的角色,发挥着非常重要的作用,这是中国经济发展区别于西方市场经济国家的一大特色,因此地方政府投资如何影响经济波动和经济增长之间的关系是一个具有重大意义的课题。同时,地方政府不仅通过地方政府投资,还通过地方政府立法执法,地方政府政策,地方政府发展战略、规划与举措,甚至地方政府主要负责人的偏好与风格等因素,对经济波动与经济增长的关系产生影响,因此这也是一个十分复杂、具有挑战性的研究课题。

第三章

中国经济波动对增长影响的经验事实

第一节 引言

从研究的角度来看,欲知“为什么”,得先知道“是什么”。虽然本书的研究重点是中国经济短期波动对长期增长趋势的影响机制,但是我们首先要弄清楚的是中国经济短期波动对长期增长趋势的影响究竟如何,结论是否稳健。本章便是基于这一研究目标从经验分析角度进行的研究。

根据上文的文献分析,国内已有一些文献从实证的角度对经济波动和经济增长之间的关系进行了研究。虽然由于数据、方法的差异而导致结论不尽相同,但是概括来看,还是基本一致的:新中国成立以来中国经济波动对经济增长的影响呈现阶段性特征,1978 年(抑或 20 世纪 90 年代)之前两者负相关,1978 年(抑或 20 世纪 90 年代)之后两者正相关。本书主要研究改革开放以来的情形,因此接下来的实证分析主要是基于改革开放之后的数据来进行研究。本章实证分析目的在于:进一步检验已有研究结论是否稳健,即本章的研究结论是否与已有文献相符,作为下文研究机制的对比对象,即通过与本章结论对比,确认经济波动对本书要研究的三条机制的影响以及对长期增长的影响是方向一致还是相反,每条机制贡献又是如何。

第二节　经济波动测度方法及评价

在研究宏观经济波动性变化对增长趋势影响的文献中，通常使用下列几种方式来衡量经济波动性：经济增长率标准差法、产出缺口标准差法以及增长回归方程残差标准差法等。接下来，我们将对这几种方法依次进行述评[①]。

一、经济增长率标准差法

经济增长率的标准差是实际测算中使用最普遍的方法。其计算思路为：根据历年公布的统计数据算出人均 GDP 实际增速，取一个时间序列上的区间段，计算这个区间段内人均 GDP 实际增速的标准差，用此标准差来表示该区间段经济波动程度大小。运用该方法衡量经济波动的好处是计算方法简便、操作容易、不会引起歧义、便于不同研究之间进行对比。不足之处在于该标准差包含了经济上下波动的全部内容，具体能代表什么尚存分歧。例如与不确定性（不可预期经济波动）相比，标准差还包含了经济波动中可预期的部分。与纯外生冲击引起的波动相比，标准差还包含了经济体运行过程中自发波动的成分。但是瑕不掩瑜，在以往的经验分析中，大多还是采取这一方法对经济波动进行衡量，而且国外的经典研究倾向于认为经济波动对经济增长影响为负。

---

① 本节内容主要参考卢二坡（2007）的研究。

二、产出缺口标准差法

产出缺口标准差度量的主要是周期意义上的波动性的变化。产出缺口通常用实际产出和潜在产出之差来衡量，而潜在产出如何测量尚存在较大歧义。根据刘元春和杨丹丹（2016）的研究，产出缺口/潜在产出的测算方法主要有以下几种：一是趋势法，包含线性趋势法和分段趋势法两种；二是单变量滤波法，包含 HP 滤波法、BK 滤波法、BN 分解法、Kalman 滤波法、不可观测成分模型、小波降噪法以及 CF 滤波法；三是多变量经济结构关系法，主要有多变量 HP 滤波法、多变量 BN 分解法、多变量 Kalman 滤波法、多变量不可观测模型法以及结构向量自回归法；四是生产函数法，主要有全结构模型和外生趋势模型两种；五是动态随机一般均衡法，包括条件模型和非条件模型两种。不同的方法有不同的优劣势，没有哪种方法适用于任何情形。由于根据不同方法测度出的结论差异较大，因此使用该种方法测度经济波动会导致不同研究结论之间难以比较的问题。不仅如此，采用这些方法对数据进行分析时往往要求数据具有较长的时间序列长度，而实际数据并不一定符合这一条件。因此，通过产出缺口标准差法来衡量经济波动也存在一定缺陷。

三、增长回归方程残差标准差法

经济增长率标准差包含了可预期经济波动和不可预期经济波动两部分，不可预期经济波动可近似理解为不确定性，增长回归方程残差标准差测度的即是不可预期经济波动。增长回归方程残差标准差是通过以下几个步骤进行测度的：首先，得建立关于经济增长的预测方程；其次，对预测方程进行估计，进而得到估计的残差；最后，将该残差标准差进行度量，此标准差即为经济波动。通过以上描述我们可以得出以下三点结论：第一，增长回归方程残差标准差衡量的是不可预期经济波动，它其实是增长率标准差中的一部分,因此两者之间到底有多大差异还很难说。第二,增长回归方程残差标准差测度结果受预测方程设定形式影响,方程设定形式不同,测度出来的结论会有较大差异。第三,利用增长回归方程残差标准差法进行估算时,预测方程不能发生结构性变化,否则估计结果会存在很大偏误。通过上面几点结论我们可以看出,增长回归方程残差标准差法虽然从理论上看来较为合理,但是在实际操作中存在很多缺陷,而且同样存在不同研究结论难以比较的问题,因此这一方法应用得也不是最多。

四、本书测度方法的选取

根据已有文献可以看出,不同文献对经济波动的衡量方式往往会不同。每一种方法都具有各自的优势,也存在相应的缺陷,没有一种十全十美的方法。衡量方法的不同也会造成研究结论存在一定的差异。本书接下来将会采取经济增长率标准差法来对经济波动进行衡量,主要依据有以下几点:一是经济增长率标准差法是已有文献中用的最普遍的方法,本书采用这种方法进行分析,便于和已有文献的结论进行对比;二是经济增长率标准差计算较为简单、明了,不存在由于其他方法中模型设定问题带来的歧义;三是本书重点在于经济波动对增长的影响机制,而非两者关系的经验分析,根据卢二坡和曾五一(2008)的分析,采取不同方法对经济波动进行衡量时,研究结论不存在较大变异,因此采取经济增长率标准差法得出的结论是稳健的,本书仅采取这一方法进行分析是合理的。

第三节　中国经济增长和波动关系的计量检验

一、模型设定

本章主要是为了从经验分析的角度研究我国省级层面经济波动和经济增长的关系。为此，我们根据 Levine 和 Renelt（1992）以及 Ramey 和 Ramey（1995）的研究，在增长回归方程中引入经济波动变量进行回归，在区域经济增长收敛性研究框架下分析这一问题。我们分别在受约束模型和无约束模型中进行回归。在受约束模型中，未引入任何控制变量，模型形式设定为：

$$rgdp_{it} = a_0 + a_1 \times vgdp_{it} + \varpi_i + v_t + \varepsilon_{it} \qquad (3-1)$$

其中，$rgdp_{it}$为平均经济增速，$vgdp_{it}$为经济波动，ϖ_i 为地区效应，v_t 为时间效应。我们在无约束模型中引入相关控制变量，模型形式设定为：

$$rgdp_{it} = a_0 + a_1 \times vgdp_{it} + X_{it}^T\beta + \varpi_i + v_t + \varepsilon_{it} \qquad (3-2)$$

其中，X_{it}^T为控制变量向量，主要包括人均收入 $\ln gdp_{it}$、人力资本 stu_{it}、人口增长率 $rpop_{it}$以及开放程度 exp_{it}。

本章还想研究投资率机制是否为经济波动对经济增长产生影响的主要机制，虽然下文有专门章节研究这一主题，但为了与已有经典文献做更完整的对比，更好地检验已有文献结论是否稳健，本章在此先用较为简单的方式对投资率机制的作用进行检验。根据 Aghion 等（2010）的研究，当在模型中引入投资率变量时，如果经济波动系数发生较大程度变化，那么说明投资率是主要机制。如果在投资率变量引入前后，经济波动系数变

化不大,那么则说明投资率机制不是主要机制。因此设定模型如下:

$$rgdp_{it} = a_0 + a_1 \times vgdp_{it} + a_2 rinv_{it} + X_{it}^T\beta + \varpi_i + v_t + \varepsilon_{it} \quad (3-3)$$

其中,$rinv_{it}$为投资率变量。

二、数据与变量说明

本部分使用我国31个省份1979—2012年的数据对经济波动与经济增长的关系进行实证分析①。为了更好地反映经济波动对经济增长的影响,本书采用滚动划分时间样本的方法。全样本以5年为区间长度②,可划分为30个时间段:1979—1983年,1980—1984年,…,2008—2012年。本书所有的原始数据均来源于《新中国60年统计资料汇编》、Wind资讯、《中国统计年鉴》以及国家统计局网站,各变量说明如下:

(1)平均经济增速$rgdp_{it}$。用t到$t+k-1$期(t到$t+k-1$期为一个滚动样本时段,t为该时段的第一年)不变价人均GDP对数差分后的均值来表示,即$rgdp_{it} = \ln(y_{i,t+k-1}/y_{i,t-1})/k$,其中,$y_{i,t}$为$t$期$i$不变价人均GDP。本书基于人均地区生产总值指数计算平均增长速度,计算公式为$rgdp_{it} = \ln(s_{i,t} \times \cdots \times s_{i,t+k-1})/k$,其中,$S_{i,t}$为$t$期$i$地区人均地区生产总值指数。本书以$k=5$为区间长度进行分析,同时还分别使用了$k=3$和$k=8$

① 人力资本变量用每万人中大学生数衡量,限于该数据可得性,本章实证分析仅使用2012年之前数据。我们用的数据主要来源于《新中国60年统计资料汇编》、Wind资讯、《中国统计年鉴》以及国家统计局网站。当我们尝试采用近几年的数据后,发现控制变量每万人中在校大学生数量只有《新中国60年统计资料汇编》中有,而《新中国65年统计资料汇编》只有全国数据,没有分省数据。因此我们就没有引入最新几年的数据。当然,如果可以采取插值法将近几年每万人在校大学生数量补齐再进行回归也可以,我们做完回归后发现结论变化不大,但是我们基于谨慎的角度,还是放弃了采用插值法补齐数据的做法,选择采用较短时间但数据全部真实的做法。

② 关于滚动样本间隔期的选取,根据以往文献的经验,同时考虑到我国国民经济5年规划情况,本书选取5年为间隔期做实证分析。此外,下文还分别以3年和8年为间隔期做了稳健性检验。

做了主要结论的稳健性检验①。

（2）经济波动 $vgdp_{it}$。经济波动性衡量的是经济遭受外生冲击后上下震荡的剧烈程度，目前尚无确切的测度方法。在已有的研究中，主要采用经济增长率标准差、产出缺口标准差和增长回归方程残差标准差三种方式进行测度，这些测度方法均有各自的优缺点。卢二坡和曾五一（2008）认为使用经济增长率的标准差作为衡量指标较为合适。他们在研究中还利用其他两个指标做了稳健性检验，发现结果比较稳健，因此本书也借鉴他们的做法，采用经济增长率的标准差作为度量指标。本书用 t 到 $t+k-1$ 期 i 地区人均地区生产总值指数的对数的标准差表示。

（3）人均收入 $\ln gdp_{it}$。gdp_{it}为各时间段期初年份的不变价人均地区生产总值，本书采用对其进行对数化处理过的数据（$\ln gdp_{it}$）进行分析。若 $\ln gdp_{it}$的系数显著为负，表示地区间经济增长收敛，否则表示没有收敛趋势。

（4）人力资本 stu_{it}。通常以教育水平指标来代表人力资本水平的高低，考虑到相关数据的可获得性和可信度，本书采用各时间段期初每万人中大学生数来表示人力资本水平。已有研究多认为人力资本对经济增长既有直接效应，也有间接影响。人力资本通过教育形成内部效应以及干中学形成外部效应，直接对经济增长产生促进作用，人力资本还通过促进创新来间接促进经济增长。国内的实证分析大多认为我国人力资本的增长对经济增长产生了显著的正向作用，例如刘智勇等（2008）和詹新宇（2012），但是也有一些文献认为我国人力资本对经济增长的影响不明

---

① 很多文献按照如下方式对经济增长和波动进行衡量：将一个宏观经济变量分解成趋势和波动，对应于趋势部分是经济增长，波动部分对应的是经济波动。经济增长和波动的衡量方法有很多种，目前尚无哪种方法得到一致的认可。本书是研究经济波动和增长的关系，因此我们参考了大量经济波动和经济增长关系的文献，在这些文献中，经济长期增长基本都是用本书的方法进行衡量，即以某一段时期内的平均经济增速衡量长期经济增长。例如 Ramey 和 Ramey（1995）、Aghion 和 Banerjee（2005）、Aghion 等（2010）、Badinger（2010）、Abate（2016）以及卢二坡和曾五一（2008）。根据我们掌握的文献，当因变量为某一年的实际增长时，通常会采用将数据分解为趋势和波动的方式进行衡量，当因变量为长期增长时（通常以某一段区间平均增长衡量），一般会采用平均增速来进行衡量。本书研究的因变量就是长期增长，因此采用这种衡量方式是合理的。

显，例如于凌云（2008）和陈灿平（2009）[①]。

（5）人口增长率 $rpop_{it}$。本书用各时间段期末与期初人口总数的对数差分来计算人口增长率。

（6）开放程度 exp_{it}。本书使用各地区出口总额占地区生产总值的比重来表示开放程度，其中各年出口额以当年汇率中间价转化为人民币表示。各时间段开放程度为该时间段内各年该比重的平均值。一方面，通过进口国外中间品，不仅可以增加国内中间品的数量，而且通过进口国外高质量的中间品，使得国内的最终产出增加。另一方面，通过对外贸易，对进口产品实行反向工程（reverse - engineering），本国的研发部门能够获取国外的技术外溢，从而有助于培养本国的消化吸收再创新能力以及在此基础上形成的自主创新能力。与外部的交流还能够使本国的进出口企业学习到一些隐性的知识（tacit knowledge），从而提高本国的全要素生产率。

表 3 - 1 为主要变量的描述性统计。从表 3 - 1 中可以看出，与 1994 年之前相比，1994 年之后中国经济呈现出增速较高、经济波动较小的特点；与非东部地区相比，东部地区经济呈现出增速较高、经济波动较大的特点。

表 3 - 1　主要变量描述性统计

项目	总样本	[1979,1983]—[1989,1993]	[1990,1994]—[2008,2012]	东部地区	非东部地区
rgdp	0.0919	0.0776	0.1002	0.0976	0.0888
vgdp	0.0272	0.0441	0.0175	0.0303	0.0256

注：表中的统计数据均为均值。

① 刘智勇等（2008）通过实证分析发现无论是直接效应还是间接效应，在中国人力资本与经济增长的关系中都存在，但是人力资本类型不同，对经济增长产生影响的作用机制也存在差异。詹新宇（2012）利用中国 1997—2007 年省级面板数据进行系统 GMM 估计，结果发现中国人力资本对经济增长产生显著正向影响，而且这种促进效应还受到市场化程度的影响。于凌云（2008）通过实际数据进行检验分析发现，在人力资本较低的地区，教育投入对人力资本进而对经济增长产生显著促进作用，但是在那些人力资本较高的地区（通常教育投入也较高），教育投入对人力资本和经济增长的影响并不显著。陈灿平（2009）认为经济增长对人力资本的拉动效应较为显著，但是人力资本对经济增长的促进作用则很微弱。

三、回归结果分析

(一)总样本回归结果

我们先使用1979—2012年的总样本数据进行回归,得到的结果如表3-2所示。

表3-2　总样本回归结果

项目	(1)	(2)	(3)	(4)
	rgdp	*rgdp*	*rgdp*	*rgdp*
vgdp	0.122*** (2.94)	0.131*** (3.31)	0.147*** (3.99)	0.144*** (4.13)
ln*gdp*			-0.054*** (-12.16)	-0.059*** (-13.83)
stu			-0.001** (-2.18)	0.000 (0.11)
rinv		0.049*** (9.83)		0.046*** (9.72)
rpop			-0.318*** (-3.40)	-0.327*** (-3.68)
exp			-0.009 (-1.46)	0.008 (1.27)
常数项	0.065*** (18.31)	0.053*** (14.95)	0.388*** (14.76)	0.404*** (16.15)
地区效应	是	是	是	是
时间效应	是	是	是	是
R-squared	0.5077	0.5571	0.6203	0.6577
N	930	930	930	930

注:①***、**分别表示在1%、5%的显著水平上显著;②括号内为t值。

我们均采用同时控制地区效应和时间效应的双向固定效应模型进行分析。结果显示各模型的判决系数均较高、F值较大,说明模型设定合理、结果可靠。人均收入变量系数均显著为负,说明各地区经济增长的确存在收敛现象,与经济增长的经典理论相符。表3-2中第(1)列的结果描述的是不加控制变量时经济波动对经济增长的影响。我们发现,经济波动与经济增长呈正相关关系,经济波动项系数大小为0.122,而且在1%的显著水平上显著。表3-2中第(2)列的结果为引入投资率变量后的回归结果。引入投资率之后,经济波动项系数依然显著为正,系数绝对值为0.131。投资率项系数为0.049,在1%的显著水平上显著。对比第(1)列和第(2)列的结果可以看出,投资率对经济增长的影响显著为正,这说明投资率的变动的确对经济增长产生影响;引入投资率变量后,经济波动变量的系数变化不大(变动幅度只有7%),这说明投资率不是经济波动对经济增长产生影响的主要途径,这一点也与Ramey和Ramey(1995)以及Aghion等(2010)的研究结论相符;引入投资率后,经济波动项系数向正向变动(由0.122变为0.131),说明经济波动通过投资率对经济增长产生的影响为负面效应,因此控制投资率的情形下,经济波动对经济增长的正面效应更强。

第(3)列和第(4)列的结果为第(1)列和第(2)列回归方程中引入其余三个控制变量后的结果。对比来看,引入其余几个控制变量后经济波动项系数依然显著为正。未控制投资率变量时,经济波动项系数由0.122变为0.147,模型拟合优度由0.5077增至0.6203。控制投资率的情形下,经济波动项系数由0.131变为0.144,模型拟合优度由0.5571增至0.6577。这些变化均说明模型引入控制变量后,解释变量对被解释变量变化的解释能力更强,说明引入控制变量是必要的。而且对比第(3)列和第(4)列的结果发现,投资率变量的引入仍然对经济波动前面的系数影响不大,说明前面的回归结果是稳健的,中国经济波动性变化影响增长趋势的主要途径不是投资率。

中国处于转型阶段,不同时期经济体制有差异,不同地区改革进度也不同。为了进行更加细致的分析,我们接下来分别分时间段、分地区进行分析。

(二)按时间段分组回归结果

表3-3为按时间段分组回归的结果,我们将变量计算区间最后一年在1994年之前的设定为一组,计算区间最后一年在1994年之后的(包括1994年)设定为一组。这样划分的依据主要有两个:一是我国是在1994年真正确立了市场化改革大方向,因此在1994年前后模型可能会发生结构性变化;二是数据显示与1994年之前相比,1994年之后经济波动性较小,表现出明显的阶段性。同样我们均采取控制时间效应和地区效应的双向固定效应模型进行分析。由表3-3中第(1)列和第(2)列的结果可以看出,在1994年之前,经济波动项系数为0.129,在1%的显著水平上显著。在1994年之后,经济波动项系数为0.406,亦在1%的显著水平上显著。两组回归都显示经济波动性增大会有利于经济长期增长,但是1994年之后的数据显示经济波动加剧对长期增长促进作用更大。经济波动对经济增长产生影响的机制是通过市场选择效应,这种市场选择效应能否发生取决于两点:一是企业异质性大小,即企业有差别才有选择;二是发生波动时,政府是否让市场进行选择,即政府实行市场化改革的力度直接影响这种选择效应的大小。1994年是我国真正建立起市场化改革方向的"关键年",与1994年之前相比,1994年之后政府对市场干预逐渐减少,因此市场选择效应发挥得更好,从而经济波动与经济增长越偏向正相关。表3-3中第(3)列和第(4)列为引入其余控制变量后的估计结果,可以看出,引入控制变量后,在1994年之前,经济波动项系数为0.279,在1%的显著水平上显著。在1994年之后,经济波动项系数为0.297,亦在1%的显著水平上显著。两组回归仍然显示经济波动对经济增长影响显著为正,1994年之后经济波动加剧对长期增长促进作用更大,说明估计结果是稳健的。

表 3-3　按时间段分组回归结果 1

项目	(1)	(2)	(3)	(4)
	rgdp	rgdp	rgdp	rgdp
	[1979,1983]—[1989,1993]	[1990,1994]—[2008,2012]	[1979,1983]—[1989,1993]	[1990,1994]—[2008,2012]
vgdp	0.129*** (2.58)	0.406*** (6.33)	0.279*** (6.11)	0.297*** (5.61)
ln*gdp*			-0.114*** (-10.55)	-0.077*** (-11.34)
stu			0.000 (1.56)	-0.000*** (-2.61)
rpop			0.285 (0.85)	-0.238*** (-2.67)
exp			0.017 (1.08)	-0.039*** (-5.66)
常数项	0.061*** (11.65)	0.076*** (17.45)	0.828*** (10.56)	0.828*** (10.56)
地区效应	是	是	是	是
时间效应	是	是	是	是
R-squared	0.5305	0.4124	0.6646	0.6198
N	341	589	341	589

注:①***表示在1%的显著水平上显著;②括号内为 *t* 值。

表3-4为引入投资率变量后的估计结果。引入投资率后,在不控制其他变量的情形下,经济波动项系数在1994年之前为0.09,而且在10%的显著水平上显著。在1994年之后,经济波动项系数为0.394,而且在1%的显著水平上显著。在控制其他变量的情形下,经济波动在1994年之前,经济波动项系数为0.252,在1%的显著水平上显著。在1994年之后,经济波动系数为0.261,且在1%的显著水平上显著。通过与表3-3进行对比可以看出,引入投资率变量后经济波动项系数变化不是很大,说明分时间段来看,投资率仍然不是主要机制,上文的结论是稳健的。

表3－4　按时间段分组回归结果2

项目	(1)	(2)	(3)	(4)
	rgdp	*rgdp*	*rgdp*	*rgdp*
	[1979,1983]—[1989,1993]	[1990,1994]—[2008,2012]	[1979,1983]—[1989,1993]	[1990,1994]—[2008,2012]
vgdp	0.090* (1.80)	0.394*** (6.83)	0.252*** (5.45)	0.261*** (5.43)
ln*gdp*			−0.112*** (−10.37)	−0.089*** (−14.23)
stu			0.001 (0.65)	0.000 (−0.19)
rinv	0.091*** (3.72)	0.055*** (11.28)	0.065*** (2.90)	0.050*** (10.93)
rpop			0.292 (0.88)	−0.125 (−1.54)
exp			0.008 (0.51)	−0.011 (−1.61)
常数项	0.037*** (4.68)	0.031*** (6.19)	0.700*** (11.14)	0.670*** (15.83)
地区效应	是	是	是	是
时间效应	是	是	是	是
R－squared	0.5514	0.5247	0.6740	0.6893
N	341	589	341	589

注：①***、*分别表示在1%和10%的显著水平上显著；②括号内为*t*值。

（三）按地区分组回归结果

表3－5为按地区分组回归的结果，同样采取控制地区效应和时间效应的双向固定效应模型进行分析。与非东部地区相比，东部地区在过去几十年市场化程度更高，改革更快、更彻底，也实现了更快的经济增长。表3－5中第（1）列和第（2）列的结果分别为东部地区和非东部地区未引入控制变量情形下的回归结果。结果显示，无论在东部地区还是非东部地区，经济波动项系数不显著，在东部地区经济波动项系数为0.109，在非东部地区经济波动项系数为－0.02。第（3）列和第（4）列分别为东部

地区和非东部地区引入其余控制变量后的回归结果，在东部地区，经济波动项系数显著为正，系数为0.155。但在非东部地区，该系数依然为负，且不显著，系数为-0.01。这可能是因为东部地区市场化改革力度较大，因此经济波动可以通过资源的重新配置对经济增长产生较大的影响，而非东部地区则相对保守，结果导致总体来看经济波动对经济增长的影响不显著。当然，还有可能是因为在这期间模型发生了结构性变化（例如1994年开始的市场化改革），导致总体来看显著性不够。

表3-5 按地区分组回归结果1

项目	(1)	(2)	(3)	(4)
	rgdp	*rgdp*	*rgdp*	*rgdp*
	东部地区	非东部地区	东部地区	非东部地区
vgdp	0.109 (1.51)	-0.020 (-0.43)	0.155** (1.77)	-0.010 (-0.25)
ln*gdp*			-0.069*** (-9.29)	-0.060*** (-9.14)
stu			-0.000*** (-4.40)	0.000** (2.45)
rpop			0.025 (0.21)	-0.383** (-2.56)
exp			-0.007 (-1.02)	-0.147*** (-4.46)
常数项	0.048*** (7.53)	0.062 (13.73)	0.550*** (10.44)	0.419*** (10.75)
地区效应	是	是	是	是
时间效应	是	是	是	是
R-squared	0.5026	0.6588	0.6363	0.7175
N	330	600	330	600

注：①***、**分别表示在1%、5%的显著水平上显著；②括号内为*t*值。

表3-6为引入投资率变量进行回归的结果，可以看出，引入投资率之后，在不控制其他变量的情形下，东部地区经济波动项系数为0.106，

但不够显著,非东部地区经济波动项系数为0.024,也不够显著。控制其他变量的情形下,东部地区经济波动项系数为0.114,在10%的显著水平上显著,非东部地区经济波动项系数为0.048,但仍然不够显著。通过对比表3-6与表3-5的结果可以看出,引入投资率前后,结果没有发生太大变化,说明结论较为稳健。

表3-6　按地区分组回归结果2

项目	(1)	(2)	(1)	(2)
	rgdp	*rgdp*	*rgdp*	*rgdp*
	东部地区	非东部地区	东部地区	非东部地区
vgdp	0.106 (1.56)	0.024 (0.51)	0.114* (1.77)	0.048 (1.12)
ln*gdp*			-0.066*** (-9.27)	-0.066*** (-10.18)
stu			-0.001*** (-2.80)	-0.001*** (3.40)
rinv	0.034*** (5.85)	0.044*** (4.41)	0.037*** (3.47)	0.058*** (6.21)
rpop			0.034 (0.28)	-0.398*** (-2.75)
exp			0.004 (0.60)	-0.136*** (-4.22)
常数项	0.042*** (6.72)	0.047*** (8.43)	0.481*** (10.54)	0.436*** (11.92)
地区效应	是	是	是	是
时间效应	是	是	是	是
R-squared	0.5554	0.6705	0.6649	0.7362
N	330	600	330	600

注:①***、*分别表示在1%和10%的显著水平上显著;②括号内为t值。

(四)按地区、时间段分组回归结果

为了更细致地进行研究,我们进一步按照不同地区、不同时间段将总样本分为四组进行分析,采用同时控制地区效应和时间效应的双向固定效应模型进行回归,回归结果如表 3-7 所示。

表 3-7　按地区、时间段分组回归结果 1

项目	(1)	(2)	(3)	(4)
	rgdp	*rgdp*	*rgdp*	*rgdp*
	东部地区	东部地区	非东部地区	非东部地区
	[1979,1983]—[1989,1993]	[1990,1994]—[2008,2012]	[1979,1983]—[1989,1993]	[1990,1994]—[2008,2012]
vgdp	0.143* (1.85)	0.138 (1.49)	0.046 (0.67)	0.271*** (3.61)
常数项	0.055*** (9.52)	0.061*** (11.11)	0.083*** (14.52)	0.091*** (25.39)
地区效应	是	是	是	是
时间效应	是	是	是	是
R - squared	0.6064	0.5002	0.5295	0.6516
N	121	209	220	380

注:①***、*分别表示在 1%、10% 的显著水平上显著;②括号内为 *t* 值。

表 3-7 中第(1)列和第(2)列分别为东部地区 1994 年之前和 1994 年之后的回归结果,第(3)列和第(4)列分别为非东部地区 1994 年之前和 1994 年之后的回归结果。在 1994 年之前,东部地区经济波动项系数为 0.143,且在 10% 的显著水平上显著,非东部地区经济波动项系数为 0.046,但不够显著。在 1994 年之后,东部地区经济波动系数为 0.138,但不显著。非东部地区经济波动项系数为 0.271,在 1% 的显著水平上显著。

表 3-8 为引入其余控制变量后的回归结果,结果显示,引入控制变量的情形下,1994 年之前,东部地区经济波动项系数为 0.183,且在 5% 的显著水平上显著,非东部地区经济波动项系数为 0.144,且在 1% 的显著

水平上显著。在1994年之后,东部地区经济波动项系数为0.223,且在1%的显著水平上显著,非东部地区经济波动项系数为0.188,且在1%的显著水平上显著。通过对比表3-8和表3-7的结果可以看出,引入控制变量后,经济波动项系数变得更加显著,模型拟合优度得到提升,说明的确需要引入控制变量进行回归。同时根据地区和时间进行划分后,在子样本中,经济波动对经济增长的影响均显著为正,而且东部地区较非东部地区更偏向正相关,1994年之后较1994年之前更偏向于正相关。东部地区市场化改革力度较大,因此经济波动可以通过资源的重新配置对经济增长产生较大的影响,而非东部地区则相对保守,结果导致总体来看经济波动对经济增长的影响没有东部地区显著。1994年是我国真正建立起市场化改革方向的"关键年",与1994年之前相比,1994年之后政府对市场干预逐渐减少,因此市场选择效应发挥得更好,从而经济波动与经济增长越偏向正相关。这些结论均与上文分地区或分时间段的结论一致,说明上述结论是稳健的。

表3-8　按地区、时间段分组回归结果2

项目	(1)	(2)	(3)	(4)
	rgdp	*rgdp*	*rgdp*	*rgdp*
	东部地区	东部地区	非东部地区	非东部地区
	[1979,1983]—[1989,1993]	[1990,1994]—[2008,2012]	[1979,1983]—[1989,1993]	[1990,1994]—[2008,2012]
vgdp	0.183** (2.43)	0.223*** (2.69)	0.144*** (2.90)	0.188*** (2.77)
ln*gdp*	-0.089*** (-5.56)	-0.093*** (-7.64)	-0.179*** (-14.15)	-0.067*** (-8.06)
stu	-0.001 (-0.61)	-0.000*** (-3.41)	0.002*** (3.88)	0.000*** (3.42)
rpop	1.287*** (2.97)	0.019 (0.16)	-0.540 (-1.29)	-0.047 (-0.36)
exp	-0.012 (-0.81)	-0.022** (-2.54)	0.125 (1.11)	-0.135*** (-4.70)

续表

项目	(1)	(2)	(3)	(4)
	rgdp	*rgdp*	*rgdp*	*rgdp*
	东部地区	东部地区	非东部地区	非东部地区
	[1979,1983]—[1989,1993]	[1990,1994]—[2008,2012]	[1979,1983]—[1989,1993]	[1990,1994]—[2008,2012]
常数项	0.686*** (5.65)	1.016*** (8.48)	1.054*** (15.20)	0.674*** (9.67)
地区效应	是	是	是	是
时间效应	是	是	是	是
R – squared	0.7136	0.6693	0.7923	0.7243
N	121	209	220	380

注：①***、**分别表示在1%、5%的显著水平上显著；②括号内为 t 值。

表3－9和表3－10为表3－7和表3－8中对应的引入投资率变量后进行回归的结果。

表3－9　按地区、时间段分组回归结果3

项目	(1)	(2)	(3)	(4)
	rgdp	*rgdp*	*rgdp*	*rgdp*
	东部地区	东部地区	非东部地区	非东部地区
	[1979,1983]—[1989,1993]	[1990,1994]—[2008,2012]	[1979,1983]—[1989,1993]	[1990,1994]—[2008,2012]
vgdp	0.106 (1.36)	0.156* (1.86)	0.047 (0.68)	0.315*** (4.31)
rinv	0.070** (2.05)	0.037*** (6.43)	0.073* (1.86)	0.051*** (4.98)
常数项	0.039*** (4.05)	0.039*** (6.55)	0.060*** (4.33)	0.051*** (5.86)
地区效应	是	是	是	是
时间效应	是	是	是	是
R – squared	0.6225	0.5944	0.5380	0.6753
N	121	209	220	380

注：①***、**、*分别表示在1%、5%和10%的显著水平上显著；②括号内为 t 值。

表3－9中第(1)列和第(2)列分别为东部地区1994年之前和1994年之后的回归结果，第(3)列和第(4)列分别为非东部地区1994年之前和1994年之后的回归结果。引入投资率变量后，经济波动对经济增长影响仍然为正。在1994年之前，东部地区经济波动项系数为0.106，但不显著，非东部地区经济波动项系数为0.047，也不够显著。在1994年之后，东部地区经济波动系数为0.156，在10%的显著水平上显著，非东部地区经济波动项系数为0.315，在1%的显著水平上显著。投资率系数在四种情形下均显著为正。

表3－10中第(1)列和第(2)列分别为东部地区1994年之前和1994年之后的回归结果，第(3)列和第(4)列分别是非东部地区1994年之前和1994年之后的回归结果。在1994年之前，东部地区经济波动项系数为0.143，在10%的显著水平上显著，非东部地区经济波动项系数为0.143，在1%的显著水平上显著。在1994年之后，东部地区经济波动系数为0.112，在10%的显著水平上显著，非东部地区经济波动项系数为0.234，在1%的显著水平上显著。对比投资率引入前后结果来看，在四个子样本中，引入投资率对经济波动系数的影响存在差异，在1994年之后的东部地区，投资率引入对经济波动系数影响较大，在其余三个子样本中影响较小。这说明投资率机制对经济增长和经济波动关系的影响也会随着时间或地区的变化而存在差异。当然，在总体上来说，投资率仍然不是经济波动影响经济增长的主要机制。

表3－10　按地区、时间段分组回归结果4

项目	(1)	(2)	(3)	(4)
	rgdp	*rgdp*	*rgdp*	*rgdp*
	东部地区	东部地区	非东部地区	非东部地区
	[1979,1983]—[1989,1993]	[1990,1994]—[2008,2012]	[1979,1983]—[1989,1993]	[1990,1994]—[2008,2012]
vgdp	0.143* (1.78)	0.112* (1.64)	0.143*** (2.88)	0.234*** (3.58)

续表

项目	(1)	(2)	(3)	(4)
	rgdp	rgdp	rgdp	rgdp
	东部地区	东部地区	非东部地区	非东部地区
	[1979,1983]—[1989,1993]	[1990,1994]—[2008,2012]	[1979,1983]—[1989,1993]	[1990,1994]—[2008,2012]
lngdp	-0.084*** (-5.06)	-0.120*** (-11.70)	-0.178*** (-13.70)	-0.069*** (-8.68)
stu	-0.000 (-0.85)	-0.000*** (-2.19)	0.001*** (3.92)	0.000*** (3.85)
rinv	0.046 (1.38)	0.047*** (9.63)	0.017 (0.58)	0.053*** (5.75)
rpop	1.364*** (3.14)	0.173* (1.68)	-.580 (-1.37)	-0.090 (-0.70)
exp	-0.016 (-1.06)	0.010** (1.33)	0.100*** (0.84)	-0.111*** (-4.02)
常数项	0.571*** (5.33)	0.956*** (12.94)	1.067*** (14.54)	0.515*** (9.75)
地区效应	是	是	是	是
时间效应	是	是	是	是
R - squared	0.7193	0.7843	0.7927	0.7490
N	121	209	220	380

注:①***、**、*分别表示在1%、5%和10%的显著水平上显著;②括号内为 t 值。

(五)考虑内生性的估计结果

经济波动剧烈程度亦有可能会受到经济增速高低的影响,所以或许会因为存在内生性问题致使回归结果有偏误。在本部分我们将采取经济波动滞后项作为工具变量进行回归,由于滞后项变量对本期而言属于前定变量,因此本期经济增长无法影响滞后项变量,从而可以避免内生性问题。具体回归结果如表3-11所示。从表3-11可以看出,当不引入控制变量时,经济波动项系数为0.111,且在10%的显著水平上显著,引入控制变量后,经济波动项系数为0.158,且在1%的显著水平上显著,而且拟合优度由0.499提升至0.6181,说明引入控制变量十分必要。为了检验投资率在其中的贡献,我们引入投资率变量进行分析。在未引入其他控制变量的情形下,引入投资率后,经济波动项系数为0.128,且在5%的显著水平上显著。引入其他控制变量的情形下,控制投资率之后,经济波动项系数为0.159,且在1%的显著水平上显著。无论是哪种情形,投资率变量均显著为正。与表3-2回归结果相比,无论是基于无约束模型还是约束模型、引入投资率变量还是未引入投资率变量,采用工具变量法进行回归的结果均没有大的变化,因此本书的结论是稳健的。

表3-11 工具变量法回归结果

项目	(1)	(2)	(3)	(4)
	rgdp	*rgdp*	*rgdp*	*rgdp*
vgdp	0.111* (1.95)	0.128** (2.38)	0.158*** (3.18)	0.159*** (3.36)
ln*gdp*			-0.056*** (-12.27)	-0.061*** (-14.02)
stu			-0.000** (-2.30)	0.000 (0.10)
rinv		0.049*** (9.70)		0.046*** (9.65)
rpop			-0.307*** (-3.27)	-0.317*** (-3.56)
exp			-0.009 (-1.57)	0.008 (1.28)
常数项	0.062*** (11.64)	0.048*** (9.29)	0.485*** (15.12)	0.492*** (16.16)
地区效应	是	是	是	是
时间效应	是	是	是	是
R-squared	0.4990	0.5497	0.6181	0.6565
N	899	899	899	899

注:①***、**、*分别表示在1%、5%和10%的显著水平上显著;②括号内为t值。

(六)不同区间长度的估计结果

采取5年作为一个时间段是通常的做法,但是经济波动的一个周期并不一定是固定的5年。基于此,本部分分别采取3年和8年作为时间段长度进行重新计算,并基于新的数据进行回归分析,验证回归结论对计算区间的长度是否敏感。由于数据可得性,采取3年作为区间长度时,利用的数据为1979—2010年的数据。区间段划分为1979—1981年,1980—1982年,…,2008—2010年,样本量为930。我们仍然采用控制地区效应和时间效应的双向固定效应模型进行分析。回归结果如表3-12和表3-13所示。

表3-12 以3年为区间长度的估计结果

项目	(1)	(2)	(3)	(4)
	rgdp	*rgdp*	*rgdp*	*rgdp*
vgdp	0.079* (1.88)	0.078* (1.90)	0.101*** (2.58)	0.098** (2.52)
ln*gdp*			-0.053*** (-9.50)	-0.050*** (-9.09)
stu			-0.000 (-0.16)	0.000 (0.21)
rinv		0.038*** (6.01)		0.024*** (3.86)
rpop			-0.354*** (-3.75)	-0.310*** (-3.28)
exp			-0.003 (-0.42)	-0.001 (-0.10)
常数项	0.044*** (7.97)	0.035*** (6.24)	0.429*** (11.05)	0.403*** (10.28)
地区效应	是	是	是	是
时间效应	是	是	是	是
R-squared	0.5212	0.5403	0.5872	0.5942
N	930	930	930	930

注:①***、**、*分别表示在1%、5%和10%的显著水平上显著;②括号内为t值。

表3-12中第(1)列结果显示,不引入控制变量时,经济波动项系数为0.079,且在10%的显著水平上显著,这说明总体来看,以3年为计算区间的情形下,经济短期波动对长期增长存在正面影响。第(3)列结果显示,引入相关控制变量后,经济波动项系数变为0.101,且在1%的显著水平上显著。拟合模型拟合优度亦得到提升,说明控制变量的引入加强了模型的解释能力。第(2)列和第(4)列结果分别为第(1)列和第(3)列基准模型引入投资率后的回归结果。我们发现经济波动项系数分别由第(1)列的0.079变为第(2)列的0.078,由第(3)列的0.101变为第(4)列的0.098,同时各项系数依然显著。另外,投资率变量也显著为正。以上结论说明:第一,以3年为计算区间时,经济波动对经济增长产生促进作用,这与以5年为计算区间得到的结论是一致的。第二,引入投资率前后,经济波动项系数变化幅度不大,说明以3年为计算区间时,投资率仍然不是经济波动影响经济增长趋势的主要机制。第三,引入投资率变量后,经济波动项系数均小幅减小,这说明经济波动通过投资率对经济长期增长趋势产生了正面作用,这一结论与以5年为计算区间时的结论不一致。这说明随着计算区间的变化,投资率在经济短期波动和长期增长之间关系中所起的作用也会发生变化。

表3-13　以8年为区间长度的估计结果

项目	(1)	(2)	(3)	(4)
	rgdp	*rgdp*	*rgdp*	*rgdp*
vgdp	0.162* (3.78)	0.175*** (4.30)	0.158*** (4.60)	0.162*** (4.76)
ln*gdp*			-0.059*** (-16.78)	-0.056*** (-15.99)
stu			-0.000*** (-4.92)	-0.000*** (-4.28)
rinv		0.044*** (9.60)		0.018*** (4.42)

续表

项目	(1)	(2)	(3)	(4)
	rgdp	rgdp	rgdp	rgdp
rpop			-0.154* (-1.77)	-0.092 (-1.06)
exp			-0.011** (-2.02)	-0.009* (-1.72)
常数项	0.058*** (14.24)	0.045*** (11.06)	0.504*** (20.73)	0.475*** (19.10)
地区效应	是	是	是	是
时间效应	是	是	是	是
R - squared	0.4663	0.5210	0.6676	0.6755
N	868	868	868	868

注:①***、**、*分别表示在1%、5%和10%的显著水平上显著;②括号内为 t 值。

表3-13中第(1)列结果显示,不引入控制变量时,经济波动项系数为0.162,且在10%的显著水平上显著,这说明总体来看,以8年为计算区间的情形下,经济短期波动对长期增长存在正面影响。第(3)列结果显示,引入相关控制变量后,经济波动项系数变为0.158,且在1%的显著水平上显著。拟合模型拟合优度亦得到提升,说明控制变量的引入加强了模型的解释能力。第(2)列和第(4)列结果分别为第(1)列和第(3)列基准模型引入投资率后的回归结果。我们发现经济波动项系数分别由第(1)列的0.162变为第(2)列的0.175,由第(3)列的0.158变为第(4)列的0.162,同时各项系数依然显著。另外,投资率变量也显著为正。以上结论说明:第一,以8年为计算区间时,经济波动对经济增长产生促进作用,这与以3年或5年为计算区间得到的结论是一致的。第二,引入投资率前后,经济波动项系数变化幅度不大,这说明以8年为计算区间时,投资率仍然不是经济波动影响经济增长趋势的主要机制。第三,引入投资率变量后,经济波动项系数均变大,这说明经济波动通过投资率对经济长期增长趋势产生了负面作用,这一结论与以5年为计算区间时的结论一

致，与以3年为计算区间时的结论不一致。这说明随着计算区间的变化，投资率在经济短期波动和长期增长之间关系中所起的作用也会发生变化，而且计算区间越短，经济波动通过投资率对经济增长产生的影响越偏向正面效应。

虽然基本结论没有发生太大变化，但是对比三种不同区间段的估计结果（如表3-14所示），我们会发现经济波动项系数随着计算区间年限长度的增加而变大。即在三种计算方法中，以3年为区间长度得出的经济波动系数最小，以8年为区间长度得出的经济波动系数最大，以5年为区间长度得出的经济波动系数居中。这说明越是从长期的视角来观察，经济波动对经济增长的促进效应越强。

表3-14　三种区间长度结果对比

不同模型形式	(1)	(2)	(3)	(4)
vgdp 系数(3年)	0.079* (1.88)	0.078* (1.90)	0.101*** (2.58)	0.098** (2.52)
vgdp 系数(5年)	0.122*** (2.94)	0.131*** (3.31)	0.147*** (3.99)	0.144*** (4.13)
vgdp 系数(8年)	0.162* (3.78)	0.175*** (4.30)	0.158*** (4.60)	0.162*** (4.76)

注：①***、**、*分别表示在1%、5%和10%的显著水平上显著；②括号内为t值。

第四节 本章小结

本章基于我国 31 个省份 1979—2012 年的数据研究了经济波动性变化对经济增长趋势的影响。通过研究发现,总体来看,1979—2012 年,中国各地区经济波动加剧对增长趋势的影响显著为正。分地区来看,在东部地区,经济波动对经济增长的促进效应更强。分时间段来看,与 1994 年之前相比,1994 年之后经济波动对经济增长的促进效应更强。通过改变计算区间长度我们还发现,越是从长期的视角观察(即计算区间长度越长),经济波动对经济增长的促进作用越明显。本章还在模型中引入投资率变量,通过引入投资率变量前后经济波动项系数的变化,发现投资率机制并不是经济波动对经济增长产生影响的主要机制,但是投资率机制在不同时间段、不同地区的贡献程度也存在差异。计算区间越长,经济波动通过投资率对经济增长产生的影响越偏向于负面。以上结论在各种稳健性检验下均成立。

第四章

经济波动、投资率和经济增长

第一节　引言

根据 AK 模型,经济增速取决于资本积累,储蓄率的增加有利于经济增长。经济波动通过两条机制影响储蓄率:第一,经济波动加剧意味着不确定性加大,消费者出于谨慎起见,会增加储蓄以抵御未来的风险,此时经济波动有利于提高储蓄率,进而提高平均经济增速;第二,经济波动的加剧增加了投资的风险,从而降低了经过风险调整过的投资收益,消费者在当前消费和投资之间权衡时会更偏向当前消费,因此经济波动不利于提升储蓄率,从而抑制经济增长。根据 Jones 等(2000)的模型我们可以直观地看到经济波动通过投资率对经济增长产生的影响。

假定在经济中有一单位连续统可以存活无限期的消费者,他们同时负责生产和消费,而且效用函数为:

$$U(c)=\sum_{t\geqslant 0}\beta^{t}\frac{c_{t}^{1-\sigma}}{1-\sigma} \tag{4-1}$$

其中,β 为折现因子,σ 为相对风险规避系数,$e=1/\sigma$ 为跨期替代弹性。在本经济中假设只生产一种可同时用于消费和投资的产品,在每一期,代表性消费者都会利用资本生产商品,生产函数为:

$$y_{t}=Au_{t}k_{t} \tag{4-2}$$

其中,A 为生产率参数,并且不随时间变化;u_t 假设为总的外部冲击,这里假设为生产率冲击,其均值为 1,且假设随时间变化独立同分布;k_t 为 t 期用来生产最终产品的资本投入,每一期资本均完全折旧,因此 t 期资本等于 $t-1$ 期储蓄。

在初期，代表性消费者会根据跨期最优决策来决定本期如何将最终产品分配至消费和投资，最优决策由下式求解得出：

$$\max_{\{c_t,k_t\}} E_0\left[\sum_{t\geqslant 0}\beta^t \frac{c_t^{1-\sigma}}{1-\sigma}\right] \tag{4-3}$$

$$s.t.: c_t + k_{t+1} \leqslant y_t = Au_t k_t$$

其中，E_0 表示根据未来所有生产率冲击的初期期望。求解该最优化问题可得欧拉方程如下：

$$c_t^{-\sigma} = \beta E_t\{c_{t+1}^{-\sigma} A u_{t+1}\} \tag{4-4}$$

其中，E_t 为根据 t 期未来所有生产率冲击的期望，我们可以结合预算约束进而求得最优解：

$$c_t = \varphi A u_t k_t \tag{4-5}$$

其中，$\varphi = 1 - \{A^{1-\sigma}\beta E_t[u_{t+1}^{1-\sigma}]^{1/\sigma}\}$①。据此可进而求得经济增速为：

$$g = E\left(\frac{Au_{t+1}K_{t+1}}{Au_t K_t}; u_t\right) = 1 - \varphi = \{A^{1-\sigma}\beta E_t[u_{t+1}^{1-\sigma}]\}^{1/\sigma} \tag{4-6}$$

根据式(4-6)就可以很容易分析出宏观经济波动如何影响经济增速。

经济波动（由 μ_{t+1} 变化引起）对经济增速的影响取决于 $u_{t+1}^{1-\sigma}$ 的凹凸性，而 $u_{t+1}^{1-\sigma}$ 的凹凸性又取决于 σ 是大于 1 还是小于 1。当跨期替代弹性 $e = 1/\sigma$ 小于 1 时，$u_{t+1}^{1-\sigma}$ 为凸函数，如图 4-1 所示，此时经济波动加剧主要是提高谨慎性储蓄，因此经济波动有利于经济增长。当跨期替代弹性 $e = 1/\sigma$ 大于 1 时，$u_{t+1}^{1-\sigma}$ 为凹函数，如图 4-2 所示，此时经济波动加剧主要是降低经过风险调整过的投资收益，因此经济波动不利于经济增长。

---

① 可以猜测消费占最终产出一个固定比例：$c_t = \varphi A u_t k_t$，将此式代入欧拉方程可得 $(\varphi A u_t k_t)^{-\sigma} = \beta E_t\{(\varphi A u_{t+1} A u_t k_t(1-\varphi))^{-\sigma} A u_{t+1}\}$，进而可以求得 $\varphi = 1 - \{A^{1-\sigma}\beta E_t[u_{t+1}^{1-\sigma}]\}^{1/\sigma}$。

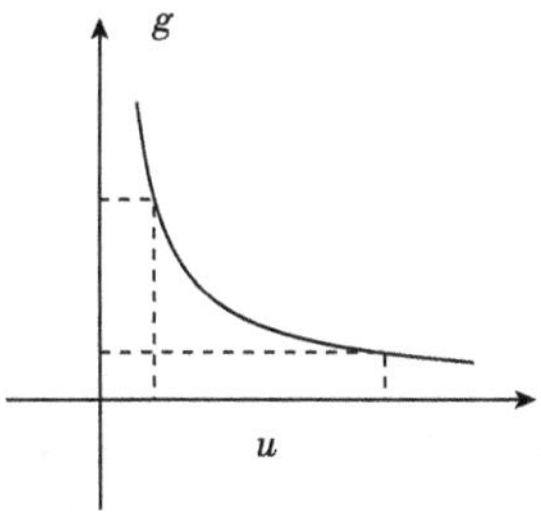

图4－1　$\sigma > 1$

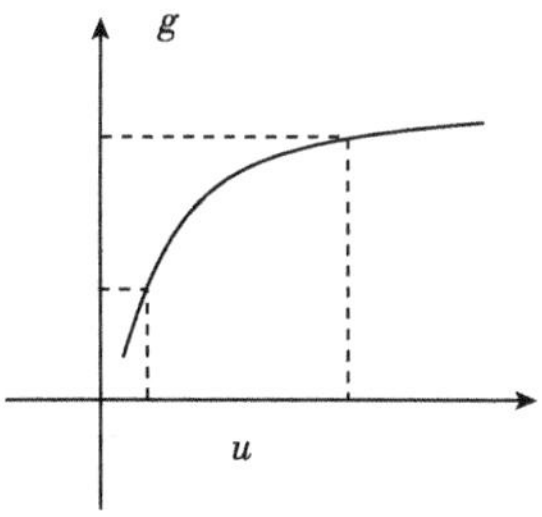

图4－2　$\sigma < 1$

以上主要是基于金融市场是完全市场的情形下进行的分析，经济波动加剧会导致企业家选择“等待和观望”，在未来形势明朗时进行投资，这被称为实物期权理论。近些年，受2008年金融危机的影响，越来越多文献指出金融市场不完全是导致经济波动影响宏观经济变量的重要渠道。当经济波动加剧时，由于企业经营风险加大，金融机构出于避险的目的将会减少对企业的贷款，这会进一步减少企业投资资金来源，这被称为金融摩擦机制，而且金融摩擦机制是一种更为重要的机制。

虽然针对中国的研究结论和国外研究基本相同：经济波动加剧会降低投资率进而不利于经济增长，但是中国宏观经济波动究竟是通过实物期权机制还是通过金融摩擦机制对投资率产生主要影响仍然不得而知。投资率机制对于经济波动和经济增长关系的贡献度如何也一直没有较为明确的量化分析。本章将对上述问题进行实证分析。

第二节 经济波动对投资率影响的实证分析

一、模型设定

本部分主要想研究清楚三个问题：一是中国经济波动性变化对投资率影响如何？二是中国经济波动性变化对投资率产生影响的主要机制是什么？三是投资在经济波动性变化对经济增长趋势的影响中贡献如何？

通过上面的分析可知，经济波动通过实物期权机制直接影响企业家投资决策，通过金融摩擦机制影响银行信贷投放，进而间接影响企业投资。因此，为了研究前两个问题，我们设定基本模型如下：

$$rinv_{it} = a_0 + a_1 \times vgdp_{it} + X_{it}^T\beta + \varpi_i + v_t + \varepsilon_{it} \quad (4-7)$$

其中，$rinv_{it}$为投资率，$vgdp_{it}$为经济波动，X_{it}为控制变量，主要包括产业结构 $stru_{it}$和银行信贷 $credit_{it}$，ϖ_i 为个体效应，v_t 为时间效应，ε_{it}为扰动项。我们将对基于式(4-7)的无约束模型(包含银行信贷变量)和受约束模型(不包含银行信贷变量)分别进行估计。在受约束模型中，我们可以观察到经济波动对投资率总的影响如何。在无约束模型中，我们可以观察到引入银行信贷变量后，经济波动系数变化多少。银行信贷变量的减少可能是银行收缩信贷导致，也有可能是企业不愿意贷款所致。因此银行信贷变量既包含金融摩擦机制的影响，也包括实物期权机制产生的影响。但是控制银行信贷后，经济波动项的系数反映的基本是实物期权机制产生的影响。因此如果引入银行信贷后，经济波动系数变化幅度不是很大，则说明实物期权机制是主要机制。但如果经济波动系数变化很大,则用该种方法无法辨别哪种机制为主要机制。

为了消除误差项序列相关这一干扰因素,确保研究结论的稳健性,本书还将对上面的模型进行 Prais - Winsten 估计。此外,由于投资率可能会对经济波动产生逆向影响,从而导致内生性问题,因此接下来我们还将采用经济波动滞后项作为工具变量进行估计,以作对比分析。

为了研究第三个问题,我们还得估计出投资率对经济增长的作用,因此我们设定模型如下:

$$rgdp_{it} = a_0 + a_1 \times rinv_{it} + X_{it}^T\beta + \varpi_i + v_t + \varepsilon_{it} \qquad (4-8)$$

其中,$rgdp_{it}$为平均经济增速,$rinv_{it}$为投资率,X_{it}^T为控制变量向量,主要包括人均收入 $\ln gdp_{it}$,人力资本 stu_{it},人口增长率 $rpop_{it}$以及开放程度 exp_{it},ϖ_i 代表地区效应,v_t 代表时间效应。

二、指标选取与数据说明

投资率指标为历年各省份固定资产投资与 GDP 之比,数据来源于国家统计局。银行信贷指标为历年金融机构年末贷款余额与 GDP 之比,数据来源于 Wind。其余指标说明与第三章相同,此处不再赘述。

三、回归结果与分析

(一)经济波动对投资率的影响

模型(4 -7)的回归结果如表 4 - 1 所示,均采用同时控制地区效应和时间效应的双向固定效应模型进行回归。表 4 - 1 中第(1) ~ 第(3)列为未引入银行信贷变量的回归结果。从第(1)列中可以看出,经济波动项系数为 -0.025,且在 1% 的显著水平上显著,即经济波动加剧会显著降低投资率。产业结构变量系数为 0.519,且在 1% 的显著水平上显著,说明第二产业占比越高,投资率越高。采用 Prais - Winsten 法进行估计的结果如第(2)列所示,经济波动项系数为 -0.026,且在 1% 的显著水平上显著。产业结构变量系数为 0.539,且在 1% 显著水平上显著。可以看出,各项系数变化不大,模型判决系数变化也不大,说明估计结果是稳健的,不存在严重的序列相关问题。考虑到模型可能存在内生性问题,用经济波动滞后项为工具变量进行回归,结果如第(3)列所示。采取工具变量法进行估计时,经济波动项系数为 -0.047,且在 1% 的显著水平上显著。产业结构变量系数为 0.424,且在 1% 的显著水平上显著。虽然估计结果发生一定变化,但是基本方向没有改变:经济波动项系数显著为负,产业结构变量系数显著为正。采用工具变量法进行估计后,经济波动项系数绝对值变大(由基本回归中的 -0.025 变为 -0.047),即经济波动加剧对投资率的抑制效应变得更强。一方面,说明模型的确存在一定内生性,采取工具变量法进行估计是必要的;另一方面,从上面的实证分析可以看出,经济波动对投资率的影响都是负的,不管使用哪一种方法,验证结论都是一致的,说明经济波动和投资率之间的关系是稳健的:经济波动加剧会抑制投资。

第(4)~第(6)列为引入银行信贷变量之后的回归结果,也是均采用同时控制地区效应和时间效应的双向固定效应模型进行回归。第(4)列为基本回归结果,经济波动项系数为 -0.014,且在 1% 的显著水平上显著。产业结构变量系数为 0.641,且在 1% 的显著水平上显著。银行信贷变量系数为0.202,亦在 1% 的显著水平上显著。第(5)列为采用 Prais - Winsten 法进行估计的结果,经济波动项系数为 -0.014,且在 1% 的显著水平上显著。产业结构变量系数为 0.656,且在 1% 的显著水平上显著。银行信贷变量系数为 0.202,亦在 1% 的显著水平上显著。第(6)列为采用工具变量法进行估计的结果,经济波动项系数为 -0.037,且在 1% 的显著水平上显著。产业结构变量系数为 0.131,且在 1% 的显著水平上显著。银行信贷变量系数为0.478,亦在 1% 的显著水平上显著。通过与第(1)~第(3)列中结果进行对比可以看出,引入银行信贷变量后,经济波动项系数绝对值均变小。在基本回归结果和采用 Prais - Winsten 法进行估计的结果中,经济波动项系数变化幅度约为 44%,在采用工具变量法进行估计的结果中,经济波动项系数变化幅度为 21%。引入银行信贷变量作为控制变量后,经济波动项系数的含义为信贷不变的情形下,经济波动会导致投资率下降多少。如果金融摩擦机制和实际期权机制都是影响经济波动对投资率的主要因素,那么在将银行信贷这一变量控制后的估计结果则大部分是实际期权的作用。而且,银行信贷变动,有两方面原因:一方面可能是银行收缩贷款,另一方面可能是企业不愿意贷款。因此,银行信贷变量引入后产生的变化不仅包含金融摩擦机制产生的效应,而且还包含一部分实际期权机制产生的效应。这说明,我国经济波动对投资率产生影响的主要机制是实际期权机制,而非金融摩擦机制。

表 4-1　经济波动对投资率的影响

项目	*rinv*					
	(1)	(2)	(3)	(4)	(5)	(6)
	基本回归结果	Prais - Winsten 法估计结果	IV 估计结果	基本回归结果	Prais - Winsten 法估计结果	IV 估计结果
vgdp	-0.025*** (-8.48)	-0.026*** (-8.94)	-0.047*** (-6.20)	-0.014*** (-4.39)	-0.014*** (-4.61)	-0.037*** (-3.99)
stru	0.519 *** (5.41)	0.539*** (5.63)	0.424*** (3.47)	0.641*** (6.83)	0.656*** (7.00)	0.131*** (3.47)
credit				0.202*** (8.25)	0.202*** (8.22)	0.478*** (3.86)
常数项	0.221*** (3.28)	0.216*** (3.25)	0.804*** (8.31)	-0.147* (-1.86)	-0.150* (-1.91)	0.583*** (4.49)
地区效应	是	是	是	是	是	是
时间效应	是	是	是	是	是	是
R - squared	0.4004	0.4100	0.3796	0.4402	0.4480	0.4164
ρ(ar)		-0.039			-0.029	
N	1023	1023	992	1023	1023	992

注:①***、*分别表示在 1% 和 10% 的显著水平上显著;②括号内为 *t* 值。

通过以上分析可以得出如下结论：①中国经济波动对投资率的影响显著为负，这一结论与已有文献研究结论相符；②中国经济波动与投资率之间的负相关关系主要由实际期权机制产生，这一结论与国外研究结论相背离。是什么原因导致金融摩擦机制在中国经济波动和投资率关系中所起作用较小？这主要是因为中国存在大量国企，政府对这些国企又实行隐性担保所致。付兵(2014)研究发现，宏观经济的波动的确会导致信贷利差扩大，但是企业投资规模对信贷利差的扩大却不是十分敏感。他认为，一方面，国有企业投资并不完全是利润导向，因此即使资金成本提高，国有企业也不一定削减投资；另一方面，国有企业有地方政府的隐性担保，因此往往可以以较低的利率获得资金。即使经济波动加剧，风险变大，金融机构也不会担心国企违约。在这种情况下，本来在市场经济中发生主要作用的金融摩擦机制，在中国反而难以产生较大影响。

如果金融摩擦机制在中国难以发生作用的原因是政府对国企的隐性担保，那么我们可以进而推测在国企占比越高的地区，经济波动对投资率影响应该越偏正。事实是否如此呢？我们在模型中引入经济波动和国企占比交叉项进行回归来对此进行检验，考虑到存在内生性问题，此处直接基于工具变量法进行分析，并采用经济波动滞后项和经济波动与国企占比交叉项滞后项作为工具变量，回归结果如表 4－2 所示。

表 4－2　国企占比对经济波动和投资率关系的影响

项目	*rinv*		
	(1)	(2)	(3)
	总样本	[1979,1983]—[1989,1993]	[1990,1994]—[2008,2012]
vgdp	−4.039*** (−2.60)	0.798 (0.65)	−25.148*** (−6.66)
vgdp × *rpublic*	5.110*** (2.76)	−0.343 (−0.23)	31.627*** (7.02)

续表

项目	rinv		
	(1)	(2)	(3)
	总样本	[1979,1983]—[1989,1993]	[1990,1994]—[2008,2012]
rpublic	0.848*** (10.93)	0.087 (0.50)	0.977*** (8.42)
stru	-0.017 (-0.34)	-0.007 (-0.25)	-0.117* (-1.88)
常数项	-0.375*** (-5.30)	0.193 (1.30)	-0.157*** (-1.57)
地区效应	是	是	是
时间效应	是	是	是
R - squared	0.6243	0.4353	0.6139
N	899	310	558

注:①***、*分别表示在1%和10%的显著水平上显著;②括号内为t值。

限于国企占比数据可得性,此处总样本数仅为930个,用滞后期作为工具变量后总样本数为899个。我们分别基于总样本、1994年之前子样本和1994年之后的子样本进行分析。从表4-2可以看出,在总样本中,经济波动项系数为-4.039,且在1%的显著水平上显著。国企占比和经济波动交叉项系数为5.110,且在1%的显著水平上显著。国有企业占比项系数为0.848,亦在1%的显著水平上显著。这说明总体来看,经济波动对投资率的影响为负,这与上面的结论一致。国有企业占比与投资率之间关系为负,说明国有企业占比越高,投资率越低,这可能是过去几十年我国投资主要由非国有企业进行所致。分样本来看,在1994年之前,经济波动项系数为0.798,而且不显著。国有企业占比项系数为0.087,也不显著。经济波动和国企占比交叉项系数为-0.343,仍然不够显著。这些结果显示在1994年之前,经济波动和国有企业占比以及两者交叉项对投资率影响并不显著,这可能是1994年之前尚未真正施行各种市场化政策以及非国有企业发展较慢所致。在1994年之后,经济波动项系数为

-25.148,且在1%的显著水平上显著,国有企业占比项系数为0.977,且在1%的显著水平上显著。经济波动和国企占比交叉项系数为31.627,亦在1%的显著水平上显著。与第(1)列结果对比可以看出:第一,1994年之后经济波动、国有企业占比以及两者交叉项系数符号与总样本回归结果一致,这说明总样本结论是稳健的。第二,从系数绝对值来看,无论是经济波动还是国有企业占比,抑或是经济波动和国有企业占比交叉项,1994年之后的系数绝对值均大于总样本中的系数绝对值,这说明国企占比对经济波动和投资率关系产生影响主要是在1994年之后。这可能是因为1994年之后我国实行了比较彻底的市场化政策,非国有企业也开始了迅猛的发展,因此经济波动和国有企业占比对投资率的作用在1994年之后更为显著。

(二)投资率对经济增长的影响

表4-3为模型(4-8)的回归结果。我们分别采用双向固定效应模型、Prais-Winsten法和工具变量法进行估计,估计结果如表4-3所示。从表4-3第(1)列的回归结果可以看出,投资率系数为0.046,且在1%的显著水平上显著,这说明投资率与经济增长之间的关系为正相关,投资的增加会带动经济增长。采用Prais-Winsten法进行估计的结果如第(2)列所示,可以看出,投资率系数为0.043,且在1%的显著水平上显著,与第(1)列结果对比可以看出各项系数变化不大,模型判决系数变化也不大,说明估计结果是稳健的,不存在严重的序列相关问题。考虑到模型可能存在内生性问题,用经济波动滞后项做工具变量进行回归,结果如第(3)列所示。采用工具变量法进行回归时,投资率系数为0.043,仍然是在1%的显著水平上显著,通过对比不难发现估计结果没有太大变化,说明估计结果是稳健的。

表 4-3 投资率对经济增长的影响

项目	*rgdp*		
	(1)	(2)	(3)
	基本回归结果	Prais - Winsten 法估计结果	IV 估计结果
rinv	0.046*** (9.66)	0.043*** (6.51)	0.043*** (8.63)
ln*gdp*	-0.058*** (-13.73)	-0.162*** (-29.19)	-0.061*** (-13.94)
stu	0.000 (0.33)	0.000 (0.10)	0.000 (0.13)
rpop	-0.333*** (-3.72)	-0.069 (-1.22)	-0.323*** (-3.60)
exp	0.009 (1.54)	0.014* (1.90)	0.008 (1.32)
常数项	0.460*** (15.82)	1.171*** (27.75)	0.502*** (16.47)
地区效应	是	是	是
时间效应	是	是	是
R - squared	0.6510	0.7790	0.6505
ρ(ar)		0.9598	
N	930	930	899

注:①***、*分别表示在1%和10%的显著水平上显著;②括号内为 *t* 值。

模型(4-7)的估计结果显示经济波动系数约为-0.047[见表4-1第(3)列],模型(4-8)的估计结果显示投资率系数约为0.043[见表4-3第(3)列],进而我们可以计算出经济波动通过投资率机制对经济增长产生的影响系数为:$-0.047\times0.043=-0.002$。与上文经济波动对经济增长影响的总系数0.147相比,仅占1.36%,可见,投资率机制不是经济波动影响经济增长的主要机制。

第三节　本章小结

本章在省级面板数据的基础上，分析了投资率机制在经济波动性变化对经济增长趋势影响中的作用。根据本章的分析发现：第一，经济波动加剧会降低投资率，这一结论和已有文献相符。经济波动加剧会通过金融摩擦机制和实物期权机制对投资率产生抑制效应。当经济波动加剧时，企业为了规避风险，会将投资率延迟至未来再进行，当期投资自然会下降，这便是实物期权效应。同时，经济波动加剧，企业经营风险加大，金融机构出于避险的目的会收缩企业信贷，进而导致企业投资率降低，这便是金融摩擦效应。第二，中国经济波动主要通过实物期权机制对投资率产生影响，这一点和国外的情况不同。这主要是政府对国企的隐性担保以及国有企业对利率变化不敏感所致。由于国有企业的特殊地位和经济目标多元化，银行利率变化时，国有企业并不会很快调整其投资策略。再加上地方政府的隐性担保，国有企业破产的风险较小，经济波动加剧时，金融机构也很少会收缩国有企业的信贷，自然金融摩擦机制[①]很难发生作用，从而导致国企占比越高的地区经济波动对投资率抑制效应越弱。第三，经济波动通过投资率机制对经济增长产生的影响有限，这一点也和已有文献相符，而且由于金融摩擦机制难以发生作用，因此在中国，投资率机制所起到的作用应比国外的更小。

① 此处金融摩擦机制仅对经济波动和投资率关系而言。

第五章

经济波动、资源在企业内再配置和经济增长

第一节　引言

从企业内部来看，资源在研发活动投资和非研发活动投资两者之间的分配比例会对技术进步产生重要影响。而且对于中国而言，研发活动投资又分为自主创新和技术引进两种不同类型。因此，本章的研究主要分为两块：经济波动如何影响研发活动强度以及经济波动如何影响技术进步模式。

我们将在本章第二节研究经济波动对研发活动强度的影响究竟如何。研发活动强度又分别用自主创新强度、技术引进强度和总研发强度三个指标来衡量。由于对研发活动强度与经济波动关系的研究较为成熟，理论模型也较为完善，因此这一部分不再构建理论模型进行分析，具体理论模型如何构建可以直接参考 Aghion 等(2010)的研究。

Aghion 等(2010)构建了一个包含研发投资和短期固定资产投资的企业决策模型，短期固定资产投资可以很快带来回报，而研发投资有利于生产率的增长。在此模型中，每个企业只可以存活三期，在第一期企业要在短期投资和长期投资之间分配投资额度，在第二期，上期投入的固定资产投资就可以带来收益，而在第三期长期投资才可以带来收益。

在不存在信贷市场摩擦的情况下，短期固定资产投资的收益即是研发投资的机会成本，而短期固定资产投资收益是亲周期的，因此研发投资在总投资中占比具有逆周期性。当一个负向的冲击发生时，企业会增加对研发项目的投资，进而促进了长期经济增长，此为“机会成本效应”。

而当信贷市场存在摩擦时，由于研发投资项目需要连续不断的投资，因此更容易遭受信贷约束。如果信贷约束足够紧,那么当负向冲击发生、产出下降时,研发投资项目失败的概率会加大。从这个角度来看,经济波动对经济增长表现出衰退效应,总的影响取决于两种效应相抵之后的结果。Aghion 等(2010)还根据 OECD 国家的数据,引入金融发展变量进行分析,研究发现金融发展程度越高的国家,研发投资逆周期性越强,即经济波动加剧越有利于增加研发投资,从而证实了他们的理论。这一结论在中国是否成立呢?我们在第二节将会对此进行分析。

关于经济波动对技术进步模式影响的研究,刘小鲁(2011)研究指出,2001—2008 年,如果我国自主创新投入在研发活动投资(自主创新与技术引进之和)中的占比越高,经济增长将会越迅速。但是经济波动如何影响自主创新投入在研发活动投入中的占比却鲜有文献研究,因此,接下来我们将从理论和实证的角度对此进行较为细致的分析。

从第二章的文献分析我们可以看出,中国技术进步适宜模式似乎在 2010 年前后有所变化,这种结构性变化是否存在关系到实证模型是否应该分段进行。2010 年左右为技术进步适宜模式转折点的观点还得到陆剑、柳剑平和程时雄(2014)的支持,他们基于序列 DEA 方法测度了中国工业行业和世界技术前沿的技术差距,研究发现 1999—2007 年,中国工业企业和世界技术前沿的技术差距不断缩小,虽然 2008—2009 年缩小的速度有所放缓,但是 2009 年已有 58.8% 的国内工业企业的技术水平达到世界前列。

另外,从历年研发活动经费数据也可以发现类似迹象。受限于数据,1999—2010 年为大中型工业企业数据,2008—2014 年为规模以上工业企业数据①,如图 5-1 和图 5-2 所示。可以看出,2008 年之前,不管是引进国外技术经费支出还是引进技术消化吸收经费支出都是不断增加的,但是 2008 年之后情况出现了分化,引进国外技术经费支出不断地下滑,而引进技术消化吸收经费支出则是从 2010 年左右才开始不断下滑,因此

① 其中 2010 年规模以上工业企业数据根据 2010 年大中型工业企业数据推算得出。

2010 年左右是技术进步适宜模式转折点的判断是合理的。由以上分析可知,在分析经济波动对研发活动中自主创新占比影响时得注意模型的结构性变化,否则容易导致估计结果存在误差。

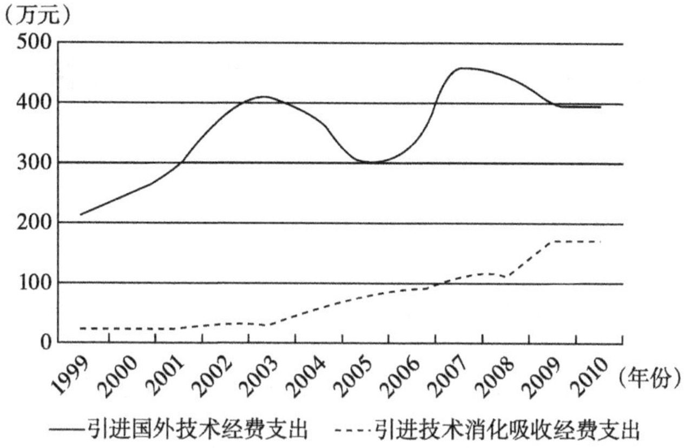

图 5－1　中国大中型工业企业引进技术费用支出变化(1999—2010 年)

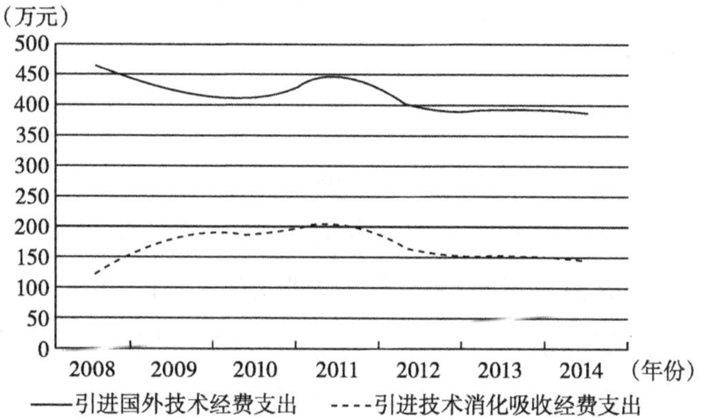

图 5－2　中国规模以上工业企业引进技术费用支出变化(2008—2014 年)

本章余下部分结构安排如下:第二节为经济波动对研发活动强度的影响,具体研究经济波动对自主创新强度、技术引进强度以及总研发强度的影响;第三节为经济波动对技术进步模式的影响,分析经济波动加剧是促进还是抑制研发活动中自主创新的比重;第四节为本章小结。

第二节 经济波动对研发活动强度的影响

一、模型设定、指标及数据说明

由 Aghion 等(2010)的分析可以看出,在金融发展程度较高时,经济波动加剧会促进研发投资占比的提升,进而促进经济增长。随着金融发展程度的提高,经济波动对研发投资占比的促进效应会更强。这一结论在中国是否成立呢?为了解答这一疑问,我们接下来将基于中国省级面板数据进行实证分析。

我们设定基础模型如下:

$$rd_{it} = a_0 + a_1 \times vgdp_{it} + \varpi_i + v_t + \varepsilon_{it} \tag{5-1}$$

其中,rd_{it}为研发强度,其余变量含义与前文相同,此处不再赘述。我们可以根据基础模型观察经济波动对研发强度总的影响。为了检验金融发展程度对经济波动和研发强度关系的影响,我们引入金融发展和经济波动交叉项进行回归,在扩展模型中我们还引入人均国民生产总值作为控制变量进行分析。我们将模型扩展如下:

$$\begin{aligned} rd_{it} = {} & a_0 + a_1 \times vgdp_{it} + a_2 \times vgdp_{it} \times credit_{it} + \\ & a_3 \times credit_{it} + a_4 \times lngdp_{it} + \varpi_i + v_t + \varepsilon_{it} \end{aligned} \tag{5-2}$$

各变量含义与前文相同,不再赘述。为了检验误差项是否序列相关,还采用了 Prais - Winsten 法对各模型进行估计。

根据理论分析,经济波动通过影响研发投资占比来影响经济增长,研发投资占比变量最合理的指标应当是研发投资与固定资产投资之比,但是限于数据可得性,我们未能采用这一指标,而是选择研发强度作为替代指标。研发数据来源于历年《中国科技统计年鉴》,其中2001—2008年以科技活动经费支出这一名称进行统计,1994—2000年则以技术开发经费这一口径进行统计,而且统计口径除2004年外都为大中型工业企业。但是2008年之后却转为以R&D经费支出进行统计,统计口径也变为规模以上工业企业。因为省级层面中固定资产投资并没有采用大中型企业或者规模以上工业企业的口径来统计,所以按照这两个指标统计的固定资产投资和研发活动投资数据并不匹配,进而不能直接使用研发投资与固定资产投资之比作为因变量。但是我们可以近似用研发活动与主营业务收入指标(即研发强度)作为替代指标,可以将主营业务收入看作总投资(研发投资和其他类型支出之和),研发强度变化可以近似衡量研发投资在总投资中占比的变动。自主创新强度用科技活动经费内部支出与主营业务收入之比来衡量。我们用其他技术活动经费与主营业务收入之比来衡量技术引进强度①。总研发强度用科技活动经费内部支出与其他技术活动经费两者之和与主营业务收入之比来衡量。另外,目前能够反映出技术引进指标的仅有1999—2010年各省份及直辖市大中型工业企业数据,2004年、2008—2009年和2011—2014年各省份及直辖市规模以上工

① 其他技术活动经费中包含技术改造经费、技术引进经费、消化吸收经费以及购买国内技术经费四项。技术引进经费和消化吸收经费一般归为技术引进,但是技术改造经费应该归为哪一类还没有统一的说法。根据定义,技术改造经费支出指本企业在报告年度进行技术改造而发生的费用支出。技术改造指企业在坚持科技进步的前提下,将科技成果应用于生产的各个领域(产品、设备、工艺等),用先进技术改造落后技术,用先进工艺代替落后工艺、设备,实现以内涵为主的扩大再生产,从而提高产品质量、促进产品更新换代、节约能源、降低消耗,全面提高综合经济效益。因此可以看出,技术改造支出既包含自主创新也包含技术引进。已有的文献中,涉及自主创新投入强度的指标中通常都没有包含技术改造经费,但是刘小鲁(2011)的研究中计算自主创新占比时将其归为自主创新一类。为了兼顾已有文献和刘小鲁(2011)的研究,在本节,我们主要是研究经济波动对研发强度的影响,因此采用已有文献研发强度的计算方法,将技术改造归为技术引进一类。另外,考虑到购买国内技术经费属于国内自主创新,而且会造成重复计算,因此未包含购买国内技术经费这方面数据。在第三节,我们主要是研究经济波动对技术进步模式的影响(用自主创新占比衡量),我们借鉴刘小鲁(2011)技术进步模式计算方法,将技术改造归为自主创新一类。这样做便于与已有文献的数据类型保持统一,进而可以进行对照比较。

业企业数据。因此，综合权衡之后，限于数据以及统计口径的变动，衡量自主创新强度时我们仅使用 1994—2008 年的数据，由于重庆和西藏数据缺失，因此样本中不包含这两个地区数据。衡量技术引进强度和总研发活动强度时，我们使用 2001—2008 年的数据。同样，本部分变量也是采取 5 年作为区间段进行计算。

二、回归结果分析

基本回归模型见表 5－1。

表 5－1　经济波动对自主创新强度的影响

项目	*rd*					
	(1)	(2)	(3)	(4)	(5)	(6)
	基本回归结果	Prais－Winsten 法估计结果	基本回归结果	Prais－Winsten 法估计结果	基本回归结果	Prais－Winsten 法估计结果
vgdp	－0.039 (－1.10)	－0.047* (－1.72)	0.214* (1.67)	0.142 (1.61)	0.642*** (2.69)	0.587*** (3.43)
vgdp×*credit*			－0.237** (－2.03)	－0.178** (－2.20)	－0.219* (－1.88)	－0.189** (－2.37)
vredit			0.003 (1.51)	0.004* (1.88)	0.005* (1.91)	0.006** (2.25)
vgdp×*rpublic*					－0.611** (－2.11)	－0.619*** (－3.03)
rpublic					0.020** (2.39)	0.018** (2.28)
ln*gdp*			0.016*** (3.41)	0.012** (2.27)	0.017*** (3.58)	0.014*** (2.70)
常数项	0.015*** (10.16)	0.014*** (6.59)	－0.124*** (－3.12)	－0.089** (－2.06)	－0.148*** (－3.65)	－0.123*** (－2.78)
地区效应	是	是	是	是	是	是
时间效应	是	是	是	是	是	是
R－squared	0.1028	0.4662	0.1453	0.4838	0.1655	0.4977
ρ(ar)		0.748		0.749		0.758
N	319	319	319	319	319	319

注：①***、**、*分别表示在 1%、5% 和 10% 的显著水平上显著；②括号内为 *t* 值。

表5-1第(1)列和第(2)列均采用同时控制了地区和时间效应的双向固定效应模型进行回归。从第(1)列结果可以看出,经济波动项系数为-0.039,但不显著。从第(2)列结果可以看出,使用 Prais - Winsten 法进行估计后,经济波动项系数为-0.047,且在10%的显著水平上显著。这说明总体来看,经济波动和自主研发强度呈现较弱的负相关关系,经济波动加剧不利于自主研发强度的提升。第(3)列和第(4)列为扩展模型的回归结果。引入经济波动和金融发展交叉项后,在基准回归中,经济波动项系数为0.214,且在10%的显著水平上显著,经济波动和金融发展交叉项系数为-0.237,且在5%的显著水平上显著,金融发展项系数为0.003,但不显著。在采用 Prais - Winsten 法进行估计后,经济波动项系数为0.142,但不显著。经济波动和金融发展交叉项系数为-0.178,且在5%的显著水平上显著。金融发展项系数为0.004,且在10%的显著水平上显著。说明金融发展程度的提升有利于研发强度的提升。企业进行研发需要大量的资金投入,而企业的外部融资是企业资金来源的重要方面,因此金融发展程度的提升自然方便了企业获得更多资金,进而有利于企业进行研发活动。人均国民生产总值变量显著为正,说明经济发展会促进研发强度的提升。随着经济的发展,经济增长方式由初期依靠投资驱动的粗放型增长逐渐转变为依靠创新的集约型增长,因此越是经济发达的地区,经济发展越是依赖创新驱动,自然研发投入强度就越大。

第(5)列和第(6)列为引入国有企业职工占比与经济波动交叉项进行回归的结果。引入国有企业职工占比与经济波动交叉项后,在基准回归中,金融发展与经济波动交叉项系数为-0.219,且在10%的显著水平上显著。在采用 Prais - Winsten 法进行估计后,金融发展与经济波动交叉项系数为-0.189,且在5%的显著水平上显著,说明第(3)列和第(4)列的结果是稳健的。金融发展和经济波动交叉项系数显著为负,意味着经济波动一定时,金融发展程度越高,经济波动和研发强度之间的关系越偏向于负相关。金融发展程度一定时,经济波动越剧烈,金融发展和研发强度之间越偏向于负相关。国有企业职工占比与经济波动交叉项系数在基准回归中为 -0.611，且在5%的显著水平上显著。采用 Prais - Winsten 法进行估计后，国有企业职工占比与经济波动交叉项系数为 -0.619，且在1%的显著水平上显著。这说明国企占比越高的地区，经济波动与研发强度之间越是偏向负相关，这可能是国企同时兼任政治人和经济人双重身份所致，再结合行政垄断的因素，导致经济波动加剧时，国有企业进行自主创新的意愿不是很强。当然经济波动和国企占比交叉项负相关并不意味着国有企业占比越高，研发强度越低。其实，国有企业占比单项的系数在基准回归中为0.02，且在5%的显著水平上显著。在采用 Prais - Winsten 法进行估计后国有企业占比单项系数为0.018，也在5%的显著水平上显著。说明国企占比越高的地区，自主研发强度越大，这可能是因为研发活动需要大量资金投入，而能够负担起大量研发活动的往往都是国有企业。

根据表5 -1 所示结果，经济波动加剧不利于自主创新强度的提升，这一点可以通过 Aghion 等(2010)的研究来解释，金融发展程度不高时，由于金融摩擦的存在，经济波动对自主创新表现出抑制效应。但是根据表5 -1 的结果，随着金融发展程度的提升，经济波动与自主创新强度之间的负相关性变强，这一结论和 Aghion 等(2010)的分析不符，为什么会出现这种现象呢？可能是因为我国处于发展中阶段，既可以通过技术引进又可以通过自主创新提升技术水平，在考虑经济波动对研发活动的影响时，我们还得考虑技术引进这一方面。

表5 -2 为以技术引进强度为因变量进行回归的结果。其中第(1)列和第(2)列为简化形式的估计结果，可以看出经济波动项系数显著为正，在基本回归结果中为0.169，且在1%的显著水平上显著。在采取 Prais - Winsten 法估计的结果中为0.156，也在1%的显著水平上显著。说明总体来看，经济波动加剧有利于企业进行技术引进活动。第(3)列和第(4)列为引入其余变量进行回归的结果。本部分同时引入了金融发

展和经济波动交叉项以及国企占比和经济波动交叉项进行回归。可以看出，在基本回归结果中，金融发展与经济波动交叉项系数为0.07，但不显著，Prais－Winsten法估计的结果中该系数为0.06，也不显著。说明金融发展程度的变化对经济波动和技术引进强度之间的关系没有显著的影响。国企占比和经济波动交叉项系数在基本回归中为1.023，且在5%的显著水平上显著，在采用Prais－Winsten法估计的结果中该系数为0.978，亦在5%的显著水平上显著。说明国企占比越高，经济波动与技术引进强度越是偏向正相关。这一点说明，虽然在经济波动加剧时，与其他类型企业相比，国企自主创新意愿不是很强，但是技术引进却很积极。一方面，可能是因为国企进行技术引进具有先天的优势，例如技术引进需要大量资金，与外资合作也需要一定资质等；另一方面，技术引进比自主创新带来的回报更快，这更符合国企目标较为短期化的特征①。

表5－2　经济波动对技术引进强度的影响

项目	*ird*			
	(1)	(2)	(3)	(4)
	基本回归结果	Prais－Winsten法估计结果	基本回归结果	Prais－Winsten法估计结果
vgdp	0.169*** (2.89)	0.156*** (2.80)	－0.612 (－1.36)	－0.569 (－1.30)
vgdp×*credit*			0.070 (0.37)	0.060 (0.32)
credit			－0.024*** (－3.91)	－0.023*** (－3.79)
vgdp×*rpublic*			1.023** (2.18)	0.978** (2.13)

① 国企较为关注短期化目标可能和我国任期制有关，一般来说，任期制会导致国企领导或地方政府更注重短期利益，更希望目前的投资能在自己任期内带来回报。

续表

项目	ird			
	(1)	(2)	(3)	(4)
	基本回归结果	Prais - Winsten 法估计结果	基本回归结果	Prais - Winsten 法估计结果
rpublic			-0.081*** (-5.61)	-0.077*** (-5.28)
ln*gdp*			-0.024* (-1.83)	-0.023* (-1.74)
常数项	0.011*** (6.31)	0.011*** (5.55)	0.321*** (2.70)	0.311** (2.57)
地区效应	是	是	是	是
时间效应	是	是	是	是
R - squared	0.6174	0.9549	0.7461	0.9724
ρ(ar)		0.347		0.155
N	120	120	120	120

注:①***、**、*分别表示在1%、5%和10%的显著水平上显著;②括号内为t值。

通过对比经济波动对自主创新强度的影响以及经济波动对技术引进强度的影响可以看出,经济波动加剧时,技术引进强度和自主创新强度变化方向刚好相反,而且随着金融发展程度的提升、国企占比的提高,两者同经济波动关系的走向也是相反的,说明经济波动对企业内部究竟是采取技术引进还是自主创新的方式实现技术进步有一个筛选效应。

虽然经济波动加剧对自主创新强度和技术引进强度的影响方向刚好相反,但是并不意味这两种影响刚好可以抵消,这两种影响应当有大小之分。我们将自主创新和技术引进进行加总得到总研发支出,接下来我们看看经济波动对总研发强度影响如何。如表5-3所示,当以总研发强度为因变量进行回归时,在简化形式下[如第(1)列和第(2)列所示],基本回归结果中,经济波动项系数为0.168,且在1%的显著水平上显著,在采用Prais-Winsten法估计的结果中,经济波动项系数为0.156,也在1%的显著水平上显著。这说明经济波动对技术引进强度的影响要大于对自主创新强度的影响，因此对总研发强度的影响也表现为促进效应。分别引入金融发展和经济波动交叉项、国企占比和经济波动交叉项进行回归，结果如第(3)~第(6)列所示。我们可以看出，在基本回归中，金融发展与经济波动交叉项系数为-0.188，但不显著，在采用Prais-Winsten法估计的结果中，金融发展和经济波动交叉项系数为-0.19，也不显著。国企占比和经济波动交叉项系数在基本回归结果中为0.994，且在5%的显著水平上显著，在采用Prais-Winsten法估计的结果中，该系数为0.925，且在5%的显著水平上显著。说明从总体来看，金融发展对经济波动和总研发强度的关系影响不大。国企占比越高，总研发强度和经济波动越偏向正相关。

表5-3　经济波动对总研发强度的影响

项目	*grd*					
	(1)	(2)	(3)	(4)	(5)	(6)
	基本回归结果	Prais-Winsten法估计结果	基本回归结果	Prais-Winsten法估计结果	基本回归结果	Prais-Winsten法估计结果
vgdp	0.168*** (2.88)	0.156*** (2.80)	0.345* (1.89)	0.342** (2.02)	-0.490* (-1.84)	-0.444* (-1.76)
vgdp×*credit*			-0.188 (-1.05)	-0.190 (-1.18)		
credit			-0.003 (-0.47)	-0.004 (-0.60)		
vgdp×*rpublic*					0.994** (2.52)	0.925** (2.44)
rpublic					-0.054*** (-3.74)	-0.049*** (-3.38)
ln*gdp*			-0.017 (-1.06)	-0.017 (-1.08)	-0.010 (-0.72)	-0.010 (-0.71)
常数项	0.020*** (11.60)	0.020*** (10.03)	0.180 (1.27)	0.186 (1.29)	0.147 (1.11)	0.145 (1.08)
地区效应	是	是	是	是	是	是

续表

项目	grd					
	(1)	(2)	(3)	(4)	(5)	(6)
	基本回归结果	Prais - Winsten法估计结果	基本回归结果	Prais - Winsten法估计结果	基本回归结果	Prais - Winsten法估计结果
时间效应	是	是	是	是	是	是
R - squared	0.6148	0.9631	0.6259	0.9642	0.6735	0.9692
ρ(ar)		0.344		0.352		0.275
N	124	124	124	124	124	124

注:①***、**、*分别表示在1%、5%和10%的显著水平上显著;②括号内为*t*值。

根据本节的分析可知,经济波动会对总研发强度产生促进效应,进而有利于经济增长,这种促进效应主要是通过技术引进这一机制产生的。经济波动加剧时,与其他类型企业相比,很多国有企业虽然进行自主创新不是很积极,但是在技术引进方面却贡献颇多。另外,我们发现,经济波动加剧还会对技术引进和自主创新产生筛选效应,那么这种筛选效应究竟是如何产生的?又会受到哪些因素影响呢?接下来我们将基于理论模型和实证分析的角度分析经济波动对企业技术进步模式的影响。

第三节　经济波动对技术进步模式的影响

2010年左右是技术进步适宜模式的转折点。第一，在2010年之前，与自主创新相比，技术引进的方式具有明显优势：中国与发达国家技术差距较大，采取技术引进的方式周期更短、风险更小、带来回报更快。因而大多数的企业都会选择技术引进的模式来提高技术进步，所以在国家提出“提高自主创新能力，建设创新型国家”这一战略时却没有达到预期的效果。第二，虽说技术引进模式具有多种优点，但是其却不具有可持续性，随着我国技术水平的提升，与发达国家之间的技术差距越来越小，技术引进的空间也就越来越小，并且发达国家也会加大对我国的技术封锁。不仅如此，长期依赖技术引进还会造成路径依赖，使得我国各部门自主创新基础薄弱，创新能力不够。技术引进不能带动技术进步，自主创新能力又不足，一些国家正是因为这个原因落入中等收入陷阱（龚刚、黄春媛和张前程等，2013）。因此，党的十八大明确提出“科技创新是提高社会生产力和综合国力的战略支撑，必须摆在国家发展全局的核心位置”，并且强调中国应该走自主创新的道路，用创新来驱动经济的发展，这是非常符合我国国情的重大战略选择。中共中央、国务院印发的《国家创新驱动发展战略纲要》，也明确提出创新能力从“跟踪、并行、领跑”并存、“跟踪”为主向“并行”“领跑”为主转变，因此我们要深刻认识到我国当前实现技术进步模式转变的迫切性。

转变技术进步模式如此迫切和重要，一些学者已经对此进行了研究，并提出相应的政策建议。例如加强知识产权保护（刘小鲁，2011），减少政府干预、转变政府角色(顾元媛和沈坤荣,2012),转变投资方向和转变企业行为等(龚刚等,2013)。另外,自2010年以来,中国经济增速不断下滑,经济波动加剧,经济波动对企业技术进步模式的影响如何却一直没有人研究。本部分研究的主要内容即是经济波动如何影响企业对技术引进和自主创新的选择,以及金融发展程度在其中所起的作用,本部分的研究将有助于我们弄清楚如何利用此轮经济波动进行技术进步模式的转变。

本部分的研究还涉及金融发展和技术进步模式的关系。虽然已有一些学者研究了金融发展对技术进步的影响,例如Benfratello等(2008),黄国平和孔欣欣(2009),解维敏和方红星(2011),张杰、芦哲和郑文平等(2012),卢荻和王天骄(2013),但是,这些文献基本都是从金融发展对技术创新活动的支持入手进行研究,所得到的结论也基本是金融发展是否影响以及如何影响技术进步,他们都没有研究金融发展对技术进步模式的影响,即随着金融发展程度的提升,企业是更偏好采取自主创新的模式,还是更愿意采取技术引进的方式来实现技术进步。Schumpeter(1911)指出,银行能够分辨出先进项目和落后项目,并进而据此进行贷款的最优配置,而且银行在鼓励企业技术创新上具有重要的作用(黎欢和龚六堂,2014)。因而,经济波动影响技术进步模式将借助这一思想阐述金融发展对技术进步模式的影响。经济波动影响技术进步模式的逻辑路线如图5-3所示。

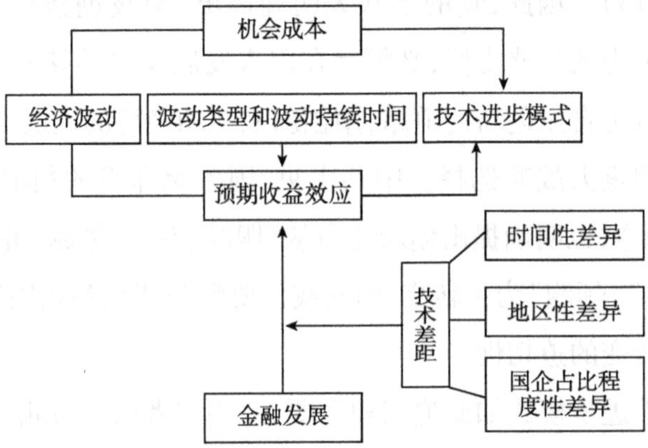

图5-3 经济波动影响技术进步模式的逻辑路线

一、理论模型

我们借鉴 Aghion 等(2010)的建模思路,构建一个简单的理论模型对技术进步模式与经济波动和金融发展之间的关系进行研究。本书与 Aghion 等(2010)的模型相比主要存在两个方面的关键区别:第一,研究对象不同。Aghion 等(2010)的模型主要研究经济波动对短期投资(固定资产投资)和长期投资(研发投资)的异质性影响,本书的模型主要研究经济波动对技术引进投资和自主创新投资的异质性影响。本书假定企业决策分两步进行,第一步决定固定资产投资和技术活动投资之间的比例,这即是 Aghion 等(2010)的研究内容,第二步决定技术引进和自主创新之间的比例,这即是本书的研究内容。本书的研究是基于 Aghion(2010)模型进行的进一步扩展[①]。第二,金融摩擦的引入方式不同。在 Aghion 等(2010)的模型中,只有长期投资会遭到流动性冲击,短期投资不会遭到流动性冲击,因此金融发展必然会减小长期投资相对于短期投资的风险,本书则认为两种投资都会遭受流动性冲击,这样的假定更符合现实。而且我们据此分析出金融发展对经济波动与两种投资相对结构关系的影响取决于金融资源的支持偏好,而金融资源支持偏好又取决于技术引进和自主创新哪个更能带来较大的回报。进而,这又取决于我

① 本部分将 AABM 模型引用至分析自主研发和引进技术之间的选择,忽视了自主研发和吸收引进技术之间的联系。但是基于以下原因,我们还是采取了这种建模方式。任何两个事物之间都是既有区别又有联系的,短期投资和长期投资也是如此,自主研发和吸收引进技术之间更是如此。我们对现实进行建模时,能够描述出所有的关系最好,如果无法描述所有关系,则应当抓住主要目标进行简化处理。本书的研究目标是经济波动如何影响技术进步模式以及金融发展对两者之间的关系又是如何产生作用的。是想弄清楚有哪些因素影响企业家对技术引进和自主创新的选择。强调的是技术引进和自主创新的差异性。研究之初我们就搜寻过对技术引进和自主创新进行研究的模型,的确有不少模型同时考虑了两者之间的区别和联系,然而这些模型全是基于传统新古典宏观模型,无法考虑经济波动对这种长期技术活动的作用。我们又去搜寻经济波动对长期投资占比产生影响的文献,发现 Aghion 等(2010)的模型可以较好地研究这个问题,然而我们发现在这个模型中无法引入技术引进和自主创新的联系,那样会使模型过度复杂而难以求解。鉴于此,我们选择避轻就重,在本书的研究中还是采用 Aghion 等(2010)的模型形式,暂不考虑技术引进和自主创新之间的联系。

国与发达国家技术差距的大小。基于实际数据的实证分析也支持本书的理论。

假设经济中只有一类经济主体(企业家),每位企业家可存活四期,同时负责生产和消费。为了简化分析,我们假定企业家对于投资的决策分为两步进行,第一步是在技术活动投资(包括技术引进和自主创新)和短期投资(如固定资产投资)之间进行决策,第二步是在技术活动投资内部,即技术引进和自主创新之间进行决策。本书主要分析企业家在技术引进和自主创新之间的决策,因此假定第一步决策已经完成,技术活动投资已经被决定,属于外生变量。t 期出生的企业家每期都有 H_t 单位人力资本,第一期基于人力资本采用 CRS 技术生产两种资本品:固定资产投资 K_t 和技术活动投资 Z_t 。由于第一期仅有人力资本 H_t 一种投入,因此采用 CRS 技术进行生产就意味着生产函数为线性:

$$K_t = \theta_{k,t}H_{k,t} \text{ , } Z_t = \theta_{z,t}H_{z,t} \tag{5-3}$$

其中 $H_{k,t}$ 为分配用于生产固定资产投资品的人力资本,$\theta_{k,t}$ 为相应的生产率, K_t 为相应产出。$H_{z,t}$ 为分配用于生产技术活动投资品的人力资本, $\theta_{z,t}$ 为相应的生产率, Z_t 为相应产出。不失一般性,我们假定 $\theta_{k,t} = \theta_{z,t} = \theta$,其中 $\theta > 0$ 。我们假定生产出的资本品的市场价格为 q_t ,那么第一期产出为:

$$Y_{t,t} = q_t\theta H_t \tag{5-4}$$

企业家在经济中可以交易一种短期无风险债券,第一期的借贷数量受到当期产出和金融发展程度的限制,其中金融发展程度变量由 μ 表示。因此,企业家在第一期服从预算约束:

$$C_{t,t} + q_t(K_t + Z_t) = Y_{t,t} + B_{t,t} \text{ , } B_{t,t} \leqslant \mu Y_{t,t} \tag{5-5}$$

其中, $C_{t,t}$ 为 t 期消费, q_t 为 t 期资本品的价格, $q_t(K_t + Z_t)$ 为 t 期购买的资本品, $Y_{t,t}$ 为 t 期生产资本品出售的收入, $B_{t,t}$ 为企业家 t 期的借贷数量。

固定资产投资在第二期即可带来产出,因此企业家在第二期可利用

K_t 单位资本和 H_t 单位人力资本，基于 CRS 技术 A_{t+1} 进行生产。第二期产出为：

$$Y_{t,t+1} = A_{t+1}K_t^{\alpha}H_t^{1-\alpha} \tag{5-6}$$

企业家在第二期还需要将技术活动投资 Z_t 分为两个部分（技术引进 I_t 和自主创新 R_t ）分别利用 CRS 技术 A_{t+2} 和 A_{t+3} 进行生产。由于技术引进所引进的技术通常都是现存的，带来回报的周期较短，而自主创新往往是研发较为新颖的技术，带来回报的周期较长。因此，假定技术引进在第三期即可带来回报，而自主创新在第四期才带来回报。由于技术引进和自主创新需要长期投入，因此我们假定两个项目都会遭到流动性冲击，即在第二期结束时，技术引进项目需要额外付出 L_{t+1} 成本才能在第三期带来产出。在第三期结束时，自主创新项目需要额外付出 L_{t+2} 成本才能在第四期带来产出。如果企业家没能度过某一个流动性冲击，那么相应项目的产出为零。我们还进一步假定，若技术引进项目或者自主创新项目度过了流动性冲击，那么在 $t+i+1$ 期还会获得 $\beta^{-1}L_{t+i}$ 的额外回报，$i \in \{1,2\}$ ，这个假设保证了这种流动性冲击不会影响技术引进项目或自主创新项目的净现值。我们假定企业家凭借第二期总产出 $Y_{t,t+1}$ 借得贷款 $\mu Y_{t,t+1}$ 后，分别配置 $\mu_1 Y_{t,t+1}$ 和 $\mu_2 Y_{t,t+1}$ 给技术引进项目和自主创新项目以抵御流动性冲击，即：$\mu_1 + \mu_2 = \mu$ 。

因此，在第二期企业家服从预算约束：

$$C_{t,t+1} + L_{t+1}e_{t,t+1} = Y_{t,t+1} + B_{t,t+1} - (1+R_t)B_{t,t}\ ,\ B_{t,t+1} \leqslant \mu_1 Y_{t,t+1} \tag{5-7}$$

其中，$C_{t,t+1}$ 为 $t+1$ 期消费，$Y_{t,t+1}$ 为 $t+1$ 期产出收入，L_{t+1} 为第二期受到的流动性冲击，$e_{t,t+1}$ 为技术引进投资项目是否度过流动性冲击的指示变量，当 $e_{t,t+1}=1$ 时，表示技术引进项目成功度过流动性冲击，当 $e_{t,t+1}=0$ 时，表示技术引进项目未能度过流动性冲击，R_t 为 t 期无风险利率。

技术引进项目在第三期带来产出，第三期产出为：

$$Y_{t,t+2} = A_{t+2}I_t^{\alpha}H_t^{1-\alpha} \tag{5-8}$$

企业家在第三期服从预算约束：

$$C_{t,t+2} + L_{t+2}e_{t,t+2} = (Y_{t,t+2} + \beta^{-1}L_{t+1})e_{t,t+1} + B_{t,t+2} - (1 + R_{t+1})B_{t,t+1}\ ,\ B_{t,t+2} \leqslant \mu_2 Y_{t,t+1} \quad (5-9)$$

其中，$C_{t,t+2}$ 为 $t+2$ 期消费，$Y_{t,t+2}$ 为 $t+2$ 期产出收入，L_{t+2} 为第三期受到的流动性冲击，$e_{t,t+2}$ 为自主创新投资项目是否度过流动性冲击的指示变量，当 $e_{t,t+2}=1$ 时，表示自主创新项目成功度过流动性冲击，当 $e_{t,t+2}=0$ 时，表示自主创新项目未能度过流动性冲击，R_{t+1} 为 $t+1$ 期无风险利率。

自主创新项目在第四期带来回报，第四期产出为：

$$Y_{t,t+3} = A_{t+3}R_t^{\alpha}H_t^{1-\alpha} \quad (5-10)$$

由于第四期是企业家存活的最后一期，因此这一期不再借贷，企业家服从预算约束：

$$C_{t,t+3} = (Y_{t,t+3} + \beta^{-1}L_{t+2})e_{t,t+2} - (1 + R_{t+2})B_{t,t+2} \quad (5-11)$$

其中，$C_{t,t+3}$ 为 $t+3$ 期消费，$Y_{t,t+3}$ 为 $t+3$ 期产出收入，R_{t+2} 为 $t+2$ 期无风险利率。我们假定 A_t 服从 Markov 过程，变动范围受到 $[\underline{A},\bar{A}] \subseteq R_+$ 限制，非条件均值为 1，条件均值 $E[A_{t+1}] = A_t^{\rho}$，其中 $0<\rho<1$，做出这种假定是为了保证经济冲击的持续性和衰减性。

为了简化分析，假定企业家偏好为线性，因此均衡时利率由 $1+R=\beta^{-1}$ 决定，企业家效用函数为：

$$\begin{aligned}U_t &= C_{t,t} + \beta C_{t,t+1} + \beta^2 C_{t,t+2} + \beta^3 C_{t,t+3} = \\ &q_t(\theta H_t - K_t - Z_t) + \beta(Y_{t,t+1} - L_{t+1}e_{t,t+1}) + \\ &\beta^2[(Y_{t,t+2} + \beta^{-1}L_{t+1})e_{t,t+1} - L_{t+2}e_{t,t+2}] + \beta^3(Y_{t,t+3} + \beta^{-1}L_{t+2})e_{t,t+2} = \\ &q_t(\theta H_t - K_t - Z_t) + \beta Y_{t,t+1} + \beta^2 Y_{t,t+2}e_{t,t+1} + \beta^3 Y_{t,t+3}e_{t,t+2}\end{aligned} \quad (5-12)$$

其中，β 为折现率。

对于技术引进项目，当企业第二期可利用资金大于流动性冲击 L_{t+1}，即 $L_{t+1} \leqslant (1+\mu_1)Y_{t,t+1}$ 时，$e_{t,t+1}=1$，当企业可利用资金小于流动性冲击 L_{t+1}，即 $L_{t+1} > (1+\mu_1)Y_{t,t+1}$ 时，$e_{t,t+1}=0$。对于自主创新项目，当企业第二期可利用资金大于流动性冲击 L_{t+2}，即 $L_{t+2} \leqslant (1+\mu_2)Y_{t,t+1}$

时，$e_{t,t+2} = 1$，当企业可利用资金小于流动性冲击 L_{t+2}，即 $L_{t+2} > (1+\mu_2)Y_{t,t+1}$ 时，$e_{t,t+2} = 0$。我们将 $L_{t+1} \leqslant (1+\mu_1)Y_{t,t+1}$ 式两边除 H_t 可得到当 $l_{t+1} \leqslant (1+\mu_1)y_{t,t+1}$ 时，$e_{t,t+1} = 1$。将 $L_{t+2} \leqslant (1+\mu_2)Y_{t,t+1}$ 式两边除 H_t 可得到当 $l_{t+2} \leqslant (1+\mu_2)y_{t,t+1}$ 时，$e_{t,t+2} = 1$。同时还假定 $l_{t+i} = \frac{L_{t+i}}{H_t}$ 服从同一分布，这样可避免随着经济增长，流动性冲击的影响衰减，进而保证经济沿着平衡增长路径变动。从而我们可以令技术引进和自主创新项目成功的概率分别为 P_t^1 和 P_t^2，假定 $P_t^1 = (y_{t,t+1})^{\phi_1} = (A_{t+1}k_t^{\alpha})^{\phi_1}$，$P_t^2 = (y_{t,t+1})^{\phi_2} = (A_{t+1}k_t^{\alpha})^{\phi_2}$，其中 ϕ_1 和 ϕ_2 分别表示技术引进和自主创新投资成功的概率对第二期产出变动的弹性。从而企业家的投资决策为：

$$\max_{R_t,I_t} E_t[A_{t+1}K_t^{\alpha}H_t^{1-\alpha} + \beta A_{t+2}I_t^{\alpha}H_t^{1-\alpha}P_t^1 + \beta^2 A_{t+3}R_t^{\alpha}H_t^{1-\alpha}P_t^2 + q_t(\theta H_t - K_t - Z_t)] \tag{5-13}$$

我们假定 K_t 和 Z_t 之间的比例已决策好，令 $K_t = \gamma\theta H_t$，从而 $k_t = \gamma\theta$，γ 为已决定好的系数。[①] 我们可进一步简化为：

$$\max_{r_t,i_t} E_t[A_t k_t^{\alpha} + \beta A_{t+1} i_t^{\alpha} P_t^1 + \beta^2 A_{t+2} r_t^{\alpha} P_t^2] \tag{5-14}$$

服从预算约束：

$$i_t + r_t = z_t \tag{5-15}$$

其中 $k_t = \frac{K_t}{H_t}$，$z_t = \frac{Z_t}{H_t}$，$i_t = \frac{I_t}{H_t}$，$r_t = \frac{R_t}{H_t}$，$P_t^1 = (A_{t+1}k_t^{\alpha})^{\phi_1}$，$P_t^2 = (A_{t+1}k_t^{\alpha})^{\phi_2}$。

结合式(5－14)和式(5－15)构建拉格朗日函数，进行求导运算可得欧拉方程：

$$\beta E_t[A_{t+2}\alpha i_t^{\alpha-1}(A_{t+1}k_t^{\alpha})^{\phi_1}] = \beta^2 E_t[A_{t+3}\alpha r_t^{\alpha-1}(A_{t+1}k_t^{\alpha})^{\phi_2}] \tag{5-16}$$

---

① 之所以采取这种简化的做法是为了方便分析。在同时对固定资产投资、技术引进和自主创新三种投资进行选择时，模型无法得到解析解，从而很难分析出中间的影响机制。我们将企业决策分为两步：第一步企业家在固定资产投资和技术活动投资之间决策，决策完成后再对技术活动投资的分类进行决策，这种决策方式符合企业行为习惯。如果想同时分析出固定资产投资占比，只要先做第一步决策即可，即将本书模型重复推演一次，由于这不是本书研究重点，故此处省略。

进而可以求得：

$$\frac{r_t}{i_t}=\beta^{\frac{1}{\alpha-1}}(\gamma\theta)^{\frac{\alpha(\phi_2-\phi_1)}{1-\alpha}}A_t^{\frac{\rho^3-\rho^2+\rho(\phi_2-\phi_1)}{1-\alpha}} \tag{5-17}$$

其中，$\frac{r_t}{i_t}$ 为自主创新投资与技术引进投资之比，代表技术进步模式。有两种方法可以分析 A_t 波动对技术进步模式的影响：第一种是图示法。通过式(5-17)可以看出，$\frac{r_t}{i_t}$ 与 A_t 的关系主要取决于 $\rho^3-\rho^2+\rho(\phi_2-\phi_1)$ 的大小。$\rho^3-\rho^2$ 衡量的是两种投资受到冲击的差异程度，由于 $0<\rho<1$，技术引进受到的冲击比自主创新受到的冲击大，因此 A_t 减小时有利于自主创新占比的提高，这被称为机会成本效应。$\phi_1-\phi_2$ 衡量的是两种投资对资金变化敏感度的差异，描述的是预期收益效应。当 $\phi_1=\phi_2=0$ 时，两种投资项目收益对资金变化敏感度为零，相当于不存在金融摩擦的市场，此时 A_t 只产生机会成本效应，如图 5-4 所示，$\frac{r_t}{i_t}$ 与 A_t 负相关，A_t 波动加剧时，$\frac{r_t}{i_t}$ 均值会落在图 5-4 斜线上，而 A_t 不动时，$\frac{r_t}{i_t}$ 值在曲线上，由于斜线在曲线之上，因此 A_t 波动加剧会提高 $\frac{r_t}{i_t}$。当 $\phi_1=\phi_2\neq 0$ 时，说明两种投资项目收益对资金变动开始敏感，但是敏感度相同，此时 A_t 的变动仍然只能产生机会成本效应，亦如图 5-4 所示情形，$\frac{r_t}{i_t}$ 与 A_t 负相关，A_t 波动加剧时会提高 $\frac{r_t}{i_t}$。当 $\phi_1>\phi_2$ 时，技术引进对资金变动更为敏感，受到负向冲击时技术引进更容易失败，这时在机会成本效应和预期收益效应共同作用下，$\frac{r_t}{i_t}$ 与 A_t 负相关，A_t 波动加剧时会提高 $\frac{r_t}{i_t}$。当 $\phi_1<\phi_2$ 但 $\rho^3-\rho^2+\rho(\phi_2-\phi_1)>0$ 时，A_t 变动产生的机会成本效应强于预期收益效应，因此 $\frac{r_t}{i_t}$ 与 A_t 仍然负相关，A_t 波动加剧时会提高 $\frac{r_t}{i_t}$。当 $\phi_1<\phi_2$ 且

$\rho^3 - \rho^2 + \rho(\phi_2 - \phi_1) < 0$ 时，A_t 变动产生的预期收益效应强于机会成本效应，如图 5－5 所示，此时 $\frac{r_t}{i_t}$ 与 A_t 正相关，A_t 波动加剧时，$\frac{r_t}{i_t}$ 均值会落在图 5－5 斜线上，而 A_t 不动时，$\frac{r_t}{i_t}$ 值在曲线上，由于斜线在曲线之下，因此 A_t 波动加剧时会降低 $\frac{r_t}{i_t}$。

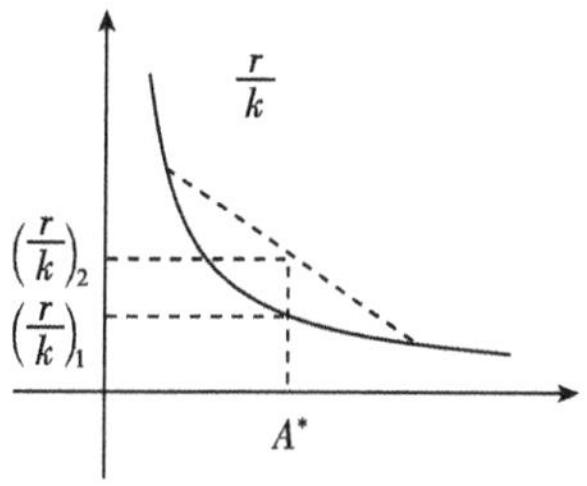

图 5－4　经济波动促进自主创新

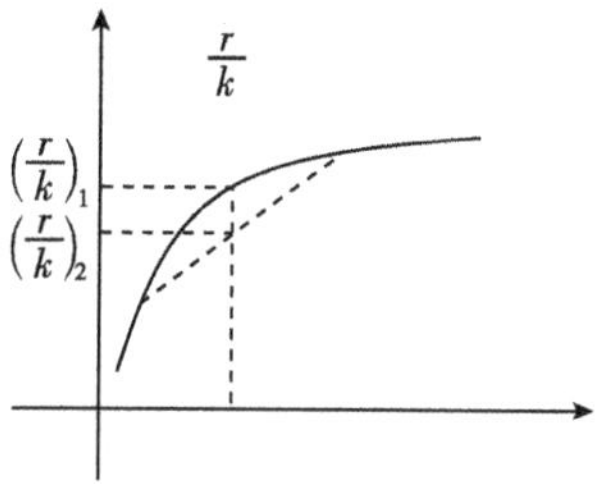

图 5－5　经济波动抑制自主创新

通过上述分析我们可以直观地看出经济波动对技术进步模式的影响取决于函数的凹凸性和曲率（弯曲程度），然而我们并没有研究清楚这背后的机制，这便需要第二种分析方法。第二种是分析相对风险大小。式（5－16）左右两边分别为技术引进和自主创新投资的边际收益，说明在均衡点处两种投资的边际收益相等。通过对式（5－16）左边进行对数化可得：

$$\ln mri = \ln\beta + \ln A_{t+2} + \ln\alpha + \ln i_t^{\alpha-1} + \phi_1 \ln A_{t+1} + \phi_1 \alpha \ln k_t \quad (5-18)$$

对式（5－16）右边进行对数化可得：

$$\ln mrr = 2\ln\beta + \ln A_{t+3} + \ln\alpha + \ln r_t^{\alpha-1} + \phi_2 \ln A_{t+1} + \phi_2 \alpha \ln k_t \quad (5-19)$$

当 $\ln A_t$ 服从正态分布 $N(0,\sigma^2)$ 时，式（5－18）和式（5－19）的方差分别为：

$$D(\ln mri) = (\rho^2 + \rho\phi_1)^2\sigma^2,\ D(\ln mrr) = (\rho^3 + \rho\phi_2)^2\sigma^2 \quad (5-20)$$

边际收益的方差衡量的是该种投资的风险，因此技术引进和自主创新的相对风险为：

$$D(\ln mri)-D(\ln mrr)=\rho^2(\rho-\rho^2+\phi_1-\phi_2)(\rho+\rho^2+\phi_1+\phi_2)\sigma^2 \quad (5-21)$$

同样可以发现,技术引进和自主创新边际收益风险孰大孰小主要取决于$\rho-\rho^2+\phi_1-\phi_2$的正负性。由于$0<\rho<1$,经济上下波动时,技术引进边际收益的振幅大于自主创新边际收益的振幅,因此机会成本效应的存在导致经济波动加剧时,企业会增加自主创新投资占比。$\phi_1>\phi_2$时,经济上下波动时,技术引进项目预期收益对资金更敏感,振幅更大,此时机会成本效应和预期收益效应产生的效果是同向的,两种效应共同导致经济波动加剧有利于提高自主创新投资占比。当$\phi_1<\phi_2$时,预期收益效应和机会成本效应产生的效果是反向的,最终效果取决于两种效应孰大孰小。当$\rho-\rho^2+\phi_1-\phi_2>0$,机会成本效应大于预期收益效应,经济波动加剧仍然有利于促进自主创新占比的提升,当$\rho-\rho^2+\phi_1-\phi_2<0$时,机会成本效应小于预期收益效应,经济波动的加剧则会提高技术引进占比。

无论是基于图形分析还是相对风险分析,都可以发现经济波动和自主创新占比的关系受到$\phi_1-\phi_2$大小的影响。ϕ_1和ϕ_2衡量的是技术引进和自主创新两种投资成功概率对第一期产出变动的弹性,反映的是技术引进和自主创新对现金流变化的敏感度。一般情况下,这种敏感度受到两方面因素的影响:一是项目特质;二是金融资源支持偏好。所谓项目特质,指的是该项目本身是否依赖于持续的资金支持,项目预期收益是否对资金变动敏感。技术水平较低,与技术前沿的技术差距较大,由于技术引进可以直接利用现有的技术生产出对本地市场而言较为新颖的产品,因此采用技术引进可以获得较高的市场占有率和较大的利润空间。而此时研发基础薄弱,自主创新成功概率较低,带来的收益较小,因此相对而言技术引进是一种成本较低、风险较小、对资金敏感度较低的投资项目。根据熊彼特的思想,金融机构在对企业贷款时会偏向于那些风险较小、生产率较高的企业。因此金融机构贷款时会偏向于那些采用技术引进方式的企业，而对自主创新型企业支持较少。此时，随着金融发展程度的提高，$\phi_1-\phi_2$ 变小，即随着金融发展程度的提升，经济波动和自主创新占比之间更偏向负相关。

当技术水平较高，与技术前沿之间的技术差距较小，技术引进空间较小时，再想引进对本地市场而言较为先进的技术难度很大。再加上由于自身技术水平的提高，本企业已经威胁到处于技术前沿企业的市场地位，这些拥有先进技术的企业也不愿意再让渡专利技术，即使引进了技术也很难获得较高的市场占有率和较大的利润空间。而由于技术水平的提升，研发基础变得厚实，此时进行自主创新成功概率较大，一旦成功也能够获得较大市场占有率和利润空间。与技术引进相比，自主创新风险较低，收益较大，对资金敏感度较低。此时，金融机构也更偏向给自主创新型企业提供贷款，因此随着金融发展程度的提高，$\phi_1-\phi_2$ 变大，即随着金融发展程度的提升，经济波动和自主创新占比之间更偏向正相关。

$\phi_1-\phi_2$ 还有可能随着经济波动类型的不同、经济波动持续时间长度的不同而发生变化。如果技术引进是较为安全、收益较大的投资方式，那么当经济向下波动时，虽然 ϕ_1 和 ϕ_2 都会上升（技术引进和自主创新的风险都将提升，金融机构出于避险的目的会从企业收回贷款），但是 ϕ_1 比 ϕ_2 上升得慢（金融机构会优先抽离风险较高企业的资金），即 $\phi_1-\phi_2$ 减小。而且经济下探幅度越大，金融机构越是会将资金从风险较高的自主创新型企业抽离，进而经济波动与自主创新占比越偏向负相关。同样，经济持续下探时间越长，人们对于未来经济走势越悲观，金融机构贷款就会越谨慎，因此随着下探时间的延长，$\phi_1-\phi_2$ 也会减小，经济波动与自主创新占比越偏向负相关。如果自主创新是较为安全、收益较大的投资方式，则结论刚好相反，经济向下波动更能促进自主创新占比的提升。而且下探幅度越大、下探持续时间越长，这种促进效应越强。

通过上述分析，经济波动通过机会成本效应和预期收益效应两种机制对技术进步模式产生影响，而金融发展通过影响预期收益效应进而影响经济波动与技术进步模式的关系。随着技术差距的不同,金融发展对预期收益效应的影响也会不同。通常来说,技术差距会随着技术进步而逐步缩小,因此存在时间上的差异。我国地域辽阔,各地区发展水平差异很大,因此技术差距还可能存在地区性差异。另外,行政垄断会对技术差距的变化以及技术进步模式产生影响,因此国有企业占比程度的不同也可能会影响到经济波动和技术进步模式的关系。此外,随着经济波动类型不同(向上波动还是向下波动)、持续时间长度不同,经济波动对技术进步模式的影响也不同。这些都是理论上的分析,接下来将基于实际数据对以上几点结论进行验证。

二、实证分析

(一)经济波动、金融发展与自主创新占比

1. 模型设定

根据上文的理论分析,经济波动通过机会成本效应和预期收益效应两种机制影响技术进步模式的选择,同时两者的关系还受到金融发展影响,我们设定基本模型如下:

$$rrd_{it} = \alpha_0 + \alpha_1 vgdp_{it} + \alpha_2 vgdp_{it} \times fin_{it} + \alpha_3 fin_{it} + X_{it}^T \mathrm{B} + \varpi_i + v_t + \varepsilon_{it} \tag{5-22}$$

其中,rrd_{it} 为技术进步模式,分别用狭义自主创新占比 $nrrd_{it}$(定义见下)、广义自主创新占比 $grrd_{it}$(定义见下)表示,$vgdp_{it}$ 为经济波动,fin_{it} 为金融发展,分别用金融相关性指标 $finance_{it}$ 、信贷指标 $credit_{it}$ 表示,X_{it}^T 为控制变量,主要包括技术存量 tec_{it} 、技术引进数量 tim_{it} 、企业主营业务收入 $minc_{it}$ 以及国有企业占比 $rpublic_{it}$,ϖ_i 为地区效应,v_t 为时间效应,ε_{it} 为扰动项。为了检验经济波动和金融发展交叉项系数是否存在地区性差异,以及国有企业占比对该系数的影响,分别引入地区虚拟变量 $east_{it}$ 、经济波动和金融发展三者交叉项,国有企业占比、经济波动和金融

发展三者交叉项进行分析，进一步扩展模型如下：

$$rrd_{it} = \alpha_0 + \alpha_1 vgdp_{it} + \alpha_2 vgdp_{it} \times fin_{it} + \alpha_3 east_{it} \times vgdp_{it} \times fin_{it} + \alpha_4 fin_{it} + X_{it}^T B + \varpi_i + v_t + \varepsilon_{it} \quad (5-23)$$

$$rrd_{it} = \alpha_0 + \alpha_1 vgdp_{it} + \alpha_2 vgdp_{it} \times fin_{it} + \alpha_3 rpublic_{it} \times vgdp_{it} \times fin_{it} + \alpha_4 fin_{it} + X_{it}^T B + \varpi_i + v_t + \varepsilon_{it} \quad (5-24)$$

为了检验经济波动类型（向上波动和向下波动）以及波动持续时间长度对经济波动与技术进步模式之间关系产生的影响，依次引入产出缺口和经济波动交叉项、波动持续时间长度和经济波动交叉项进行回归分析，模型扩展如下：

$$rrd_{it} = \alpha_0 + \alpha_1 vgdp_{it} + \alpha_2 vgdp_{it} \times cycle_{it} + \alpha_3 cycle_{it} + X_{it}^T B + \varpi_i + v_t + \varepsilon_{it} \quad (5-25)$$

$$rrd_{it} = \alpha_0 + \alpha_1 vgdp_{it} + \alpha_2 vgdp_{it} \times l_{it} + \alpha_3 l_{it} + X_{it}^T B + \varpi_i + v_t + \varepsilon_{it} \quad (5-26)$$

其中，$cycle_{it}$ 为产出缺口，l_{it} 为经济波动持续时间长度。考虑到误差项可能存在序列相关，本书还将采用 Prais - Winsten 法对上述模型进行估计，以检验本书结论的稳健性。

2. 数据与指标选取

受限于数据，目前能够同时反映出自主创新和技术引进两项指标的仅有省际层面的数据：1999—2010 年为各省份及直辖市大中型工业企业数据，2004 年、2008—2009 年和 2011—2014 年为各省份及直辖市规模以上工业企业数据。由于本书需要通过各省份季度数据计算出历年经济波动程度，而各省份及直辖市的季度数据从 2005 年才开始形成，因此本书最终分别选取 2005—2010 年各省份及直辖市大中型工业企业数据、2011—2014 年各省份及直辖市规模以上工业企业数据进行实证分析[①]。由于部

① 2004 年、2008—2009 年、2011—2014 年均有各省份及直辖市规模以上工业企业自主创新和技术引进的数据，为了保证样本数据的连续性，在用规模以上工业企业数据时本书选择了 2011—2014 年这一部分。

分数据缺失，因此实证分析时去掉了西藏地区数据，各变量说明如下。

（1）被解释变量：技术进步模式。我们采用自主创新占比指标来衡量。根据刘小鲁（2009）的研究，该指标又分为狭义自主创新占比和广义自主创新占比。狭义自主创新占比 = R&D 支出/（R&D 支出 + 国外技术引进经费 + 购买国内技术支出），广义自主创新占比 =（R&D 支出 + 技术改造支出）/（R&D 支出 + 技术改造支出 + 国外技术引进经费 + 购买国内技术支出 + 消化吸收支出），数据均来源于《中国科技统计年鉴》①。

（2）解释变量：经济波动、金融发展、波动类型和波动持续时间长度。经济波动变量为根据季度数据计算得来，采用各省份一年内四个季度 GDP 同比增速数据计算标准差所得，数据来源于国家统计局网站。金融发展变量采取两个指标进行衡量：金融相关性指标和信贷指标。金融相关性指标为各地区金融机构年末存贷款余额之和除以 GDP，信贷指标为各地区金融机构年末贷款余额除以 GDP，数据来源于 Wind 数据库。波动类型由产出缺口衡量，产出缺口为正，说明经济向上波动，产出缺口为负，说明经济向下波动。产出缺口由各地区人均 GDP 数据，采用 HP 滤波法求得。HP 滤波法假设产出由长期趋势成分和短期波动成分两部分组成，其原理是把样本点的趋势值当作潜在产出，通过最小化实际产出和样本点的趋势值，来估算出潜在产出值，进而求得产出缺口。若用 y_{it} 表示实际产出，y_{it}^* 表示潜在产出，则产出缺口 $cycle_{it} = \frac{y_{it} - y_{it}^*}{y_{it}^*}$。根据 Backus 和 Kehoe（1992）的意见，本书取趋势成分波动因子 $\lambda = 100$，人均 GDP 数据来源于中经网。波动持续时间长度为根据产出缺口计算得来，具体来说，先用本期产出缺口减去上期产出缺口得出产出缺口变动值，如果该值为正，说明产出缺口朝正向变动，如果为负，说明产出缺口朝负向变动。如果产出缺口变动值连续三期为正，说明产出缺口连续三期往正向变动，此时给第一期赋值 1，第二期赋值 2，第三期赋值 3，依此类推。如果连续

① 指标设定具体依据这里不再详述，可直接参考刘小鲁（2009）。

三期为负，说明产出缺口连续三期往负向变动，给第一期赋值 -1，第二期赋值 -2，第三期赋值 -3，依此类推。采用这种赋值方法可以直观地看到经济波动的方向以及这种波动持续的时期长度。采用这种赋值法需要考虑正推还是逆推的问题，正推即以 2005 年为初期，往后数波动持续时期个数，逆推即以 2014 年为期末，往前数波动持续时期个数。本书采取逆推法，即以 2014 年为期末，往前数持续的时期个数。之所以采取逆推法，是因为人们主要是根据过去的经验判断现在的状况。

(3)控制变量：技术存量、技术引进数量、企业主营业务收入、国有企业占比以及地区虚拟变量。其中技术存量、技术引进数量、企业主营业务收入均采用对数化后的形式进行分析，数据来源于《中国科技统计年鉴》。国有企业占比为国有企业固定资产投资在总固定资产投资中的占比，数据来源于《中国统计年鉴》。地区虚拟变量根据该地区属于东部地区还是非东部地区进行设定，如果该地区属于东部地区，变量值为 1，如果属于非东部地区，变量值为 0。

主要变量描述性统计如表 5 -4 所示。

表 5 -4　描述性统计

项目	2005—2010 年					2011—2014 年				
	Obs	Mean	Std. Dev.	Min	Max	Obs	Mean	Std. Dev.	Min	Max
vgdp	180	0.8813	0.8899	0.0816	5.9134	120	0.3100	0.2391	0	1.0847
nrrd	180	0.7958	0.1323	0.0988	0.9948	120	0.9202	0.0613	0.6142	0.9924
grrd	180	0.8969	0.0838	0.3649	0.9911	120	0.9378	0.0480	0.7044	0.9937
credit	180	1.0331	0.3650	0.5372	2.5847	120	1.1927	0.3986	0.6553	2.5151

通过表 5 -4 可以看出，与 2011—2014 年样本相比，2005—2010 年经济波动更为剧烈，这可能是金融危机刚好在这期间发生所致。与 2005—2010 年样本相比，2011—2014 年自主创新占比均值显著提高，说明 2010 年前后企业对自主创新和技术引进重视程度发生了变化。

3. 模型是否发生结构性变化

本书将基于模型(5 -22)至模型(5 -26)分别利用 2005—2010 年、

2011—2014 年的数据进行回归。这种分段方式是否合适？或者说在 2005—2010 年、2011—2014 年两段时间中模型是否发生了结构性变化？接下来我们将基于调整后的模型①进行 chow test，以检测模型是否在 2010 年前后两个时期发生了结构性变化。为了简化分析，本部分只采用狭义自主创新占比作为被解释变量，只采用金融机构年末贷款余额与 GDP 之比来衡量金融发展程度。模型设定如下：

$$nrrd_{it} = \alpha_0 + \alpha_1 vgdp_{it} + \alpha_2 vgdp_{it} \times credit_{it} + \alpha_3 credit_{it} + X_{it}^T B + \varpi_i + v_t + \varepsilon_{it}$$

其中，X_{it}^T 为控制变量向量，包括技术差距和国有企业占比。

根据 chow test 所设定的 F 统计量，其计算公式如下：

$$F_{chow\_test} = \frac{\dfrac{essc - (ess1 + ess2)}{k}}{\dfrac{ess1 + ess2}{n1 + n2 - k}}$$

其中，$ess1$ 和 $ess2$ 分别为两个子样本进行回归得到的残差平方和，$essc$ 为全样本进行回归得到的残差平方和，k 为所需估计的参数个数，$n1$ 和 $n2$ 分别为两个子样本的观测数，所得统计量服从 $F(k, n1 + n2 - 2k)$ 分布。

将总样本分为 2005—2010 年、2011—2014 年两个子样本进行回归，通过计算得到 F 值为 12.4086。而在 1% 置信水平下，查 F 表得到临界值 F(6,288) =2.8650，拒绝“模型在 2010 年前后两个时间段不存在结构性变化”的原假设，也就是说，有必要对总样本以 2010 年为界限进行分段回归。

4. 回归结果及分析

我们先采取不引入经济波动和其他变量交叉项的形式进行分析，这样方便我们从总体上观察经济波动对自主创新占比的影响，回归结果如表 5 -5 和表 5 -6 所示。我们分别采用狭义自主创新占比和广义自主创

① 调整后的模型设定类似下文模型(5 -29)，不同之处在于此时不再引入动物精神作为解释变量，而是引入经济波动、经济波动和金融发展交叉项作为解释变量。下文对模型(5 -29)有详细解释，此处不再赘述。

新占比作为技术进步模式代理指标,依次采用信贷指标和金融相关性指标作为金融发展变量代理指标进行回归。表5-5为基于2005—2010年数据进行回归的结果。当以狭义自主创新占比为因变量,以信贷指标衡量金融发展时,经济波动项系数为-0.005,但是不显著。当以金融相关性指标衡量金融发展时,经济波动项系数为-0.009,也不显著。当以广义自主创新占比为因变量,以信贷指标衡量金融发展时,经济波动项系数为-0.005,且不显著。当以金融相关性指标衡量金融发展时,经济波动项系数为-0.005,仍然不显著。不难看出,在2005—2010年,无论是采取狭义自主创新占比还是广义自主创新占比,采取信贷指标还是金融相关性指标,回归结果均显示经济波动项系数为负,这说明总体来看经济波动加剧会抑制自主创新。根据上文的理论分析,经济波动会通过机会成本效应促进自主创新,而有可能通过预期收益效应抑制自主创新,表5-5的结果表明2005—2020年预期收益效应强于机会成本效应。我们还可以看到经济波动项系数并非都显著,这可能是因为经济波动和自主创新占比之间的关系为非线性关系,两者之间的关系可能受其他因素的影响,说明有引入经济波动和其他变量交叉项进行分析的必要。

表5-5　2005—2010年不引入交叉项的回归结果

项目	狭义自主创新占比 *nrrd*		广义自主创新占比 *grrd*	
vgdp	-0.005 (-0.47)	-0.009 (-0.83)	-0.005 (-0.89)	-0.005 (-0.96)
credit	0.247* (1.68)		-0.89*** (2.72)	
finance		0.158** (2.48)		0.059* (1.79)
ln*minc*	0.005 (0.08)	0.014 (0.21)	-0.033 (-0.92)	-0.036 (-0.98)

续表

项目	狭义自主创新占比 *nrrd*		广义自主创新占比 *grrd*	
ln*tec*	0.067*** (2.83)	0.071*** (3.00)	0.054*** (4.50)	0.052*** (4.28)
ln*tim*	-0.002 (-0.06)	-0.002 (-0.07)	0.001 (0.10)	0.000 (0.00)
rpublic	-0.422 (-1.43)	-0.483* (-1.66)	-0.094 (-0.64)	-0.063 (-0.42)
常数项	-0.188 (-0.14)	-0.818 (-0.59)	0.683 (1.00)	0.828 (1.16)
地区效应	是	是	是	是
时间效应	是	是	是	是
R - squared	0.2264	0.2442	0.1749	0.1505
N	180	180	180	180

注：①***、**、*分别表示在1%、5%和10%的显著水平上显著；②括号内为 t 值。

表5-6为基于2011—2014年数据进行回归的结果。当以狭义自主创新占比为因变量，以信贷指标衡量金融发展时，经济波动项系数为-0.02，但是不显著。当以金融相关性指标衡量金融发展时，经济波动项系数为-0.017，也不显著。当以广义自主创新占比为因变量，以信贷指标衡量金融发展时，经济波动项系数为-0.034，且在5%的显著水平上显著。当以金融相关性指标衡量金融发展时，经济波动项系数为-0.034，亦在5%的显著水平上显著。同样，不难看出，在2011—2014年，无论是采取狭义自主创新占比还是广义自主创新占比，采取信贷指标还是金融相关性指标，回归结果均显示经济波动项系数为负，这说明总体来看经济波动加剧会抑制自主创新。表5-6的结果表明2011—2014年预期收益效应强于机会成本效应。经济波动项系数并非都显著，这可能是因为经济波动和自主创新占比之间的关系为非线性关系，两者之间的关系可能受其他因素的影响。

表 5 -6　2011—2014 年不引入交叉项的回归结果

项目	狭义自主创新占比 *nrrd*		广义自主创新占比 *grrd*	
vgdp	-0.020 (-0.94)	-0.017 (-0.81)	-0.034 * * (-2.30)	-0.034 * * (-2.33)
credit	-0.124 (-1.43)		0.014 (0.24)	
finance		-0.068 (-1.24)		0.011 (0.30)
ln*minc*	-0.091 (-1.20)	-0.082 (-1.09)	-0.076 (-1.45)	-0.076 (-1.48)
ln*tec*	0.046 (1.44)	0.043 (1.36)	0.040 * (1.85)	0.041 * (1.87)
ln*tim*	-0.006 (-0.64)	-0.005 (-0.57)	-0.002 (-0.42)	-0.002 (-0.43)
rpublic	-0.111 (-0.53)	-0.115 (-0.55)	-0.235 * (-1.64)	-0.234 (-1.64)
常数项	1.680 * * (2.13)	1.798 * * (2.09)	1.281 * * (2.35)	1.237 * * (2.10)
地区效应	是	是	是	是
时间效应	是	是	是	是
R - squared	0.2372	0.2325	0.2639	0.2642
N	120	120	120	120

注:①* *、* 分别表示在 5% 和 10% 的显著水平上显著;②括号内为 *t* 值。

接下来我们就引入经济波动和金融发展交叉项进行分析。

以下为考虑金融发展程度的回归结果分析。

表 5 -7 和表 5 -8 为 2005—2010 年大中型工业企业数据回归结果。我们分别采用狭义自主创新占比和广义自主创新占比作为技术进步模式代理指标,依次采用信贷指标和金融相关性指标作为金融发展变量代理指标进行回归。表 5 -7 为采用信贷指标衡量金融发展的回归结果。从表 5 -7 中可以看出,当以狭义自主创新占比为因变量时,基本回归结果显示经济波动项系数为 0.06,且在 10% 的显著水平上显著,经济波动和金融发展交叉项系数为 -0.06,且在 10% 的显著水平上显著。这说明金

融发展程度的变化的确会影响经济波动和狭义自主创新占比之间的关系。考虑到模型可能存在序列相关性问题，我们采用 Prais - Winsten 进行估计，从估计结果可以看出，经济波动项系数为 0.068，且在 5% 的显著水平上显著，经济波动和金融发展交叉项系数为 -0.067，且在 5% 的显著水平上显著。从系数显著性来看，上述两项系数显著性均得到加强，说明模型的确存在一定序列相关性。从系数绝对值来看，采用双向固定效应模型进行基本回归的结果和采用 Prais - Winsten 估计的结果变化不大，说明模型的序列相关性不是很严重，结论较为稳健。当以广义自主创新占比为因变量时，基本回归结果显示经济波动项系数为 0.037，且在 5% 的显著水平上显著，经济波动和金融发展交叉项系数为 -0.038，且在 5% 的显著水平上显著。在采用Prais - Winsten 进行估计后，经济波动项系数为 0.045，且在 1% 的显著水平上显著，经济波动和金融发展交叉项系数为 -0.044，亦在 1% 的显著水平上显著。说明经济波动加剧会增加广义自主创新占比，但是经济波动和广义自主创新占比之间的关系并非线性关系，而是会随着金融发展程度的变化而变化。金融发展程度越高，经济波动和广义自主创新占比之间越偏向负相关。与以狭义自主创新占比为因变量的回归结果相比，以广义自主创新占比为因变量时，经济波动项、经济波动和金融发展交叉项系数显著性均更强，但系数绝对值更小。说明虽然这两种方式都能衡量技术进步模式，但两种指标还是存在一定差异的，受经济波动和金融发展的影响也存在一定差异。

不难看出，无论是采取狭义自主创新占比还是广义自主创新占比，回归结果均变化不大。采用 Prais - Winsten 法估计的结果与原模型估计结果相比变化不大，说明估计结果是稳健的。金融发展程度越高，自主创新占比与经济波动越偏向负相关，即越是金融发展程度高的地方，经济波动加剧越不利于技术进步模式向自主创新型技术进步模式的转变。经济波动越剧烈，自主创新占比与金融发展程度越偏向负相关，即经济波动越剧烈的时候，金融发展程度的提升越是不利于技术进步模式向自主创新型技术进步模式转变。

另外，表 5 -7 回归结果显示，金融发展项系数显著为正，而且除了以狭义自主创新占比为因变量的基本回归结果外，在其余回归结果中，该系数均在 1% 的显著水平上显著。说明金融发展对技术进步模式的影响非常显著，2005—2010 年，随着金融发展程度的提升，技术进步方式越来越偏向依靠自主创新。

表 5 -7　2005—2010 年大中型工业企业数据回归结果

（采用信贷指标衡量金融发展）

项目	狭义自主创新占比 *nrrd*		广义自主创新占比 *grrd*	
	基本回归结果	Prais - Winsten 估计结果	基本回归结果	Prais - Winsten 估计结果
vgdp	0.060* (1.66)	0.068** (1.98)	0.037** (2.06)	0.045*** (2.76)
vgdp × *credit*	-0.060* (-1.91)	-0.067** (-2.2)	-0.038** (-2.48)	-0.044*** (-3.19)
credit	0.447** (2.49)	0.486*** (2.86)	0.332*** (3.69)	0.355*** (4.51)
ln*minc*	-0.006 (-0.09)	-0.031 (-0.44)	-0.041 (-1.15)	-0.059* (-1.79)
ln*tec*	0.073*** (3.06)	0.080*** (3.45)	0.057*** (4.84)	0.062*** (5.65)
ln*tim*	-0.009 (-0.30)	-0.008 (-0.25)	-0.003 (-0.20)	-0.000 (-0.01)
rpublic	-0.437 (-1.50)	-0.458 (-1.63)	-0.104 (-0.72)	-0.129 (-0.98)
常数项	-0.320 (-0.24)	-0.026 (-0.02)	0.597 (0.89)	0.818 (1.36)
地区效应	是	是	是	是
时间效应	是	是	是	是
R - squared	0.2465	0.7032	0.2104	0.9126
ρ(ar)		-0.142		-0.275
N	180	180	180	180

注：①***、**、*分别表示在 1%、5% 和 10% 的显著水平上显著；②括号内为 *t* 值。

表5－8为采用金融相关性指标衡量金融发展程度的回归结果。从表5－8中可以看出，当以狭义自主创新占比为因变量时，基本回归结果显示经济波动项系数为0.062，且在10%的显著水平上显著，经济波动和金融发展交叉项系数为－0.027，且在5%的显著水平上显著。考虑到模型可能存在序列相关性问题，我们采用Prais－Winsten进行估计，从估计结果可以看出，经济波动项系数为0.069，且在5%的显著水平上显著，经济波动和金融发展交叉项系数为－0.029，且在1%的显著水平上显著。当以广义自主创新占比为因变量时，基本回归结果显示经济波动项系数为0.032，且在10%的显著水平上显著，经济波动和金融发展交叉项系数为－0.014，且在5%的显著水平上显著。采用Prais－Winsten进行估计时，经济波动项系数为0.038，且在5%的显著水平上显著，经济波动和金融发展交叉项系数为－0.016，且在1%的显著水平上显著。对比表5－7和表5－8的回归结果可以看出，无论是采取信贷指标还是金融相关性指标来衡量金融发展，回归结果变化不大。金融发展程度越高，经济波动和技术进步模式（无论以狭义自主创新占比还是广义自主创新占比衡量）之间越偏向负相关。即2005—2010年，金融发展程度越高，经济波动加剧越会促使企业在技术引进和自主创新之间偏向采取技术引进的方式。当然，采用金融相关性指标衡量金融发展时，金融发展单项系数绝对值要较采用信贷指标衡量金融发展时小，这可能是因为金融相关性指标包含了信贷和存款两个方面，而存款对技术进步模式影响较信贷要小，因此单用信贷指标衡量金融发展时，金融发展项回归系数绝对值较大。

表5－8　2005—2010年大中型工业企业数据回归结果

（采用金融相关性指标衡量金融发展）

项目	狭义自主创新占比 *nrrd*		广义自主创新占比 *grrd*	
	基本回归结果	Prais－Winsten估计结果	基本回归结果	Prais－Winsten估计结果
vgdp	0.062* (1.84)	0.069** (2.17)	0.032* (1.85)	0.038** (2.44)

续表

项目	狭义自主创新占比 *nrrd*		广义自主创新占比 *grrd*	
	基本回归结果	Prais - Winsten 估计结果	基本回归结果	Prais - Winsten 估计结果
vgdp × *finance*	-0.027** (-2.26)	-0.029*** (-2.66)	-0.014** (-2.32)	-0.016*** (-2.97)
finance	0.279*** (3.37)	0.302*** (3.93)	0.123*** (2.88)	0.140*** (3.72)
ln*minc*	-0.001 (-0.01)	-0.028 (-0.41)	-0.044 (-1.22)	-0.058* (-1.72)
ln*tec*	0.078*** (3.33)	0.088*** (3.87)	0.056*** (4.63)	0.061*** (5.40)
ln*tim*	-0.007 (-0.23)	-0.004 (-0.13)	-0.002 (-0.16)	0.001 (0.06)
rpublic	-0.496* (-1.73)	-0.530* (-1.93)	-0.070 (-0.48)	-0.097 (-0.72)
常数项	-1.214 (-0.89)	-0.951 (-0.73)	0.618 (0.87)	0.696 (1.09)
地区效应	是	是	是	是
时间效应	是	是	是	是
R - squared	0.2712	0.7408	0.1825	0.9030
ρ(ar)		-0.175		-0.264
N	180	180	180	180

注：①***、**、*分别表示在1%、5%和10%的显著水平上显著；②括号内为 *t* 值。

表5-9和表5-10为2011—2014年规模以上工业企业数据回归结果。分别采用狭义自主创新占比和广义自主创新占比作为技术进步模式代理指标，依次采用信贷指标和金融相关性指标作为金融发展变量代理指标进行回归。表5-9为采用信贷指标衡量金融发展的回归结果。表5-10为采用金融相关性指标衡量金融发展的回归结果。从表5-9中可以看出，当以狭义自主创新占比为因变量时，基本回归结果显示经济波动项系数为-0.161，且在10%的显著水平上显著，经济波动和金融发

展交叉项系数为0.126，且在10%的显著水平上显著。说明金融发展程度的变化的确会影响经济波动和狭义自主创新占比之间的关系。考虑到模型可能存在序列相关性问题，我们采用Prais－Winsten进行估计，从估计结果可以看出，经济波动项系数为－0.138，且在10%的显著水平上显著，经济波动和金融发展交叉项系数为0.112，但不显著。当以广义自主创新占比为因变量时，基本回归结果显示经济波动项系数为－0.122，且在5%的显著水平上显著，经济波动和金融发展交叉项系数为0.079，但不显著。在采用Prais－Winsten进行估计后，经济波动项系数为－0.113，且在5%的显著水平上显著，经济波动和金融发展交叉项系数为0.077，亦不显著。

表5－9　2011—2014年规模以上工业企业数据回归结果

（采用信贷指标衡量金融发展）

项目	狭义自主创新占比 *nrrd*		广义自主创新占比 *grrd*	
	基本回归结果	Prais－Winsten估计结果	基本回归结果	Prais－Winsten估计结果
vgdp	－0.161* （－1.90）	－0.138* （－1.68）	－0.122** （－2.09）	－0.113** （－2.05）
vgdp×*credit*	0.126* （1.72）	0.112 （1.58）	0.079 （1.55）	0.077 （1.62）
credit	－0.184** （－1.99）	－0.169* （－1.97）	－0.023 （－0.36）	－0.007 （－0.14）
ln*minc*	－0.102 （－1.35）	－0.082 （－1.20）	－0.082 （－1.58）	－0.059 （－1.28）
ln*tec*	0.037 （1.18）	0.024*** （0.80）	0.035 （1.61）	0.023 （1.11）
ln*tim*	－0.007 （－0.79）	－0.009 （－1.07）	－0.003 （－0.56）	－0.004 （－0.80）
rpublic	－0.103 （－0.50）	－0.071 （－0.37）	－0.230 （－1.62）	－0.213 （－1.63）

续表

项目	狭义自主创新占比 *nrrd*		广义自主创新占比 *grrd*	
	基本回归结果	Prais – Winsten 估计结果	基本回归结果	Prais – Winsten 估计结果
常数项	1.973** (2.47)	1.874** (2.54)	1.464*** (2.65)	1.317*** (2.65)
地区效应	是	是	是	是
时间效应	是	是	是	是
R – squared	0.2643	0.9670	0.2855	0.9863
ρ(ar)		–0.309		–0.338
N	120	120	120	120

注：①***、**、*分别表示在1%、5%和10%的显著水平上显著；②括号内为 *t* 值。

从表5 – 10中可以看出，当以狭义自主创新占比为因变量时，基本回归结果显示经济波动项系数为 – 0.198，且在5%的显著水平上显著，经济波动和金融发展交叉项系数为0.069，且在5%的显著水平上显著。说明金融发展程度的变化的确会影响经济波动和狭义自主创新占比之间的关系。考虑到模型可能存在序列相关性问题，我们采用 Prais – Winsten 进行估计，从估计结果可以看出，经济波动项系数为 – 0.175，且在5%的显著水平上显著，经济波动和金融发展交叉项系数为0.063，且在5%的显著水平上显著。当以广义自主创新占比为因变量时，基本回归结果显示经济波动项系数为 – 0.142，且在5%的显著水平上显著，经济波动和金融发展交叉项系数为0.041，也在5%的显著水平上显著。在采用 Prais – Winsten进行估计后，经济波动项系数为 – 0.132，且在5%的显著水平上显著，经济波动和金融发展交叉项系数为0.040，亦在5%的显著水平上显著。我们通过对比表5 – 9和表5 – 10的结果不难发现，无论是采取狭义自主创新占比还是广义自主创新占比，采取信贷指标还是金融相关性指标，回归结果除了显著性有些变化外，其余方面均变化不大。采用 Prais – Winsten 法估计的结果与基本回归结果相比变化不大，说明估计结果是稳健的。表5 – 9和表5 – 10的回归结果显示，经济波动项系数显著为负，金融发展项系数显著为负，经济波动和金融发展交叉项系数显著为正。说明2011—2014年，金融发展程度越高，自主创新占比与经济波动越偏向正相关，即越是金融发展程度高的地方，经济波动加剧越有利于技术进步模式向自主创新型技术进步模式转变。经济波动越剧烈，自主创新占比与金融发展程度越偏向正相关，即经济波动越剧烈的时候，金融发展程度的提升越是有利于技术进步模式向自主创新型技术进步模式转变。

表5-10　2011—2014年规模以上工业企业数据回归结果

（采用金融相关性指标衡量金融发展）

项目	狭义自主创新占比 *nrrd*		广义自主创新占比 *grrd*	
	基本回归结果	Prais - Winsten估计结果	基本回归结果	Prais - Winsten估计结果
vgdp	-0.198** (-2.45)	-0.175** (-2.27)	-0.142** (-2.53)	-0.132** (-2.56)
vgdp × *finance*	0.069** (2.31)	0.063** (2.23)	0.041** (1.99)	0.040** (2.11)
finance	-0.112** (-1.97)	-0.098* (-1.84)	-0.014 (-0.37)	-0.001*** (-0.03)
ln*minc*	-0.096 (-1.30)	-0.076 (-1.14)	-0.084* (-1.65)	-0.062 (-1.40)
ln*tec*	0.034 (1.10)	0.020 (0.67)	0.035* (1.65)	0.023 (1.16)
ln*tim*	-0.007 (-0.76)	-0.009 (-1.02)	-0.003 (-0.59)	-0.005 (-0.84)
rpublic	-0.101* (-0.50)	-0.060 (-0.31)	-0.226 (-1.61)	-0.204 (-1.59)
常数项	2.261*** (2.62)	2.106*** (2.65)	1.513** (2.54)	1.317** (2.48)
地区效应	是	是	是	是
时间效应	是	是	是	是
R - squared	0.2805	0.9668	0.2988	0.9875

续表

项目	狭义自主创新占比 *nrrd*		广义自主创新占比 *grrd*	
	基本回归结果	Prais - Winsten 估计结果	基本回归结果	Prais - Winsten 估计结果
ρ(ar)		-0.305		-0.348
N	120	120	120	120

注:①***、**、*分别表示在1%、5%和10%的显著水平上显著;②括号内为 t 值。

对比表5-7至表5-10的结果不难发现,经济波动和金融发展变量交叉项系数在2005—2010年显著为负,在2011—2014年显著为正,符号刚好相反,这看似背离的结论其实是符合本书前面的理论分析的。我们在前面已经通过综述已有文献和观察实际数据得出2010年左右是我国技术进步模式的转折点,在2010年之前,我国与世界技术前沿的技术差距较大,技术引进的方式较为合适;在2010年以后,我国与世界技术前沿的技术差距较小,采取自主创新方式能够带来更高的回报。通过理论模型分析发现,在技术差距较大时,随着金融发展程度的提升,经济波动和自主创新占比之间更偏向负相关,在技术差距较小时,随着金融发展程度的提升,经济波动和自主创新占比之间更偏向正相关,理论模型的结论和表5-7至表5-10的结论相吻合。

当然,2010年前后这两者关系背离的原因也可能是样本统计口径的变动,但本书认为我国大中型工业企业在规模以上工业企业中占主要部分①,因此统计口径变化产生的影响有限。另外,我们可以根据2008—2009年和2011—2014年规模以上工业企业数据进行对比分析检验同一统计口径下,经济波动和金融发展变量交叉项是否会发生变化。为了简化分析,此处仅采用信贷指标作为金融发展衡量指标,回归结果如表5-11所示。在表5-11中第二列和第三列为基于2008—2009年数据进行回归的结果,可以看出,在此期间经济波动和金融发展交叉项系数为

① 例如2008年和2009年我国大中型工业企业引进国外技术的费用分别占规模以上工业企业引进国外技术费用的94%和93%,R&D支出分别占规模以上工业企业研发支出的87%和85%。

负,与2011—2014年系数刚好相反。第四列和第五列为引入时间虚拟变量、经济波动和金融发展交叉项进行回归的结果。时间虚拟变量 *year* 为0~1变量,当样本属于2011—2014年时,*year* 值为1,当样本属于2008—2009年时,*year* 值为0。由回归结果可以看到,当以狭义自主创新占比为因变量时,时间虚拟变量、经济波动和金融发展交叉项系数为0.026,且在5%的显著水平上显著,当以广义自主创新占比为因变量时,时间虚拟变量、经济波动和金融发展交叉项系数为0.008,但不显著。时间虚拟变量、经济波动和金融发展交叉项为正,说明与2008—2009年相比,2011—2014年经济波动和金融发展交叉项系数更偏向于正。以上几点均说明2010年前后结论背离不是因为统计口径的变化。

表5-11　2008—2014年规模以上工业企业数据回归结果

项目	2008—2009年单独回归结果		2011—2014年合并回归结果	
	狭义自主创新占比 *nrrd*	广义自主创新占比 *grrd*	狭义自主创新占比 *nrrd*	广义自主创新占比 *grrd*
vgdp	0.102 (1.12)	0.081* (1.45)	-0.032** (-1.20)	-0.033** (-1.97)
year × *vgdp* × *credit*			0.026** (2.06)	0.008 (1.06)
vgdp × *credit*	-0.035 (-1.09)	-0.030 (-1.53)	0.013 (1.48)	0.011** (2.12)
credit	0.248 (1.01)	0.225 (1.50)	0.014 (0.27)	0.046 (1.41)
ln*minc*	-0.222 (-0.49)	0.032 (0.12)	-0.069 (-1.05)	-0.095** (-2.28)
ln*tec*	0.186** (2.32)	0.120** (2.48)	0.097*** (4.16)	0.078*** (5.25)
ln*tim*	-0.114 (-0.93)	-0.081 (-1.10)	0.018 (1.39)	0.017** (2.11)
rpublic	0.457 (0.28)	0.387 (0.39)	-0.094 (-0.39)	-0.160 (-1.03)

续表

项目	2008—2009 年单独回归结果		2011—2014 年合并回归结果	
	狭义自主创新占比 *nrrd*	广义自主创新占比 *grrd*	狭义自主创新占比 *nrrd*	广义自主创新占比 *grrd*
常数项	0.691** (0.14)	−1.176** (−0.38)	0.371*** (0.45)	0.680*** (1.31)
地区效应	是	是	是	是
时间效应	是	是	是	是
R − squared	0.4205	0.3104	0.4808	0.3754
N	60	60	180	180

注：①***、**、*分别表示在1%、5%和10%的显著水平上显著；②括号内为 *t* 值。

两个样本回归结果不同还有可能是两个时期所处的经济周期环境不同导致。为了检验经济周期对经济波动和金融发展交互项系数的影响，我们引入产出缺口、经济波动和金融发展三项交互项进行回归。为了简化分析，本部分仅采用信贷指标衡量金融发展，仅基于双向固定效应模型进行回归，回归结果如表 5 – 12 所示。我们需要弄清两个问题：第一，产出缺口、经济波动和金融发展三项交互项系数是否显著。如果不显著，则说明产出缺口对经济波动和金融发展交互项系数的影响不明显。两个样本回归结果不同并不是经济周期环境不同所致。第二，如果三项交互项系数显著，引入该交互项前后，经济波动和金融发展交互项系数如何变化。如果经济波动和金融发展交互项系数变化不大，说明虽然产出缺口对经济波动和金融发展交互项系数存在影响，但影响不大，两个样本回归结果不同亦并不是经济周期环境不同所致。如果经济波动和金融发展交互项系数变化很大，则说明产出缺口对经济波动和金融发展交互项系数存在较大影响。但此时还涉及影响方向的问题，即引入产出缺口变量后，两个样本中经济波动和金融发展交互项系数差异程度是扩大了还是缩小了，如果缩小了，则说明这种反差的确是由经济周期环境不同所致，如果扩大了，则说明这种反差并非由经济周期环境不同所致。

由表 5 – 12 可以看出，2005—2010 年，当以狭义自主创新占比为因变量时，产出缺口、经济波动和金融发展三项交互项系数为0.279，但不显著。当以广义自主创新占比为因变量时，产出缺口、经济波动和金融发展三项交互项系数为0.156，也不显著。2011—2014年，当因变量为狭义自主创新占比时，产出缺口、经济波动和金融发展三项交互项系数为-0.706，亦不显著。当因变量为广义自主创新占比时，产出缺口、经济波动和金融发展三项交互项系数为-0.572，且在10%的显著水平上显著。引入产出缺口后，经济波动和金融发展交互项依然在2005—2010年为负，在2011—2014年为正，即反差依然存在。系数大小方面，与基本回归相比，2005—2010年，系数绝对值变小，即有利于差异缩小，2011—2014年，系数绝对值变大，即促使差异扩大。两者相抵，引入产出缺口前后，经济波动和金融发展交互项系数差异程度未发生较大变化。根据上述分析，我们可以看出两个样本回归结果不同并非因为两个时期所处的经济周期环境不同。

表5-12　引入产出缺口的回归结果

项目	2005—2010年回归结果		2011—2014年回归结果	
	狭义自主创新占比 *nrrd*	广义自主创新占比 *grrd*	狭义自主创新占比 *nrrd*	广义自主创新占比 *grrd*
vgdp	0.042 (1.16)	0.028 (1.54)	-0.174** (-2.03)	-0.131** (-2.24)
vgdp × *credit*	-0.041 (-1.33)	-0.032** (-2.03)	0.152** (1.98)	0.098* (1.86)
cycle × *vgdp* × *credit*	0.279 (1.29)	0.156 (1.42)	-0.706 (-1.52)	-0.572* (-1.80)
cycle	-1.444*** (-3.00)	-0.342 (-1.39)	0.036 (0.09)	-0.033 (-0.12)
credit	0.361** (2.02)	0.320*** (3.51)	-0.293*** (-2.58)	-0.117 (-1.50)
ln*minc*	0.048 (0.67)	-0.033 (-0.91)	-0.076 (-0.99)	-0.060 (-1.15)
ln*tec*	0.072*** (3.12)	0.057*** (4.80)	0.030*** (0.96)	0.029 (1.33)

续表

项目	2005—2010 年回归结果		2011—2014 年回归结果	
	狭义自主创新占比 *nrrd*	广义自主创新占比 *grrd*	狭义自主创新占比 *nrrd*	广义自主创新占比 *grrd*
ln*tim*	-0.003 (-0.10)	-0.001 (-0.09)	-0.006 (-0.67)	-0.002 (-0.38)
rpublic	-0.373 (-1.29)	-0.086 (-0.59)	-0.015 (-0.07)	-0.155 (-1.07)
常数项	-1.205 (-0.89)	0.469 (0.68)	2.019** (2.53)	1.507*** (2.77)
地区效应	是	是	是	是
时间效应	是	是	是	是
R - squared	0.2945	0.2251	0.2893	0.3230
N	180	180	120	120

注:①***、**、*分别表示在1%、5%和10%的显著水平上显著;②括号内为 *t* 值。

为了检验经济波动和金融发展交叉项系数是否存在地区性差异,我们进一步引入地区虚拟变量、经济波动和金融发展程度三者交叉项进行回归。表5-13和表5-14为基于2005—2010年数据的回归结果。在表5-13中,我们采用信贷指标衡量金融发展程度,并分别采用双向固定效应模型和Prais-Winsten法进行回归。从回归结果可以看出,当以狭义自主创新占比为因变量时,基本回归结果显示地区虚拟变量、经济波动和金融发展程度三者交叉项系数为0.002,但不显著。采用Prais-Winsten法进行回归时,地区虚拟变量、经济波动和金融发展程度三者交叉项系数为0.006,但不显著。当以广义自主创新占比为因变量时,基本回归结果显示地区虚拟变量、经济波动和金融发展程度三者交叉项系数为0.008,但不显著。采用Prais-Winsten法进行回归时,地区虚拟变量、经济波动和金融发展程度三者交叉项系数为0.013,但不显著。

表 5-13 2005—2010 年考虑地区差异的回归结果(采用信贷指标衡量金融发展)

项目	狭义自主创新占比 *nrrd*		广义自主创新占比 *grrd*	
	基本回归结果	Prais - Winsten 估计结果	基本回归结果	Prais - Winsten 估计结果
vgdp	0.063 (1.49)	0.075* (1.85)	0.046** (2.22)	0.060*** (3.17)
vgdp × *credit*	-0.063 (-1.60)	-0.075* (-1.97)	-0.049** (-2.50)	-0.060*** (-3.46)
east × *vgdp* × *credit*	0.002 (0.14)	0.006 (0.32)	0.008 (0.88)	0.013 (1.46)
credit	0.444** (2.43)	0.479*** (2.78)	0.320*** (3.53)	0.340*** (4.32)
ln*minc*	-0.004 (-0.06)	-0.026 (-0.37)	-0.035 (-0.96)	-0.048 (-1.43)
ln*tec*	0.072*** (2.97)	0.079*** (3.35)	0.055*** (4.60)	0.060*** (5.45)
ln*tim*	-0.010 (-0.32)	-0.009 (-0.30)	-0.005 (-0.35)	-0.004 (-0.28)
rpublic	-0.432 (-1.47)	-0.447 (-1.57)	-0.089 (-0.61)	-0.107 (-0.81)
常数项	-0.339 (-0.25)	-0.072 (-0.06)	0.537*** (0.79)	0.692 (1.15)
地区效应	是	是	是	是
时间效应	是	是	是	是
R - squared	0.2466	0.7066	0.2149	0.9237
ρ(ar)		-0.146		-0.298
N	180	180	180	180

注:①***、**、*分别表示在1%、5%和10%的显著水平上显著;②括号内为 *t* 值。

在表 5-14 中,我们采用金融相关性指标衡量金融发展程度。从回归结果可以看出,当以狭义自主创新占比为因变量时,基本回归结果显示地区虚拟变量、经济波动和金融发展程度三者交叉项系数为 -0.003,但不显著。采用 Prais - Winsten 法进行回归时,地区虚拟变量、经济波动和金融发展程度三者交叉项系数为 -0.003,但不显著。当以广义自主创新占比为因变量时，基本回归结果显示地区虚拟变量、经济波动和金融发展程度三者交叉项系数为0.004，但不显著。采用Prais - Winsten法进行回归时，地区虚拟变量、经济波动和金融发展程度三者交叉项系数为0.005，但不显著。

表5-14　2005—2010年考虑地区差异的回归结果

（采用金融相关性指标衡量金融发展）

项目	狭义自主创新占比 *nrrd*		广义自主创新占比 *grrd*	
	基本回归结果	Prais - Winsten估计结果	基本回归结果	Prais - Winsten估计结果
vgdp	0.052 (1.34)	0.061 (1.62)	0.044** (2.17)	0.054*** (2.96)
vgdp × *finance*	-0.022 (-1.53)	-0.025* (-1.84)	-0.019** (-2.54)	-0.023*** (-3.38)
east × *vgdp* × *finance*	-0.003 (-0.48)	-0.003 (-0.44)	0.004 (1.13)	0.005 (1.59)
finance	0.286*** (3.40)	0.308*** (3.93)	0.114*** (2.64)	0.131*** (3.46)
ln*minc*	-0.006 (-0.08)	-0.034 (-0.49)	-0.038 (-1.04)	-0.047 (-1.39)
ln*tec*	0.081*** (3.35)	0.090*** (3.88)	0.053*** (4.31)	0.058*** (5.13)
ln*tim*	-0.005 (-0.18)	-0.002 (-0.08)	-0.004 (-0.27)	-0.001 (-0.12)
rpublic	-0.520* (-1.78)	-0.552** (-1.98)	-0.042 (-0.28)	-0.060 (-0.44)
常数项	-1.182 (-0.86)	-0.903 (-0.69)	0.579 (0.82)	0.595 (0.94)
地区效应	是	是	是	是
时间效应	是	是	是	是
R - squared	0.2724	0.7409	0.1901	0.9148
ρ(ar)		-0.175		-0.284
N	180	180	180	180

注：①***、**、*分别表示在1%、5%和10%的显著水平上显著；②括号内为*t*值。

表5－15和表5－16为基于2011—2014年数据的回归结果。同样分别采用双向固定效应模型和Prais－Winsten法进行回归。在表5－15中,我们采用信贷指标衡量金融发展程度。从回归结果可以看出,当以狭义自主创新占比为因变量时,基本回归结果显示地区虚拟变量、经济波动和金融发展程度三者交叉项系数为0.093,且在1%的显著水平上显著。采用Prais－Winsten法进行回归时,地区虚拟变量、经济波动和金融发展程度三者交叉项系数为0.106,且在1%的显著水平上显著。当以广义自主创新占比为因变量时,基本回归结果显示地区虚拟变量、经济波动和金融发展程度三者交叉项系数为0.070,且在1%的显著水平上显著。采用Prais－Winsten法进行回归时,地区虚拟变量、经济波动和金融发展程度三者交叉项系数为0.075,且在1%的显著水平上显著。

表5－15　2011—2014年考虑地区差异的回归结果

(采用信贷指标衡量金融发展)

项目	狭义自主创新占比 *nrrd*		广义自主创新占比 *grrd*	
	基本回归结果	Prais－Winsten估计结果	基本回归结果	Prais－Winsten估计结果
vgdp	－0.132 (－1.60)	－0.104 (－1.33)	－0.100* (－1.78)	－0.091* (－1.74)
vgdp × *credit*	0.055 (0.72)	0.026 (0.36)	0.025 (0.49)	0.018 (0.37)
east × *vgdp* × *credit*	0.093*** (2.64)	0.106*** (3.04)	0.070*** (2.89)	0.075*** (3.18)
credit	－0.172* (－1.92)	－0.145* (－1.78)	－0.013 (－0.22)	－0.008 (0.16)
ln*minc*	－0.129* (－1.75)	－0.118* (－1.80)	－0.103** (－2.04)	－0.085* (－1.93)
ln*tec*	0.029 (0.94)	0.016 (0.56)	0.029 (1.37)	0.017 (0.91)
ln*tim*	－0.004 (－0.43)	－0.005 (－0.59)	－0.000 (－0.15)	－0.001 (－0.26)
rpublic	－0.038 (－0.19)	－0.053 (－0.29)	－0.182 (－1.33)	－0.204 (－1.66)

续表

项目	狭义自主创新占比 *nrrd*		广义自主创新占比 *grrd*	
	基本回归结果	Prais - Winsten 估计结果	基本回归结果	Prais - Winsten 估计结果
常数项	2.222*** (2.86)	2.186*** (3.10)	1.651*** (3.10)	1.538*** (3.25)
地区效应	是	是	是	是
时间效应	是	是	是	是
R - squared	0.3240	0.9769	0.3	0.9894
ρ(ar)		-0.351		-0.361
N	120	120	120	120

注:①***、**、*分别表示在1%、5%和10%的显著水平上显著;②括号内为 *t* 值。

在表5-16中,我们采用金融相关性指标衡量金融发展程度。从回归结果可以看出,当以狭义自主创新占比为因变量时,基本回归结果显示地区虚拟变量、经济波动和金融发展程度三者交叉项系数为0.041,且在1%的显著水平上显著。采用Prais-Winsten法进行回归时,地区虚拟变量、经济波动和金融发展程度三者交叉项系数为0.046,且在1%的显著水平上显著。当以广义自主创新占比为因变量时,基本回归结果显示地区虚拟变量、经济波动和金融发展程度三者交叉项系数为0.030,且在1%的显著水平上显著。采用Prais-Winsten法进行回归时,地区虚拟变量、经济波动和金融发展程度三者交叉项系数为0.032,且在1%的显著水平上显著。

表5-16 2011—2014年考虑地区差异的回归结果

(采用金融相关性指标衡量金融发展)

项目	狭义自主创新占比 *nrrd*		广义自主创新占比 *grrd*	
	基本回归结果	Prais - Winsten 估计结果	基本回归结果	Prais - Winsten 估计结果
vgdp	-0.162** (-2.05)	-0.131* (-1.79)	-0.115** (-2.12)	-0.103** (-2.11)
vgdp×finance	0.035 (1.13)	0.022 (0.75)	0.016 (0.74)	0.011 (0.60)

续表

项目	狭义自主创新占比 *nrrd*		广义自主创新占比 *grrd*	
	基本回归结果	Prais - Winsten 估计结果	基本回归结果	Prais - Winsten 估计结果
east × *vgdp* × *finance*	0.041*** (2.79)	0.046*** (3.16)	0.030*** (3.00)	0.032*** (3.27)
finance	-0.123** (-2.25)	0.099** (-1.99)	-0.022 (-0.61)	-0.002 (-0.07)
ln*minc*	-0.128* (-1.78)	-0.118* (-1.83)	-0.108** (-2.19)	-0.092** (-2.15)
ln*tec*	0.026 (0.87)	0.013 (0.46)	0.029 (1.43)	0.019 (1.02)
ln*tim*	-0.004 (-0.43)	-0.005 (-0.58)	-0.001 (-0.23)	-0.002 (-0.35)
rpublic	-0.045 (-0.23)	-0.054 (-0.30)	-0.185 (-1.37)	-0.205* (-1.70)
常数项	2.670*** (3.18)	2.535*** (3.33)	1.815*** (3.14)	1.617*** (3.18)
地区效应	是	是	是	是
时间效应	是	是	是	是
R - squared	0.3449	0.9774	0.3706	0.9905
ρ(ar)		-0.350		-0.373
N	120	120	120	120

注：①***、**、*分别表示在1%、5%和10%的显著水平上显著；②括号内为 *t* 值。

从表5-15和表5-16结果可以看出，无论是采取狭义自主创新占比还是广义自主创新占比，采取信贷指标还是金融相关性指标，结果都变化不大，结论较为稳健。地区虚拟变量、经济波动和金融发展程度三者交叉项系数主要为正，说明金融发展程度一定时，与非东部地区相比，东部地区自主创新占比与经济波动更偏向正相关。即与非东部地区相比，东部地区经济波动加剧更有利于促进技术进步模式向自主创新型技术进步模式转变。同时，经济波动一定时，与非东部地区相比，东部地区自主创新占比与金融发展程度更偏向正相关。即东部地区金融发展程度的提升更能促进技术进步模式向自主创新型技术进步模式转变。东部地区的经济普遍较为发达,开放度更高,技术水平相对较高,与世界技术前沿之间的技术差距更小。相对非东部地区而言,东部地区自主创新对生产率贡献更大,因此东部地区更注重自主创新,从而导致东部地区和非东部地区存在明显差异。当然,我们也看到在2005—2010年,地区虚拟变量、经济波动和金融发展程度三者交叉项系数不显著,而在2011—2014年该系数很显著,这说明经济波动和金融发展交叉项系数的确存在地区性差异,但是主要表现在2011—2014年。

为了检验国有企业占比对经济波动和金融发展交叉项系数是否存在影响,我们引入国有企业占比、经济波动和金融发展三项交叉项进行回归,结果如表5-17至表5-20所示。基于2005—2010年数据进行分析的结果如表5-17和表5-18所示,我们分别采用信贷指标和金融相关性指标衡量金融发展程度,并分别采用双向固定效应模型和Prais-Winsten法进行回归。从表5-17中可以看出,当以狭义自主创新占比为因变量时,基本回归结果显示国有企业占比、经济波动和金融发展程度三者交叉项系数为0.007,但不显著。采用Prais-Winsten法进行回归时,国有企业占比、经济波动和金融发展程度三者交叉项系数为0.007,但不显著。当以广义自主创新占比为因变量时,基本回归结果显示国有企业占比、经济波动和金融发展程度三者交叉项系数为-0.068,但不显著。采用Prais-Winsten法进行回归时,国有企业占比、经济波动和金融发展程度三者交叉项系数为-0.082,且在5%的显著水平上显著。

表5-17　2005—2010年考虑国企占比的回归结果

(采用信贷指标衡量金融发展)

项目	狭义自主创新占比 *nrrd*		广义自主创新占比 *grrd*	
	基本回归结果	Prais-Winsten估计结果	基本回归结果	Prais-Winsten估计结果
vgdp	0.059 (1.61)	0.068* (1.92)	0.042** (2.33)	0.051*** (3.19)

续表

项目	狭义自主创新占比 *nrrd*		广义自主创新占比 *grrd*	
	基本回归结果	Prais - Winsten 估计结果	基本回归结果	Prais - Winsten 估计结果
vgdp × *credit*	-0.062 (-1.51)	-0.069* (-1.75)	-0.017 (-0.86)	-0.018 (-0.99)
rpublic × *vgdp* × *credit*	0.007 (0.09)	0.007 (0.09)	-0.068 (-1.62)	-0.082** (-2.16)
credit	0.451** (2.44)	0.490*** (2.79)	0.299*** (3.27)	0.312*** (3.92)
ln*minc*	-0.007 (-0.10)	-0.031 (-0.45)	-0.036 (-1.01)	-0.050 (-1.55)
ln*tec*	0.073*** (3.04)	0.080*** (3.44)	0.056*** (4.72)	0.061*** (5.67)
ln*tim*	-0.009 (-0.28)	-0.007 (-0.23)	-0.007 (-0.42)	-0.006 (-0.42)
rpublic	-0.452 (-1.35)	-0.472 (-1.46)	0.025 (0.16)	0.026 (0.18)
常数项	-0.317 (-0.24)	-0.020 (-0.02)	0.569 (0.85)	0.755 (1.28)
地区效应	是	是	是	是
时间效应	是	是	是	是
R - squared	0.2465	0.7034	0.2253	0.9266
ρ(ar)		-0.142		-0.301
N	180	180	180	180

注：①***、**、*分别表示在1%、5%和10%的显著水平上显著；②括号内为 *t* 值。

从表5-18中可以看出，当以狭义自主创新占比为因变量时，基本回归结果显示国有企业占比、经济波动和金融发展程度三者交叉项系数为0.011，但不显著。采用 Prais - Winsten 法进行回归时，国有企业占比、经济波动和金融发展程度三者交叉项系数为0.011，但不显著。当以广义自主创新占比为因变量时，基本回归结果显示国有企业占比、经济波动和金融发展程度三者交叉项系数为-0.029，且在10%的显著水平上显著。采用 Prais - Winsten 法进行回归时，国有企业占比、经济波动和金融发展程度三者交叉项系数为 -0.036，且在 5% 的显著水平上显著。不难看出，2005—2010 年，国企占比、经济波动和金融发展三项交叉项系数存在变化，当因变量为狭义自主创新占比时，该系数不显著，当因变量为广义自主创新占比时，该系数显著为负。

表 5-18　2005—2010 年考虑国企占比的回归结果

（采用金融相关性指标衡量金融发展）

项目	狭义自主创新占比 *nrrd*		广义自主创新占比 *grrd*	
	基本回归结果	Prais - Winsten 估计结果	基本回归结果	Prais - Winsten 估计结果
vgdp	0.060* (1.77)	0.068** (2.09)	0.036** (2.10)	0.045*** (2.91)
vgdp × *finance*	-0.030* (-1.92)	-0.033** (-2.21)	-0.004 (-0.52)	-0.004 (-0.57)
rpublic × *vgdp* × *finance*	0.011 (0.35)	0.011 (0.38)	-0.029* (-1.86)	-0.036** (-2.51)
finance	0.284*** (3.37)	0.308*** (3.92)	0.108** (2.52)	0.123*** (3.32)
ln*minc*	-0.002 (-0.04)	-0.031 (-0.45)	-0.039 (-1.08)	-0.049 (-1.49)
ln*tec*	0.079*** (3.34)	0.089*** (3.88)	0.054*** (4.48)	0.060*** (5.45)
ln*tim*	-0.006 (-0.19)	-0.002 (-0.08)	-0.005 (-0.33)	-0.004 (-0.27)
rpublic	-0.550* (-1.69)	-0.586* (-1.88)	0.074 (0.45)	0.072 (0.49)
常数项	-1.204 (-0.88)	-0.930 (-0.72)	0.592 (0.84)	0.623*** (1.00)
地区效应	是	是	是	是
时间效应	是	是	是	是
R - squared	0.2719	0.7419	0.2029	0.9249
ρ(ar)		-0.176		-0.302
N	180	180	180	18

注：①***、**、*分别表示在 1%、5% 和 10% 的显著水平上显著；②括号内为 *t* 值。

基于2011—2014年数据进行分析的结果如表5-19和表5-20所示。表5-19为以信贷指标衡量金融发展程度进行回归的结果。当以狭义自主创新占比为因变量时,基本回归结果显示国有企业占比、经济波动和金融发展程度三者交叉项系数为-0.497,且在1%的显著水平上显著。采用Prais-Winsten法进行回归时,国有企业占比、经济波动和金融发展程度三者交叉项系数为-0.579,且在1%的显著水平上显著。当以广义自主创新占比为因变量时,基本回归结果显示国有企业占比、经济波动和金融发展程度三者交叉项系数为-0.420,且在1%的显著水平上显著。采用Prais-Winsten法进行回归时,国有企业占比、经济波动和金融发展程度三者交叉项系数为-0.458,且在1%的显著水平上显著。

表5-19 2011—2014年考虑国企占比的回归结果

(采用信贷指标衡量金融发展)

项目	狭义自主创新占比 *nrrd*		广义自主创新占比 *grrd*	
	基本回归结果	Prais-Winsten估计结果	基本回归结果	Prais-Winsten估计结果
vgdp	-0.218*** (-2.61)	-0.186** (-2.38)	-0.170*** (-3.03)	-0.153*** (-3.01)
vgdp × *credit*	0.323*** (3.31)	0.322*** (3.55)	0.245*** (3.73)	0.245*** (4.13)
rpublic × *vgdp* × *credit*	-0.497*** (-2.90)	-0.579*** (-3.43)	-0.420*** (-3.64)	-0.458*** (-4.13)
credit	-0.245*** (-2.68)	-0.221*** (-2.72)	-0.074 (-1.21)	-0.048 (-0.91)
ln*minc*	-0.112 (-1.55)	-0.093 (-1.48)	-0.091* (-1.88)	-0.068 (-1.65)
ln*tec*	0.022 (0.72)	0.005 (0.19)	0.022 (1.08)	0.008 (0.44)
ln*tim*	-0.003 (-0.42)	-0.005 (-0.69)	-0.000 (-0.08)	-0.001 (-0.30)
rpublic	0.153 (0.71)	0.172 (0.90)	-0.013 (-0.10)	-0.025 (-0.20)

续表

项目	狭义自主创新占比 *nrrd*		广义自主创新占比 *grrd*	
	基本回归结果	Prais - Winsten 估计结果	基本回归结果	Prais - Winsten 估计结果
常数项	2.239*** (2.91)	2.168*** (3.14)	1.689*** (3.26)	1.545*** (3.43)
地区效应	是	是	是	是
时间效应	是	是	是	是
R - squared	0.3352	0.9804	0.3883	0.9920
ρ(ar)		-0.376		-0.395
N	120	120	120	120

注:①***、**、*分别表示在1%、5%和10%的显著水平上显著;②括号内为 *t* 值。

表5-20为以金融相关性指标衡量金融发展程度进行回归的结果。当以狭义自主创新占比为因变量时,基本回归结果显示国有企业占比、经济波动和金融发展程度三者交叉项系数为-0.218,且在1%的显著水平上显著。采用Prais-Winsten法进行回归时,国有企业占比、经济波动和金融发展程度三者交叉项系数为-0.246,且在1%的显著水平上显著。当以广义自主创新占比为因变量时,基本回归结果显示国有企业占比、经济波动和金融发展程度三者交叉项系数为-0.181,且在1%的显著水平上显著。采用Prais-Winsten法进行回归时,国有企业占比、经济波动和金融发展程度三者交叉项系数为-0.192,且在1%的显著水平上显著。

表5-20　2011—2014年考虑国企占比的回归结果

(采用金融相关性指标衡量金融发展)

项目	狭义自主创新占比 *nrrd*		广义自主创新占比 *grrd*	
	基本回归结果	Prais - Winsten 估计结果	基本回归结果	Prais - Winsten 估计结果
vgdp	-0.244*** (-3.11)	-0.203*** (-2.83)	-0.179*** (-3.40)	-0.155*** (-3.34)
vgdp × *finance*	0.151*** (3.90)	0.145*** (4.14)	0.109*** (4.19)	0.104*** (4.58)

续表

项目	狭义自主创新占比 *nrrd*		广义自主创新占比 *grrd*	
	基本回归结果	Prais - Winsten 估计结果	基本回归结果	Prais - Winsten 估计结果
rpublic × *vgdp* × *finance*	-0.218*** (-3.12)	-0.246*** (-3.58)	-0.181*** (-3.85)	-0.192*** (-4.27)
finance	-0.168*** (-2.94)	-0.145*** (-2.85)	-0.060 (-1.58)	-0.037 (-1.13)
ln*minc*	-0.104 (-1.49)	-0.083 (-1.35)	-0.091* (-1.93)	-0.068* (-1.71)
ln*tec*	0.019 (0.66)	0.002 (0.10)	0.023 (1.16)	0.010 (0.57)
ln*tim*	-0.003 (-0.40)	-0.005 (-0.65)	-0.000 (-0.15)	-0.002 (-0.37)
rpublic	0.154 (0.73)	0.173 (0.92)	-0.014 (-0.10)	-0.029 (-0.25)
常数项	2.745*** (3.30)	2.554*** (3.43)	1.915*** (3.42)	1.659*** (3.44)
地区效应	是	是	是	是
时间效应	是	是	是	是
R - squared	0.3596	0.9807	0.9905	0.9927
ρ(ar)		-0.373		-0.405
N	120	120	120	120

注:①***、*分别表示在1%和10%的显著水平上显著;②括号内为 t 值。

表5-19和表5-20各项回归结果变化不大,结论较为稳健。国企占比、经济波动和金融发展三项交叉项系数显著为负。说明国企占比越高的地区,经济波动和金融发展交叉项系数越偏向负,国企占比越低的地区,经济波动和金融发展交叉项系数越偏向正,即金融发展程度一定时,国企占比越高,经济波动加剧越不利于技术进步模式向自主创新型技术进步模式转变。经济波动一定时,国企占比越高,金融发展程度的提升越不利于技术进步模式向自主创新型技术进步模式转变。这可能是因为国

企占比越高的地区，政府行政干预越严重，行政垄断程度越高，经济波动难以撼动国有企业的市场地位，因此国有企业进行自主创新的动力不足。同样，由于不担心市场地位的下降，随着金融发展程度的提升，国有企业也没有动力将资金多分配给自主创新部门，因此金融发展程度提升对技术进步模式转变的促进效应也没有国企占比低的地区强烈。另外，根据陆剑、柳剑平和程时雄（2014）的研究，垄断程度较高的行业技术差距缩小的进程较为缓慢，甚至处于停滞状态。国企占比高的地区，可能行政垄断现象较为普遍，因此技术水平相对较低，技术差距相对较大，从而经济波动和金融发展交叉项更偏向负相关。当然，2005—2010 年国企占比、经济波动和金融发展三项交叉项系数显著性不及 2011—2014 年，说明这种效应主要体现在 2011—2014 年。

通过上面的分析我们可以看出，经济波动和金融发展对技术进步模式的影响存在时间上的差异和空间上的差异，而且随着国企占比的不同也会产生差异。根据理论模型，经济波动和金融发展交叉项系数主要取决于金融机构配置资金时是偏向自主创新还是技术引进，而金融机构做出这种配置的依据是自主创新和技术引进投资预期收益和相对风险的大小。因此在 2010 年以前，技术差距较大，技术引进的方式能够带来较高的回报，在非东部地区，技术水平相对落后，技术引进能够带来较高的回报，在国企占比较高的地区，行政垄断较为严重，而且技术差距一般较大，同样技术引进能够带来较高的回报，因此实证分析的结论均与理论模型的结论相符。

此外，各控制变量系数也相当稳健。主营业务收入项系数为负，但不显著。技术存量系数为正，技术引进数量系数为负，这可能是因为研发基础越好的企业越倾向于进行自主创新，而偏向于采取技术引进的企业在自主创新方面则表现较为薄弱，这一结论与刘小鲁（2009）的研究结论相符。国企占比系数为负，说明国企占比较高的地区不利于技术进步模式的转变，这可能是因为国企占比越高，行政性垄断越严重，企业越没有进行技术进步模式转变的动机,这一结论与顾元媛和沈坤荣(2012)的研究结论相符。

(2)考虑经济波动类型、经济波动持续时间长度的回归结果

除了金融发展程度以外,经济波动类型和波动持续时间长度也可能会对经济波动和技术进步模式之间的关系产生影响。引入产出缺口和经济波动交叉项进行回归,结果如表5-21和表5-22所示。从表5-21的结果不难看出,当以狭义自主创新占比为因变量时,基本回归结果显示产出缺口和经济波动交叉项系数为0.364,但不显著。采用Prais-Winsten法进行回归时,产出缺口和经济波动交叉项系数为0.370,也不显著。当以广义自主创新占比为因变量时,基本回归结果显示产出缺口和经济波动交叉项系数为0.199,且在10%的显著水平上显著。采用Prais-Winsten法进行回归时,产出缺口和经济波动交叉项系数为0.202,且在10%的显著水平上显著。

表5-21 考虑波动类型的回归结果(2005—2010年)

项目	2005—2010年			
	狭义自主创新占比 *nrrd*		广义自主创新占比 *grrd*	
	基本回归结果	Prais-Winsten估计结果	基本回归结果	Prais-Winsten估计结果
vgdp	-0.004 (-0.37)	-0.003 (-0.30)	-0.007 (-1.17)	-0.006 (-1.05)
vgdp×*cycle*	0.364 (1.61)	0.370 (1.61)	0.199* (1.70)	0.202* (1.71)
cycle	-1.581*** (-3.34)	-1.609 (-3.47)	-.427* (-1.75)	-.425* (-1.83)
credit	0.202 (1.39)	0.213 (1.56)	0.200*** (2.67)	0.202*** (2.99)
ln*minc*	0.058 (0.80)	0.044 (0.62)	-0.026 (-0.69)	-0.036 (-1.01)
ln*tec*	0.069*** (2.98)	0.074*** (3.27)	0.054*** (4.54)	0.057*** (5.01)

续表

项目	2005—2010 年			
	狭义自主创新占比 *nrrd*		广义自主创新占比 *grrd*	
	基本回归结果	Prais – Winsten 估计结果	基本回归结果	Prais – Winsten 估计结果
ln*tim*	0.001 (0.03)	0.003 (0.12)	0.002 (0.13)	0.005 (0.33)
rpublic	-0.369 (-1.29)	-0.385 (-1.39)	-0.081 (-0.55)	-0.098 (-0.71)
常数项	-1.076 (-0.79)	-0.904 (-0.69)	0.550 (0.79)	0.685 (1.05)
地区效应	是	是	是	是
时间效应	是	是	是	是
R – squared	0.2850	0.7046	0.1979	0.8688
ρ(ar)		-0.126		-0.209
N	180	180	180	180

注：①***、*分别表示在 1% 和 10% 的显著水平上显著；②括号内为 *t* 值。

从表 5 -22 的结果不难看出，当以狭义自主创新占比为因变量时，基本回归结果显示产出缺口和经济波动交叉项系数为 -1.29，且在 5% 的显著水平上显著。采用 Prais - Winsten 法进行回归时，产出缺口和经济波动交叉项系数为 -1.420，且在 5% 的显著水平上显著。当以广义自主创新占比为因变量时，基本回归结果显示产出缺口和经济波动交叉项系数为 -0.994，且在 5% 的显著水平上显著。采用 Prais - Winsten 法进行回归时，产出缺口和经济波动交叉项系数为 -1.152，且在 1% 的显著水平上显著。

表 5 -22　考虑波动类型的回归结果（2011—2014 年）

项目	2011—2014 年			
	狭义自主创新占比 *nrrd*		广义自主创新占比 *grrd*	
	基本回归结果	Prais – Winsten 估计结果	基本回归结果	Prais – Winsten 估计结果
vgdp	0.002 (0.09)	0.014 (0.58)	-0.017 (-1.07)	-0.005 (-0.35)

续表

项目	2011—2014 年			
	狭义自主创新占比 *nrrd*		广义自主创新占比 *grrd*	
	基本回归结果	Prais - Winsten 估计结果	基本回归结果	Prais - Winsten 估计结果
vgdp × *cycle*	-1.29** (-2.20)	-1.420** (-2.58)	-0.994** (-2.48)	-1.152*** (-3.18)
cycle	0.169 (0.41)	0.310 (0.83)	0.071 (0.25)	0.217 (0.89)
credit	-0.231** (-2.34)	-0.213** (-2.46)	-0.074 (-1.10)	-0.052 (-0.93)
ln*minc*	-0.044 (-0.57)	-0.015 (-0.23)	-0.038 (-0.73)	-0.004 (-0.10)
ln*tec*	0.035 (1.11)	0.022 (0.76)	0.031 (1.47)	0.020 (1.02)
ln*tim*	-0.004 (-0.42)	-0.006 (-0.70)	-0.000 (-0.14)	-0.001 (-0.32)
rpublic	-0.011 (-0.06)	-0.003 (-0.02)	-0.155 (-1.10)	-0.158 (-1.27)
常数项	1.540** (1.97)	1.339* (1.95)	1.183** (2.23)	0.910** (2.02)
地区效应	是	是	是	是
时间效应	是	是	是	是
R - squared	0.2883	0.9779	0.3299	0.9915
ρ(ar)		-0.368		-0.401
N	120	120	120	120

注：①***、**、*分别表示在 1%、5% 和 10% 的显著水平上显著；②括号内为 *t* 值。

从表 5 - 21、表 5 - 22 中可以看出，采取狭义自主创新占比和广义自主创新占比的估计结果差不多，采取 Prais - Winsten 法估计的结果与基本回归结果相比变化也不大，说明估计结果相当稳健。2005—2010 年，产出缺口和经济波动交叉项系数为正，2011—2014 年，该系数为负，说明在 2005—2010 年，产出缺口越偏向负，经济波动越不利于技术进步模式向自主创新型技术进步转变，产出缺口越偏向正，经济波动越不利于技术进步模式向自主创新型技术进步转变。而在2011—2014年情况则刚好相反：产出缺口越偏向负，经济波动越有利于技术进步模式向自主创新型技术进步转变；产出缺口越偏向正，经济波动越有利于技术进步模式向自主创新型技术进步转变。

为了检验波动持续时间长度对经济波动与技术进步模式之间关系的影响，引入波动持续时间长度和经济波动交叉项进行回归，结果如表5-23和表5-24所示。从表5-23的结果不难看出，当以狭义自主创新占比为因变量时，基本回归结果显示波动持续时间长度和经济波动交叉项系数为0.013，但不显著。采用Prais-Winsten法进行回归时，波动持续时间长度和经济波动交叉项系数为0.014，且在10%的显著水平上显著。当以广义自主创新占比为因变量时，基本回归结果显示波动持续时间长度和经济波动交叉项系数为0.008，且在5%的显著水平上显著。采用Prais-Winsten法进行回归时，波动持续时间长度和经济波动交叉项系数为0.010，且在1%的显著水平上显著。

表5-23　考虑波动持续时间长度的回归结果(2005—2010年)

项目	2005—2010年			
	狭义自主创新占比 *nrrd*		广义自主创新占比 *grrd*	
	基本回归结果	Prais-Winsten估计结果	基本回归结果	Prais-Winsten估计结果
vgdp	-0.007 (-0.67)	-0.008 (-0.72)	-0.007 (-1.24)	-0.007 (-1.27)
vgdp×*t*	0.013 (1.64)	0.014* (1.77)	0.008** (2.20)	0.010*** (2.64)
t	-0.011 (-1.44)	-0.012 (-1.56)	-0.004 (-1.00)	-0.005 (-1.28)
credit	0.243* (1.65)	0.252* (1.81)	0.201*** (2.73)	0.201*** (3.11)

续表

项目	2005—2010 年			
	狭义自主创新占比 *nrrd*		广义自主创新占比 *grrd*	
	基本回归结果	Prais - Winsten 估计结果	基本回归结果	Prais - Winsten 估计结果
ln*minc*	0.018 (0.24)	0.001 (0.02)	-0.035 (-0.96)	-0.048 (-1.41)
ln*tec*	0.065*** (2.74)	0.070*** (3.00)	0.052*** (4.39)	0.055*** (4.94)
ln*tim*	-0.001 (-0.05)	0.000 (0.01)	0.000 (0.03)	0.003 (0.20)
rpublic	-0.360 (-1.22)	-0.375 (-1.30)	-0.052 (-0.35)	-0.068 (-0.50)
常数项	-0.404 (-0.29)	-0.179 (-0.13)	0.736 (1.05)	0.927 (1.45)
地区效应	是	是	是	是
时间效应	是	是	是	是
R - squared	0.2437	0.6776	0.2036	0.8975
ρ(ar)		-0.115		-0.250
N	180	180	180	180

注：①***、**、*分别表示在1%、5%和10%的显著水平上显著；②括号内为 *t* 值。

从表 5 - 24 的结果不难看出，当以狭义自主创新占比为因变量时，基本回归结果显示波动持续时间长度和经济波动交叉项系数为 -0.019，且在5%的显著水平上显著。采用 Prais - Winsten 法进行回归时，波动持续时间长度和经济波动交叉项系数为 -0.021，且在5%的显著水平上显著。当以广义自主创新占比为因变量时，基本回归结果显示波动持续时间长度和经济波动交叉项系数为 -0.011，且在10%的显著水平上显著。采用 Prais - Winsten 法进行回归时，波动持续时间长度和经济波动交叉项系数为 -0.014，且在5%的显著水平上显著。

从上述回归结果可以看出，采取狭义自主创新占比和广义自主创新占比的估计结果差不多，采取 Prais - Winsten 法估计的结果与基本回归结果相比变化也不大，说明估计结果相当稳健。2005—2010 年，波动持续时间长度与经济波动交叉项系数为正，说明经济上扬时，经济波动更有利于提高自主创新占比，而且持续上扬带来的促进效应更强。2011—2014 年，波动持续时间长度和经济波动交叉项系数为负，说明经济越是持续下探，经济波动越是有利于技术进步模式向自主创新型技术进步转变。

表 5－24　考虑波动持续时间长度的回归结果（2011—2014 年）

项目	2011—2014 年			
	狭义自主创新占比 *nrrd*		广义自主创新占比 *grrd*	
	基本回归结果	Prais－Winsten 估计结果	基本回归结果	Prais－Winsten 估计结果
vgdp	－0.021 （－1.04）	－0.013 （－0.63）	－0.035** （－2.40）	－0.026* （－1.89）
vgdp × *t*	－0.019** （－1.98）	－0.021** （－2.34）	－0.011* （－1.69）	－0.014** （－2.41）
t	－0.005 （－0.59）	－0.006 （－0.60）	－0.001 （－0.22）	－0.001 （－0.23）
credit	－0.216** （－2.31）	－0.211** （－2.54）	－0.036 （－0.56）	－0.031 （－0.56）
ln*minc*	－0.060 （－0.77）	－0.032 （－0.47）	－0.056*** （－1.03）	－0.020 （－0.44）
ln*tec*	00.040 （1.30）	0.026 （0.88）	0.037* （1.71）	0.023 （1.19）
ln*tim*	－0.007 （－0.73）	－0.009 （－1.00）	－0.003 （－0.44）	－0.003 （－0.62）
rpublic	－0.113 （－0.54）	－0.092 （－0.48）	－0.228 （－1.57）	－0.217 （－1.65）
常数项	1.678** （2.11）	1.539** （2.17）	1.248** （2.25）	1.021** （2.14）
地区效应	是	是	是	是
时间效应	是	是	是	是

续表

项目	2011—2014 年			
	狭义自主创新占比 *nrrd*		广义自主创新占比 *grrd*	
	基本回归结果	Prais - Winsten 估计结果	基本回归结果	Prais - Winsten 估计结果
R - squared	0.2887	0.9776	0.2959	0.9906
ρ(ar)		-0.365		-0.392
N	120	120	120	120

注:①***、**、*分别表示在1%、5%和10%的显著水平上显著;②括号内为 *t* 值。

通过以上分析发现,经济波动对技术进步模式的影响不仅受金融发展程度的影响,而且还受经济波动类型(向上波动还是向下波动)、经济波动持续时间长度的影响。2005—2010 年和 2011—2014 年两个样本期回归结果相背离反而印证了上文理论模型的推测,进一步证实了理论分析的合理性。对于 2011—2014 年而言,经济向下波动有利于技术进步模式向自主创新型技术进步转变,而且下探的幅度越深(产出缺口越大),这种促进效应越强,下探持续的时间越长(波动持续时间长度越长),这种促进效应越明显。因此,本轮经济增速不断持续下行、经济波动加剧正是我们实现技术进步模式转换的契机。

(二)机会成本效应是否存在

通过本书的理论分析可知,经济波动通过机会成本效应和预期收益效应两种机制对技术进步模式产生影响。预期收益效应是否存在,并较为容易识别,通常在计量模型中引入金融发展和经济波动交叉项即可进行验证。机会成本效应的识别则较为困难,因为所有的生产率冲击都会导致产出的变动,进而会产生预期收益效应,因此,我们无法纯粹地观察到经济波动所产生的机会成本效应,若想找到一种不引起预期收益效应却能产生机会成本效应的冲击似乎不大可能。然而,企业家信心这一数据为我们提供了单独观测机会成本效应的可能性。企业家信心数据属于带有预期性质的数据,信心的变化不会立刻带来产出的变动,即不会造成不同投资项目存活概率的变动，因此可以通过企业家信心变化引致投资结构的变化来验证机会成本效应。

当然，企业家信心数据还包含了现实经济运行状况的信息。根据Harrison和Weder(2006)、Barsky和Sims(2012)的研究，信心数据通常包含两个部分：基本面信心和动物精神。基本面信心是由经济运行的基本状况所决定，因此，这部分信心变动通常会伴随着产出的变化，进而会产生预期收益效应。动物精神是无法用经济基本面信息解释的信心，主要由企业家的情绪波动所决定，不会立马对产出带来影响，因此只会带来机会成本效应。本书接下来将借鉴Harrison和Weder(2006)以及陈彦斌和唐诗磊(2009)的方法，将企业家信心分解为基本面信心和动物精神两部分。

1. 企业家信心分解

企业家信心可以分解为两个部分，用方程表示为：企业家信心 = 基本面信心 + 动物精神 = f(宏观经济基本面代表变量1，宏观经济基本面代表变量2，…) + 动物精神。参考陈彦斌和唐诗磊(2009)的研究，本书选用经过季节性调整后的实际GDP环比增速[①]、CPI、利率和股票指数作为宏观经济基本面的代表变量。根据AIC准则和SC准则，本书选取实际GDP环比增速、通货膨胀率(CPI)和股票指数当期值、利率的上年同期值进行回归。

通常采用最小二乘法对企业家信心分解方程进行估计，并将得到的残差项定义为动物精神(Chauvet和Guo，2003；Harrison和Weder，2006)。根据定义，动物精神应当满足两个性质：一是动物精神同各宏观经济变量是正交的，即动物精神无法被宏观经济变量所解释；二是动物精神均值为零，这样满足经济主体长期理性预期的假定。采用最小二乘法

① 具体地，利用GDP指数对季度名义GDP进行平减，得到各季度实际GDP值，再根据实际GDP计算GDP增速，再对GDP增速进行季节性调整得到最终数据。

估计得到的残差刚好可以满足这两个性质，因此选取最小二乘法进行估计是合适的。

本书选取2001年第一季度至2015年第四季度的数据进行分析，其中CPI指数、利率和股票指数根据月度数据求平均值所得到；企业家信心指数选取国家统计局公布的季度工业企业家信心指数数据；实际GDP增速为根据季度GDP求得；CPI指数为上年同比消费者价格指数；实际利率采用银行间7天内同业拆借加权平均利率，实际值由名义值减去同期通货膨胀率得到；股票指数采用上海证券交易所季末收盘上证综合指数。数据来源于中经网和国家统计局网站。

根据数据进行估计得到结果如表5－25所示。

表5－25　估计结果

变量	GDP增速	通货膨胀率	股票指数	实际利率	常数项
系数	4.138	2.063	0.049	-4.648	-86.805
P值	0.010	0.000	0.010	0.000	0.065

估计结果显示，F值为25.887，对应P值为0.000，表明模型总体上是高度显著的。调整后的R^2是0.623，拟合效果较好，说明宏观基本面信息可以解释大部分企业家信心。采用ADF方法对残差项进行检验，发现在1%概率水平下残差是平稳的，这表明以上模型设定和参数估计是可靠的。

动物精神序列如图5－6中所示，该序列为企业家信心中不能由经济基本面解释的部分，反映的可能是企业家情绪的波动，大于零说明企业家过于乐观，小于零说明企业家过于悲观。从图5－6可以看出，在2008年第三季度到2009年第二季度期间，动物精神大幅度下行，可能是金融危机爆发所引起的恐慌所致。在2010年第四季度到2012年第一季度期间，动物精神又小幅度为负，可能是此时国内经济形势不太明朗导致。而在之后时期一直到2014年第三季度期间，动物精神一直大于零，可能是因为国内经济形势明朗，企业家对未来较为乐观。而在2014年第三季度至2015年第四季度，动物精神又大幅度下挫，说明持续的经济增速下行可能导致企业家过度悲观。

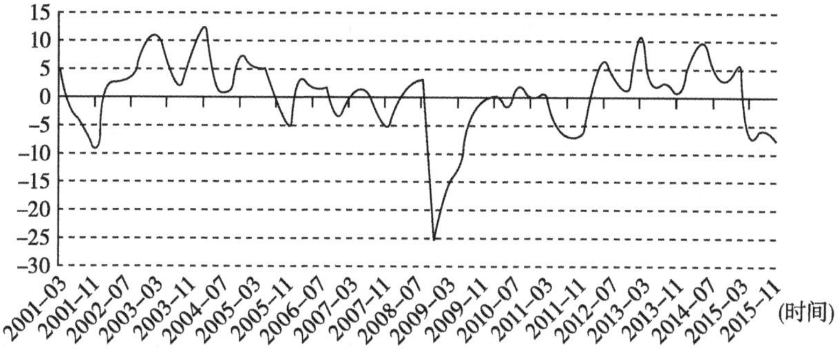

图5－6　动物精神序列

2. 动物精神与技术进步模式

(1)模型设定与指标选取

为了识别机会成本效应，我们将动物精神引入模型中进行估计。本书用动物精神来观察机会成本效应，意味着企业家信心的变化对技术引进的影响强于自主创新：企业家悲观时，对技术引进更为悲观，企业家乐观时，对技术引进更为乐观。从技术引进与自主创新对比来看，技术引进可以带来更为“短平快”的收益，自主创新投资则往往期限较长，所以与技术进步相比，自主创新受当前影响更弱。由于需要考虑动物精神滞后项的影响，因此采用之前分段的方法会导致每次进行回归的数据过少，而且考虑到机会成本效应在不同时期并不会呈现出太大差异，因此也没有分段进行回归的必要。在本部分，我们将重新调整模型，将两段时期的数据进行合并后再回归。为了简化分析，本部分只采用狭义自主创新占比衡量技术进步模式。

由于狭义自主创新占比是比率值，而且大中型工业企业在规模以上工业企业中占比很高，因此大中型工业企业自主创新占比和规模以上工业企业自主创新占比差异很小。2008年、2009年同时统计了大中型工业企业和规模以上工业企业的信息，经过计算我们发现各地区大中型工业企业自主创新占比与规模以上工业企业自主创新占比两项数据之比的平均值为0.9949，可以说差异非常小。我们继而就以0.9949为调整系数将2011—2014年规模以上工业企业自主创新占比调整为大中型工业企业自主创新占比。技术引进和技术存量数据本身是为了衡量相对技术差距，我们根据Chen和Puttitanun(2005)，以相对人均GDP代表总体技术水平，沿用易先忠(2010)的做法，以1减去中美真实人均GDP之比作为总体技术差距指标(*gap*)。中国实际人均GDP以2001年为基年，进行GDP指数平减，美国实际人均GDP以各年平均汇率折算成人民币。国企占比和金融发展两段时期统计口径一致，因此不需要进行调整。为了简化分析，本部分只采用金融机构年末贷款余额与GDP之比来衡量金融发展程度。我们在模型中同时引入动物精神当期值和滞后一期值，这样便于分析动物精神对技术进步模式的即期影响和远期影响。最终，模型设定如下：

$$nrrd_{it} = \alpha_0 + \alpha_1 animalspirit_{it} + \alpha_2 L.animalspirit_{it} + X_{it}^T B + \varepsilon_{it} \quad (5-27)$$

其中，$animalspirit_{it}$ 为动物精神，$L.animalspirit_{it}$ 为滞后一期值，X_{it}^T 为控制变量向量，包含国企占比、金融发展和技术差距。考虑到可能存在个体效应和时间效应，我们分别采用单向固定效应模型和双向固定效应模型进行回归，即将模型扩展如下：

$$nrrd_{it} = \alpha_0 + \alpha_1 animalspirit_{it} + \alpha_2 L.animalspirit_{it} + X_{it}^T B + \varpi_i + \varepsilon_{it} \quad (5-28)$$

$$nrrd_{it} = \alpha_0 + \alpha_1 animalspirit_{it} + \alpha_2 L.animalspirit_{it} + X_{it}^T B + \varpi_i + v_t + \varepsilon_{it} \quad (5-29)$$

考虑误差项可能存在序列相关，进而我们还会基于Prais - Winsten法对模型(5-28)和模型(5-29)进行估计以检验估计结果稳健性。另外，上述模型中技术差距变量可能会受技术进步模式的逆向影响，进而产生内生性问题，而技术进步模式的变迁也可能不是一蹴而就，会受上期值影响。因此，我们引入技术进步模式变量滞后期，并采用动态面板数据模

型的系统广义矩估计(System GMM)方法进行估计。将模型(5－28)、模型(5－29)分别扩展为:

$$nrrd_{it} = \alpha_0 + \alpha_1 L.nrrd_{it} + \alpha_2 animalspirit_{it} + \alpha_3 L.animalspirit_{it} + X_{it}^T B + \varpi_i + \varepsilon_{it} \tag{5-30}$$

$$nrrd_{it} = \alpha_0 + \alpha_1 L.nrrd_{it} + \alpha_2 animalspirit_{it} + \alpha_3 L.animalspirit_{it} + X_{it}^T B + \varpi_i + v_t + \varepsilon_{it} \tag{5-31}$$

其中,$L.nrrd_{it}$ 为滞后一期的技术进步模式。

对动态面板数据模型进行估计时,我们也可以采用差分广义矩估计(Difference GMM)的方法来处理方程中的内生性问题,这一方法先是对估计方程进行一阶差分以去掉固定效应的影响,并用回归项的滞后水平值作为其差分变量的工具变量。但是,当回归项的时间序列接近于随机游走过程时,回归项的滞后项并不是其一阶差分的理想工具变量。在这种情况下,特别是当面板数据中可利用的期间数很少时,差分广义矩估计估计量具有大的向下有限样本偏差,因此 Blundel 和 Bond(1998)指出,在一定的附加的假设条件下,可以用解释变量的一阶差分作为其水平变量的工具变量,并且将水平方程和差分方程作为一个系统同时进行估计,可以大大提高估计的有效性,这就是系统广义矩估计法(System GMM)。

GMM 估计量的一致性关键取决于各项假设条件是否满足,这需要进行两个检验:第一个是通过 Sargan 过度识别约束检验对所使用的工具变量的有效性进行检验,此检验的原假设是所使用的工具变量与误差项是不相关的;第二个是通过 Arrellano－Bond 的自相关检验方法对差分方程的随机误差项的二阶序列相关进行检验,其原假设是一阶差分方程的随机误差项中不存在二阶序列相关,如果不能拒绝上述检验的原假设,则意味着模型设定正确。

(2)估计结果及分析

回归结果如表 5－26 所示,其中第(1)列和第(2)列为单向固定效应模型和双向固定效应模型基本回归结果。当采用单向固定效应模型进行回归时，动物精神项系数为-0.004，且在1%的显著水平上显著，动物精神滞后期项系数为0.000，且不显著。当采用双向固定效应模型进行回归时，动物精神项系数为-0.032，且在10%的显著水平上显著，动物精神滞后期项系数为0.048，且在1%的显著水平上显著。第(3)列和第(4)列为采取Prais-Winsten法进行估计的结果。在单向固定效应模型中，动物精神项系数为-0.003，且在1%的显著水平上显著，动物精神滞后项系数为-0.000，且不显著。在双向固定效应模型中，动物精神项系数为-0.033，且在5%的显著水平上显著，动物精神滞后项系数为0.047，且在1%的显著水平上显著。第(5)列和第(6)列为利用系统GMM法进行估计得到的结果，Sargan检验显示均不能拒绝工具变量有效性的原假设，二阶序列相关检验[AR(2)的概率]均显示不存在二阶序列相关，说明可以进行结构分析。只控制个体效应的情形下，动物精神项系数为-0.004，且在1%的显著水平上显著，动物精神滞后期项系数为0.002，但不显著。同时控制个体效应和时间效应的情形下，动物精神项系数为-0.004，且在5%的显著水平上显著，动物精神滞后项系数为-0.004，但不显著。

表5-26 回归结果

项目	(1)	(2)	(3)	(4)	(5)	(6)
	Fe	Fe	Prais-Winsten	Prais-Winsten	System GMM	System GMM
L. nrrd					0.506*** (3.70)	0.167 (1.11)
animal_spirit	-0.004*** (-2.70)	-0.032* (-1.93)	-0.003*** (-2.79)	-0.033** (-2.24)	-0.004*** (-2.87)	-0.004** (-2.04)
L. animal_spirit	0.000 (0.29)	0.048*** (4.75)	-0.000 (-0.12)	0.047*** (4.06)	0.002 (1.41)	-0.004 (-1.31)
rpublic	-0.916*** (-8.25)	-0.437*** (-2.90)	-0.870*** (-6.98)	-0.419** (-2.50)	-0.403** (-2.23)	-0.327** (-2.15)

续表

项目	(1)	(2)	(3)	(4)	(5)	(6)
	Fe	Fe	Prais - Winsten	Prais - Winsten	System GMM	System GMM
credit	0.052*** (2.65)	0.031 (1.56)	0.082*** (3.52)	0.055** (2.32)	0.115*** (5.39)	0.086*** (4.20)
gap	-1.093*** (-6.40)	0.037 (0.11)	-1.093*** (-5.32)	0.016 (0.04)	-0.385 (-1.56)	0.042 (0.13)
常数项	1.873*** (13.59)	0.967*** (3.61)	1.800*** (10.65)	0.932*** (2.87)	0.612* (1.84)	0.564* (1.85)
obs	390	390	390	390	390	390
时间效应		是		是		是
个体效应	是	是	是	是	是	是
rho			0.319	0.292		
Arellano - Bond AR(1)检验(P值)					0.000	0.003
Arellano - Bond AR(2)检验(P值)					0.336	0.903
Sargan 检验(p值)					0.419	0.405

注:①***、**、*分别表示在1%、5%和10%的显著水平上显著;②括号内为t值。

不难看出,无论采取哪种方法,动物精神当期值系数均显著为负,结论相当稳健。根据理论模型分析,遭到负向冲击时,自主创新占比会提高,即自主创新占比与动物精神负相关。因此,实证分析得出的结论符合理论预期,说明机会成本效应的确存在,本书理论模型是合理的。在双向固定效应模型中,动物精神滞后期系数主要显示为正,在用系统广义矩估计进行估计时得出结果为负,但不显著。动物精神滞后期和当期值系数产生分歧的主要原因可能有两个:一是与当期值相比,上期动物精神对本期技术进步模式影响较弱;二是上期动物精神已经通过上期企业家决策对产出产生了影响,即产生了预期收益效应。因此,上期动物精神对本期技术进步模式产生较弱的机会成本效应以及预期收益效应,这两种效应结合最终呈现为正的效应。动物精神当期和滞后期系数的差异不仅可以说明的确存在机会成本效应,更间接揭示了另一种与机会效应刚好相抵触的效应的存在,即预期收益效应。控制变量方面,国企占比系数显著为负,金融发展变量系数显著为正,技术差距主要为负,均和理论预期以及上面的实证分析结论相符。

第四节　本章小结

本章系统研究了经济波动如何影响资源在企业内部的配置。具体来说,从企业内部来看,经济波动通过影响研发活动强度以及技术进步模式两种方式对经济增长产生影响。我们基于实际数据,构建计量模型进行分析发现:第一,中国经济波动性变化对自主创新强度存在负向影响,也就是说,经济波动的加剧会导致自主创新投资强度下降;第二,中国经济波动加剧对技术引进强度有明显的促进效应,而且对技术引进的促进效应明显强于对自主创新的抑制效应,从而表现出中国经济波动对总研发强度(自主创新强度和技术引进强度之和)影响显著为正,这说明中国经济波动的确通过企业内资源再配置这一机制对经济增长产生了促进作用。

中国经济波动不仅对企业内部研发活动和非研发活动之间产生筛选效应,而且对研发活动中究竟采取技术引进还是自主创新实现技术进步也产生了筛选效应。本书通过理论模型的构建以及运用实际数据进行分析,研究中国经济的波动对技术进步模式产生的影响,而且研究了金融发展在这一过程中所起的作用。通过分析发现,经济波动通过机会成本效应和预期收益效应两种机制对技术进步模式产生影响,金融发展所起的作用方式不同,其实是通过先影响预期收益效应再影响经济波动与技术进步模式。由于技术差距的不同,金融发展对预期收益效应的影响也会不同,因此金融发展对经济波动与技术进步模式关系产生的影响存在时间和空间上的差异性:在 2005—2010 年和 2011—2014 年两个样本期金融发展和经济波动交叉项符号刚好相反，主要是因为2010年左右为我国技术进步模式的转折点；在东部地区，金融发展程度提高更能促使经济波动和自主创新占比正相关，主要是因为与非东部地区相比，东部地区技术水平更高。另外，随着国有企业占比不同，金融发展所起的作用也存在差异，这可能是因为国有企业占比较高的地区行政垄断现象较为严重。我们还研究了不同类型经济波动和不同持续时间的经济波动对技术进步模式产生影响的差异性，结果发现，2011—2014年，经济向下波动更能促进技术进步模式向自主创新型技术进步转变，而且下探幅度越大、下探持续时间越长，这种促进效应越强。目前，中国经济增速不断持续下行、经济波动加剧，因此当前不仅是实现我国技术进步模式成功转换的关键期，更是实现我国技术进步模式成功转换的最佳窗口期。

第六章

经济波动、资源在企业间再配置和经济增长

第一节　引言

提高生产率，除了加大研发投入促进企业技术进步外还有一种重要的方式，即优化资源配置、提高资源利用效率。与发达国家经济相比，中国经济有一个显著的特点，就是过去三十多年实行了市场化改革。在此之前，中国施行的是高度集权的计划经济，这种体制产生了大量低效率的国企，导致资源严重错配。我们推断，对这种由政府行为和经济体制带来的资源错配的优化正是造成中国经济波动和经济增长关系呈现阶段性特征的原因。

为了验证我们的推断，本章通过构建 OLG 模型分析企业异质性大小如何决定经济波动和经济增长的关系。由于这种企业异质性无法直接衡量，而经济体制和政府行为是产生这种企业异质性的主要原因，企业异质性和国企占比大小高度相关（聂辉华和贾瑞雪，2011）。所以，本书在实证分析中采用国有企业占比作为近似的指标来进行分析。从已有文献来看，国有企业效率相对较低①，国企占比越高的地区，低效率企业往往越多，资源错配也越严重，因此采用这一指标是合理的。

本章余下部分的结构如下：第二部分为理论模型，我们对 AABM（Aghion - Angeletos - Banerjee - Manova）模型进行扩展以分析企业异质性大小如何影响经济波动和经济增长之间的关系。第三部分为实证分析，使用我国省级面板数据实证检验第二部分的正确性。第四部分为本章小结。

---

① 可参考姚洋（1998），周黎安、张维迎和顾全林等（2007），Brandt 等（2008）以及吴延兵（2012）的研究。

第二节　经济波动对资源在企业间再配置影响的理论分析①

假定经济中只有一类经济主体(企业家),每一个企业家可以存活两期,而且同时负责生产和消费。每一代企业家每一期均拥有 H_t 单位有效人力资本,第一期还拥有 θH_t 单位的资本禀赋。假设经济中只存在一种消费品,投资则可以具有两种。简化起见,假定在 t 期出生的企业家他们的效用函数如下:

$$U_t = C_{t,t} + \beta C_{t,t+1} \tag{6-1}$$

其中,$C_{t,t}$和 $C_{t,t+1}$分别为 t 期和 $t+1$ 期的消费,β 为消费折现因子。

我们将两种投资项目分别称为项目一和项目二。企业家在第一期做出投资决策:将 θH_t 单位的资本禀赋分成 K_t 和 Z_t 两部分分别投入项目一和项目二进行生产,即 $K_t + Z_t = \theta H_t$。项目一在第一期就可以带来回报,但是无助于每一代 H_t 的增长;而项目二在第二期才带来回报,但是有助于每一代 H_t 的增长。因此第一期的产出函数为:

$$Y_{t,t} = A_t F(K_t, H_t) \tag{6-2}$$

其中,A_t 为 t 期外生决定的生产率水平,K_t 为该企业家 t 期的资本存量,H_t 为该企业家的有效劳动(effective labor),F 为新古典形式生产函数,为了便

① 本部分理论模型式(6-1)至式(6-9)、式(6-12)至式(6-15)基本沿用 AABM 模型的构建方式,不同之处在于本书将 AABM 模型中企业家存活期数由三期降为两期,这样更便于分析。式(6-10)、式(6-11)和式(6-16)是本书对基础模型结论的进一步简化和扩展,目的是为了方便校准和模拟,进而可以直观地了解经济波动和经济增长之间的关系。式(6-17)至式(6-20)为本书原创,目的在于解释经济波动和经济增长之间关系产生的机理。

于分析，设定其为 Cobb - Douglas 型，即 $F(K,H)=K^{a}H^{1-a}, a\in(0,1)$。

在第一期生产结束之后，企业家可能会遭遇一种异质流动性冲击。流动性冲击表示企业家必须额外多付出一部分成本（$L_t>0$）才能保证项目二顺利运行。如果企业家顺利度过流动性冲击，那么第二期的产出为：

$$Y_{t,t+1}=A_{t+1}F(Z_t,H_t) \tag{6-3}$$

其中，A_{t+1}为 $t+1$ 期外生决定的生产率水平，Z_t 为该企业家 $t+1$ 期的资本存量，H_t 为该企业家的有效劳动。在应对流动性冲击时如果其没有足够的资金相抵御，那么项目二自然不会成功，其收益也为零。再进一步假设，如果企业家度过了流动性冲击，那么他在第二期还会额外得到 βL_{t+1}的回报。这个假设是为了使项目二产生的净现值可以不受流动性冲击的影响，也就是说，在完全市场中，均衡状态不会受到流动性冲击的影响，在非完全市场中，流动性冲击才开始起重要作用。

企业家每期的预算约束为：

$$C_{t,t}+L_te_{t,t}=Y_{t,t}+B_{t,t}, B_{t,t}\leqslant\mu Y_{t,t} \tag{6-4}$$

$$C_{t,t+1}=(Y_{t,t+1}+\beta^{-1}L_t)e_{t,t}-(1+R_{t,t+1})B_{t,t} \tag{6-5}$$

其中，L_t 衡量的是流动性冲击大小，$e_{t,t}$代表项目二是否度过流动性冲击，若有足够资金度过流动性冲击，则 $e_{t,t}=1$，否则 $e_{t,t}=0$，$B_{t,t}$为企业家第一期的借贷，$R_{t,t+1}$为两期之间的无风险利率，$\beta^{-1}L_t$ 为度过流动性冲击得到的额外回报。

我们还假定流动性冲击 L_t 以一定的比例随着每代企业家有效劳动 H_t 的增长而增长，即 $l_t=\dfrac{L_t}{H_t}$服从同一分布，这个假设可以保证流动性冲击的影响不会随着经济的增长而消失，进而使经济沿着平衡增长路径变动。

在本模型中，生产率分为外生决定和内生决定两个部分。内生决定部分由 H_t 的变动衡量，我们假定 $H_{t+1}=G(H_t,Z_t)$。由于代际之间唯一的不同在于 H_t 的变动，因此经济的长期增速就是 H_t 的增速，为了便于分析，我们假定 $g_t=\ln H_{t+1}-\ln H_t=\gamma z_t^{\,a}$。其中 γ 为外生给定参数，这种形式的设定说明项目二的投资唯一决定着长期经济增速，这与内生增长模型中经济长期增长由技术进步唯一决定相似，本书为了简化分析直接设定了这种函数。

A_t 为外生决定的生产率水平，我们假定其服从 Markov 过程，变动范围受到$[\underline{A},\bar{A}]\subseteq R_+$限制，非条件均值为 1，条件均值为 $E[A_{t+1}]=A_t^{\rho}$。在本模型中，A_t 的变动为唯一经济波动源，因此经济的波动性与 A_t 的波动性正相关。对 A_t 的理解要采取广义的视角：A_t 代表包括需求冲击、供给冲击等一切使企业利润发生变化的外生冲击。$\rho\in[0,1]$衡量的是外生冲击的传导，可以抽象理解为外生冲击先对项目一产生影响，然后再传递到项目二。当 $\rho=1$ 说明项目一和项目二受到同质的冲击；当 $\rho<1$，项目二受到的冲击程度小于项目一，后文会说明这是产生清理效应的重要条件；当 $\rho=0$，只有项目一受到冲击。ρ 的大小衡量了项目一和项目二所受冲击的差异程度，即项目的异质性。

需要特别注意的是，对本模型两种投资项目的理解，与对 A_t 的理解一样，对两种项目的理解也要采取广义的视角。项目一当期即可带来回报，但是无助于长期增长，项目二带来回报较晚，而且可能会遭到流动性冲击而失败，但是有助于长期增长。从企业角度来看，项目一可能象征着旧的、落后的生产线或者持续的固定资产投资，而项目二则象征着新的、先进的生产设备或者企业研发投入等。从地区层面来看，项目一象征着那些低效率、处于产业链底部的企业或产能，而项目二则象征着高效率、在产业链上不断爬升的企业或产能。在现实世界中，两种投资项目是同期共存的，但是在模型中我们将二者分为两期出现，以便引入流动性冲击这一因素进行分析。从企业角度来看，淘汰落后设备、上马新的生产线的确也存在时滞，流动性冲击可以理解为企业上马新生产线的前期成本，企业研发投入比固定资产投资带来收益更慢也符合现实。从地区角度来看，淘汰落后产能、进行产业升级也可以理解为依次进行，而流动性冲击可以理解为淘汰落后产能、进行产业升级的成本。

一、完全市场

假设金融市场完全，企业家可以借到任意数量的贷款。由于企业家的偏好为线性，因此经济中借贷的均衡利率为 $R_t=\beta^{-1}$。为了保证项目二顺利运行，企业家进行借贷行为的净现值为 $Y_{t,t+1}+\beta^{-1}L_t-R_tL_t=Y_{t,t+1}\geqslant 0$，因此企业家最优的选择就是尽可能借贷以抵御流动性冲击。此时企业家的目标函数为：

$$
\begin{aligned}
U_t &= C_{t,t}+\beta C_{t,t+1}=Y_{t,t}-L_t+\beta(Y_{t,t+1}+\beta^{-1}L_t) \\
&= A_tF(K_t,H_t)+\beta A_{t+1}F(Z_t,H_t) \qquad (6-6)
\end{aligned}
$$

企业家的决策行为可简化为求下列最优化问题的解：

$$\max_{k_t z_t} E_t[A_tF(K_t,H_t)+\beta A_{t+1}F(Z_t,H_t)] \qquad (6-7)$$

令 $k_t=\dfrac{K_t}{H_t}$，$z_t=\dfrac{Z_t}{H_t}$，式（6－7）可以进一步简化为：

$$\max_{K_t Z_t} E_t[A_tf(k_t)+\beta A_{t+1}f(z_t)] \qquad (6-8)$$

由前文 $K_t+Z_t=\theta H_t$ 可知预算约束条件为：$k_t+z_t=\theta$。

建立拉格朗日函数并求一阶条件可得到欧拉方程：

$$A_tf'(k_t)=E_t[\beta A_{t+1}f'(z_t)] \qquad (6-9)$$

等式左边为投资项目一带来的边际效用，等式右边为投资项目二带来的预期边际效用。欧拉方程的含义为：在均衡点处，投资项目一带来的边际效用和投资项目二带来的预期边际效用相等。结合预算约束我们可以求出：

$$z_t=[1+\beta^{1/(a-1)}A_t^{(1-\rho)/(1-a)}]^{-1}\theta \qquad (6-10)$$

从式（6－10）可以知道 z_t 与 A_t 负相关。当经济受到负向冲击时（A_t 减小），投资项目一和投资项目二带来的边际效用都会减小，但由于项目二受到的冲击小于项目一，因此项目二的机会成本减小，从而企业家会加大对项目二的投资。当经济受到正向冲击时（A_t 增大），项目一和项目二带来的边际效用都会增加，但是由于项目一边际效用增加的幅度较大，因此项目二的机会成本加大,从而企业家会减少对项目二的投资。因此,对项目二的投资呈现出逆周期性,这被称为机会成本效应。

从式(6-10)我们还可以发现,当 $\rho=1$ 时,$z_t=[1+\beta^{1/(a-1)}]^{-1}\theta$,经济受到的冲击($A_t$ 的变动)对项目二的投资不再有任何影响,这说明经济波动产生影响的关键在于 ρ 的大小。当 $\rho=1$ 时,项目一和项目二受到同等程度的冲击,项目二的机会成本不变,经济波动自然不会影响企业家对两种投资项目的选择。不难发现,当 ρ 越接近于0,对项目二投资的逆周期性越强。当 $\rho=0$ 时意味着所有冲击只对落后项目产生影响,此时经济波动产生的机会成本效应最强。将 z_t 代入经济增速函数中可得:

$$g_t=\gamma(z_t)^a=\gamma\{[1+\beta^{1/(a-1)}A_t^{(1-\rho)/(1-a)}]^{-1}\theta\}^a \tag{6-11}$$

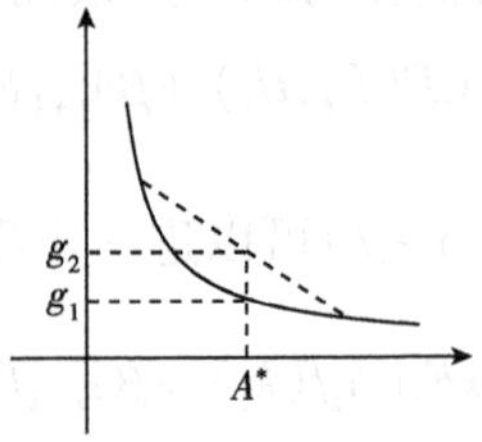

图6-1 经济增速和经济波动

当 $\rho=1$,$g_t=\gamma\{[1+\beta^{1/(a-1)}]^{-1}\theta\}^a$ 与 A_t 无关,经济波动不会对经济增速产生影响。当 $0<\rho<1$,$g_t'(A_t)<0$,$g_t''(A_t)>0$,$g(A)$ 函数曲线如图6-1所示。由于函数为凹函数,因此 A 围绕均值 A^* 波动时会提高平均经济增速,即经济波动与平均经济增长速度正相关。

二、不完全市场

当金融市场不完全时,企业的借贷行为受到限制,我们假设企业受到流动性冲击时最多有 $X_t\equiv(1+\mu)Y_{t,t}$ 的资金可用,即企业最多可借到第一期产出 μ 倍的贷款。与完全市场一样,由于偏好是线性的,均衡利率 $R_t=\beta^{-1}$,企业家的目标函数为:

$$U_t = C_{t,t} + \beta C_{t,t+1} = A_t F(K_t, H_t) + \beta A_{t+1} F(Z_t, H_t) e_{t,t} \quad (6-12)$$

其中，当 $X_t \geqslant L_t$ 时，$e_{t,t} = 1$，当 $X_t < L_t$ 时，$e_{t,t} = 0$。

令 $x_t = \dfrac{X_t}{H_t}$，企业家的最优化行为描述如下：

$$\max_{k_t z_t} E_t [A_t f(k_t) + \beta \lambda_t A_{t+1} f(z_t)] \quad (6-13)$$

服从预算约束：

$$k_t + z_t = \theta \quad (6-14)$$

$\lambda_t \equiv \Phi(x_t)$ 为企业拥有足够资金，成功抵抗流动性冲击的概率。为了便于分析，假设 $\lambda_t \equiv \Phi(x_t) = [(1+\mu)A_t f(k_t)]^{\phi}$，该假设意味着成功抵御流动性冲击的概率对可利用资金量是固定弹性的。

建立拉格朗日函数，通过求一阶条件可得到欧拉方程：

$$A_t f'(k_t) = E_t[\beta A_{t+1}(1-\tau_t) f'(z_t)] \quad (6-15)$$

其中，$\tau_t = 1 - \lambda_t + \left(\dfrac{\partial \lambda_t}{\partial k_t} - \dfrac{\partial \lambda_t}{\partial z_t}\right)\dfrac{f(z_t)}{f'(z_t)}$。

与完全市场欧拉方程对比来看，等式两边的含义相同：左边为投资项目一带来的边际效用，右边为投资项目二带来的预期边际效用。不同之处在于右边式子中多了 $1-\tau_t$ 这一项。τ_t 相当于一个税收楔子，从投资项目二的边际效用中挖走了一块，这一项损失是由于项目二存在失败的风险所导致。根据 τ_t 的表达式可以看出：企业家将资源从项目二转到项目一会减小这一楔子效应。这是因为这种资源转移提高了项目一的产出，进而降低了项目二失败的概率。很显然，楔子 τ_t 具有逆周期性：当经济遭受负向冲击时，项目一产出减少、可利用资金减少、项目二失败概率加大、投资项目二预期边际效用减小；当经济受到正向冲击时，项目一产出增加、可利用资金增加、项目二失败概率减小、投资项目二预期边际效用增大，这被称为预期收益效应。在完全市场中，经济波动对项目二投资量只有机会成本效应，在不完全市场中，经济波动对项目二投资量还有预期收益效应，而且机会成本效应和预期收益效应是同向变动的：同降或者同升。因此，经济波动对项目二投资量总的影响取决于两种效应的权衡。

我们将 $\lambda_t \equiv \Phi(x_t) = [(1+\mu)A_t f(k_t)]^{\phi}$ 代入,并结合预算约束进行进一步化简可得:

$$z_t^{1-a}(\theta - z_t)^{a-\phi a}[\theta - (1+\phi)z_t]^{-1} = (1+\mu)^{\phi}\beta A_t^{\phi+\rho-1} \quad (6-16)$$

不难发现,当 $\phi=0$ 时,式(6-16)退化到完全市场的结果。因为 $\phi=0$ 意味着企业可用资金的变动不会对优质项目成功概率产生影响,这相当于完全市场中可以无限借贷的情形。当 $\rho=1$ 时,A_t 的变动仍然对 z_t 产生影响,而在完全市场中 A_t 的影响则会消失,这是因为在不完全市场中除了机会成本效应,还有预期收益效应。当 $\rho=1-\phi$ 时,两种效应刚好相抵,A_t 的变动才不会影响 z_t。

由于无法求出解析解,因此不能直接看出 z_t 和 A_t 的关系。接下来我们将给参数赋值进行模拟分析。根据 Aghion 等(2005)的研究,设定 $a=\frac{1}{3}$,$\mu=2$,$\phi=\frac{1}{2}$,θ 标准化为 1,根据陈昆亭、周炎和龚六堂(2012)的研究,设定 $\beta=0.97$,接下来我们分别设定 $\rho=0.3$、$\rho=0.5$ 和 $\rho=0.6$ 三种情形来研究经济波动和经济增长的关系是如何受企业异质性影响的。通过模拟我们可以得出 z 和 A 的关系曲线如图 6-2 至图 6-4 所示。

从图 6-2、图 6-3 和图 6-4 可以明显看出随着 ρ 由小变大,z 和 A 由负相关变为正相关。这是因为当 ρ 较小时,机会成本效应大于预期收益效应,因此 z 呈现逆周期性;当 ρ 较大时,机会成本效应小于预期收益效应,z 呈现顺周期性;在中间临界点处,机会成本效应与预期收益效应相等,z 呈现无周期性。

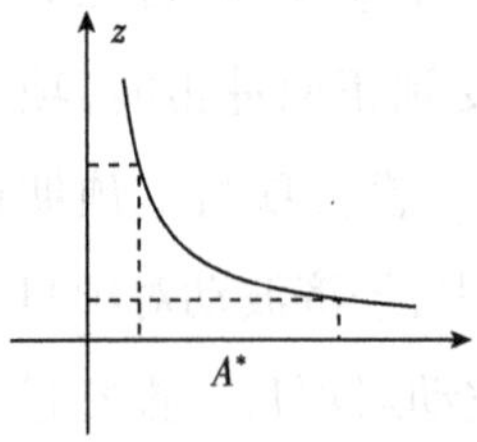

图 6-2　项目二投资和经济波动(ρ=0.3)

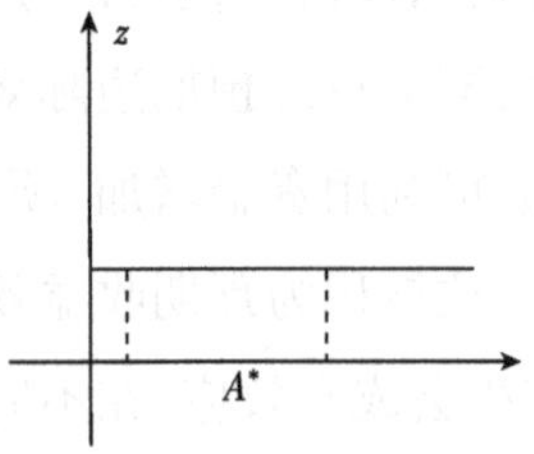

图 6-3　项目二投资和经济波动(ρ=0.5)

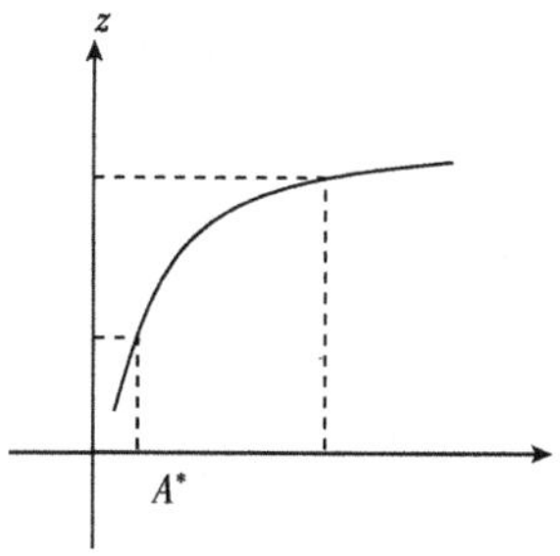

图6-4　项目二投资和经济波动(ρ=0.6)

我们将增速方程 $g_t=\gamma[z(A_t)]^a$ 中的 γ 标准化为1,通过模拟可得出 g 和 A 关系曲线如图6-5至图6-7所示。由图6-5至6-7可知,随着 ρ 由小变大,g 对 A 的函数由凹函数转为凸函数。当 ρ 较小时,函数为凸,此时 A 的波动会提高平均增速,即经济波动有利于增长;当 ρ 较大时,函数为凹,此时 A 的波动会降低平均增速,即经济波动不利于增长。

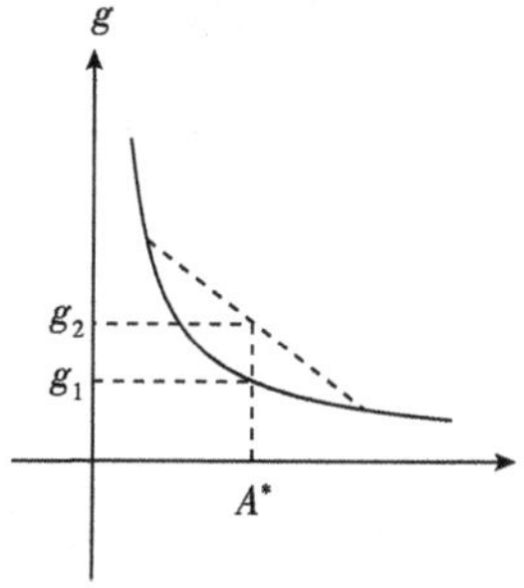

图6-5　经济增速和经济波动(ρ=0.3)

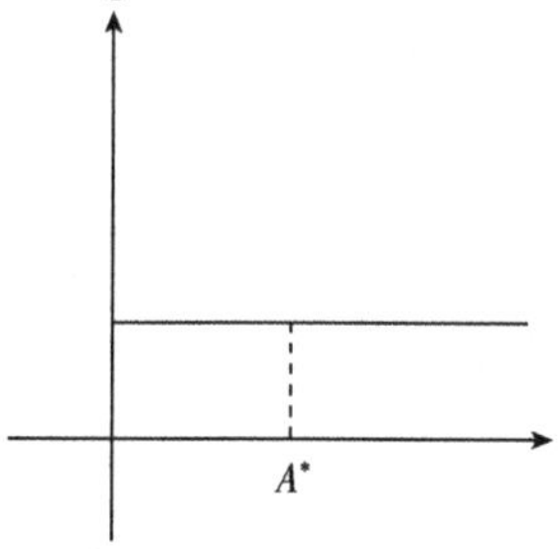

图6-6　经济增速和经济波动(ρ=0.5)

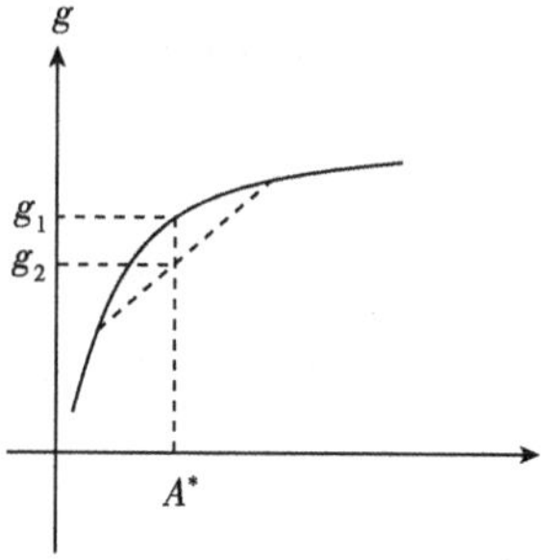

图6-7　经济增速和经济波动(ρ=0.6)

我们从以上分析中不难发现一个规律：项目二投资的周期性决定了经济波动与经济增长的关系。具体地，当项目二投资逆周期时，经济波动与经济增长正相关；当项目二投资顺周期时，经济波动与经济增长负相关。项目二若为逆周期，进一步的推测应当是：当发生负向冲击时，项目二投资增多，经济增速增大；当发生正向冲击时，项目二投资减少，经济增速降低。因此项目二投资的逆周期性并不能直接推测出经济波动有利于经济增长。那么我们不禁要问到底是什么原因使投资的周期性决定了经济波动与经济增长之间的关系呢？答案是相对边际收益波动性。

我们定义 $RR = VAR\{\ln[MR(z_t)]\} - VAR\{\ln[MR(k_t)]\}$ 为项目二对项目一的相对边际收益波动性，其中 MR 代表边际收益，VAR 代指方差。先从完全市场分析，在完全市场中我们已经得到企业家决策行为的欧拉方程：

$$A_t f'(k_t) = E_t[\beta A_{t+1} f'(z_t)] \tag{6-17}$$

式(6－17)左边为投资项目一的边际收益，右边为投资项目二的预期边际收益。即：

$MR(k_t) = A_t f'(k_t)$，$MR(z_t) = E_t[\beta A_{t+1} f'(z_t)]$。我们对等式两边取对数可得：

$\ln[MR(k_t)] = \ln[A_t] + \ln[f'(k_t)]$，$\ln[MR(z_t)] = \rho\ln[A_t] + \ln[f'(z_t)] + \ln\beta$

当 $\ln[A_t]$ 服从正态分布 $N(0,\sigma^2)$ 时，可以求出：

$VAR\{\ln[MR(k_t)]\} = VAR\{\ln[A_t]\} = \sigma^2$，$VAR\{\ln[MR(z_t)]\} = VAR\{\rho\ln[A_t]\} = \rho^2\sigma^2$

因此相对边际收益波动性为：

$$RR = VAR\{\ln[MR(z_t)]\} - VAR\{\ln[MR(k_t)]\} = (\rho^2 - 1)\sigma^2 \tag{6-18}$$

当 $\rho = 1$ 时，$RR = 0$，两种投资项目边际收益波动性相等，因此 A_t 波动性的改变不会影响两种项目投资占比。当 $\rho < 1$ 时，$RR < 0$，即与项目一

相比，项目二的边际收益波动性较小，在平均边际收益相等的情形下，企业出于规避风险的动机自然会更多地投资项目二，而且 σ^2 越大，企业会投资于项目二更多，即 z 与 σ^2 正相关。又因为 g 与 z 正相关，因此 g 与 σ^2 呈正相关关系。

我们同样用这种方式分析不完全市场。不完全市场中企业家决策行为的欧拉方程为：

$$A_t f'(k_t) = E_t[\beta A_{t+1}(1-\tau_t)f'(z_t)] \tag{6-19}$$

其中，$\tau_t = 1 - \lambda_t + (\frac{\partial \lambda_t}{\partial k_t} - \frac{\partial \lambda_t}{\partial z_t})\frac{f(z_t)}{f'(z_t)}$。对两边进行对数化处理后得到：

$\ln[MR(k_t)] = \ln[A_t] + \ln[f'(K_t)]$，$\ln[MR(z_t)] = \rho\ln[A_t] + \ln(1-\tau_t) + \ln[f'(z_t)] + \ln\beta$。

其中，$\ln(1-\tau_t) = \phi\ln[A_t] + \phi\ln(1+\mu) + \phi\ln f(k_t) + \ln\left[1\text{-}\phi\frac{f'(k_t)f(z_t)}{f(k_t)f'(z_t)}\right]$

进而可以求出项目一和项目二的边际收益波动性为：

$VAR\{\ln[MR(k_t)]\} = VAR\{\ln[A_t]\} = \sigma^2$

$VAR\{\ln[MR(z_t)]\} = VAR\{(\rho+\phi)\ln[A_t]\} = (\rho+\phi)^2\sigma^2$

相对边际收益波动性为：

$$RR = VAR\{\ln[MR(z_t)]\} - VAR\{\ln[MR(k_t)]\} = [(\rho+\phi)^2 - 1]\sigma^2 \tag{6-20}$$

当 $\rho+\phi>1$ 时，$RR>0$，即与项目一相比，项目二边际收益波动性更大。企业家为了规避风险会减少对项目二的投资，而且 σ^2 越大，企业家对项目二投资减少得越多，因此经济波动性和增长速度呈负相关。当 $\rho+\phi<1$ 时，经济波动性和增长速度呈正相关，分析思路与上面相同，这里不再赘述。

我们还发现，无论是完全市场还是不完全市场，RR 与 ρ 负相关，即经济波动性对增长速度的影响受到参数 ρ 的影响。而且 ρ 越小，波动性和增长速度越倾向正相关；ρ 越大，波动性和增长速度越倾向负相关。前文提到，在国外大部分的研究中经济波动性和增长趋势之间的关系都是负相关的（只有在少数金融发展水平较高的国家这两者之间的关系才呈现出正相关），而针对中国的研究则显示，1978 年之后二者正相关（此时中国金融发展水平并不是很高）。本书认为造成这种背离的原因正在于 ρ 的不同。

由前文可知，ρ 的大小衡量的是项目一和项目二受到冲击的异质性：ρ 越小说明项目异质性越大。与发达国家相比，中国过去几十年实现了快速的经济增长。而中国能够取得此巨大成就，很大一部分贡献归功于改革红利的释放。改革红利又被称为制度红利，是对国家体制进行改革而使得生产关系更有利于生产力的发展。既然是对体制进行改革，那么前提是有制可改，即的确存在不合理、不利于经济发展的制度。如果存在这种不合理的制度，那么对其实行改革以形成新的、合理的制度，这一过程就会释放出巨大的改革红利、促进经济的发展。可以说在改革开放之前，计划经济高度集中的特性使得市场无法有效地配置资源。在这种制度下，资源错配的现象十分严重：企业没有动力进行创新或更新生产设备，整个经济也没有进入、退出的市场选择机制。由于改革开放之前存在严重资源错配现象，导致大量的低效率、落后的生产线或企业被保护下来，进而导致改革开放之初企业异质性很大、项目异质性很大，即 ρ 较小。在这种背景下，虽然金融发展水平不高，但是经济波动对落后项目投资和先进项目投资的筛选作用是非常显著的，所以在改革开放之后的三十多年来，我国经济波动性变化对增长趋势影响为正。而对于发达国家而言，过去几十年一直都是实行有效市场经济，资源错配现象较少。在企业或项目可以自由进入、退出的情形下，落后的企业或项目很快被淘汰，先进的企业或项目不断产生，企业异质性比中国要小很多。而且发达国家经济波动影响经济增长的主要机制是 R&D 投资占比，短期投资和长期投资异质性较为固定，从而导致综合来看发达国家 ρ 较大。因此，必须在金融发展水平很高时,发达国家经济波动与经济增长才会变得正相关。

当然,AABM 模型是研究经济波动对创新活动支出占比的影响,而本章将这一模型扩展应用至研究经济波动对企业间资源重新配置的影响,这种应用是否合适还值得思考。AABM 模型构建的思想主要是根据投资特征对投资进行分类,即模型中的短期投资和长期投资,两类投资有三点不同:一是短期投资受到冲击比长期投资大;二是长期投资受到流动性冲击,而短期投资则不会;三是长期投资有助于生产率增长,而短期投资则没有该效应。本书同样是将企业分为两类:落后企业和先进企业,两类企业同样是具有三点不同:一是落后企业受到冲击比先进企业大。先进企业和落后企业本身就不同,无论是企业效率或是企业创新性方面都存在差异,因此经济冲击发生时,假定两类企业受到冲击的程度不同是合理的,假定落后企业受到冲击程度较大也是符合熊彼特“创造性破坏”思想的,也有很多文献支持经济遭到负向冲击时,落后企业受到冲击较大、更容易破产(Caballero & Hammour,1994),因此这一条假定是符合现实状况的。二是先进企业受到流动性冲击,而落后企业不会。先进企业和落后企业通常都有可能受到流动性冲击,因此在建模之初笔者曾试图为低效率投资也加上受到流动性冲击的假定,但是两种投资项目均受到流动性冲击,均有一定概率失败,最终金融发展程度对两种投资结构的影响会由两种投资项目的相对失败概率决定。这种构建方式会使模型变得过于复杂,不利于直观地进行分析,因此本书最后选择这种简化的形式,将低效率投资受到的流动性冲击标准化为 1,进而最后受到的流动性冲击可以理解为相对低效率投资,高效率投资受到的流动性冲击。在这种模型设定下,我们可以方便地得到正确的结论。而且根据已有研究,由于先进企业往往是成立时期较短的企业,企业可担保物较少、与银行之间的信息交流不够,导致这类企业更容易受到信贷约束,进而先进企业比落后企业往往更容易遭到流动性冲击,所以这一条假设也是合理的。三是先进企业有助于生产率增长,而落后企业则不会。最近几年对于资源错配方面的研究论文可谓数不胜数,他们的研究也都认为资源的错配使得全要素生产率下降了。如果资源能够从那些低效率的企业流转到高效率的企业,经济将实现更高速的增长,因此假定高效率企业占比提高有助于生产率增长是合理的。基于以上几点考虑,笔者认为 AABM 模型同样适用于分析低效率投资和高效率投资、落后企业和先进企业。

如果以上理论分析正确,那么我们以国有企业占比作为企业异质性衡量指标,用国有企业固定资产投资作为低效率投资代理指标,非国有企业固定资产投资作为高效率投资代理指标,可以得出以下两个命题:

命题一:非国有企业固定资产投资占比与经济波动正相关,而且国企占比越高,这种正相关性越强。

命题二:非国有企业固定资产投资占比具有逆周期性,而且国企占比越高,这种逆周期性越强。

第三节　经济波动对资源在企业间再配置影响的实证分析

一、经济波动、非国有企业固定资产投资占比与经济增长

（一）经济波动对非国有企业固定资产投资占比的影响

1. 模型设定、指标选取及数据说明

本部分主要是研究经济波动与非国有企业固定资产投资占比的关系，以及国企占比对这种关系的影响，因此设定基本模型如下：

$$rsinv_{it} = \alpha_0 + (\alpha_1 + \gamma_1 \times rpublic_{it}) \times vgdp_{it} + \varphi_1 \times rpublic_{it} + X_{it}^T\beta + \varpi_i + \nu_t + \varepsilon_{it} \tag{6-21}$$

其中，$rsinv_{it}$为非国有企业固定资产投资占比，$vgdp_{it}$为经济波动，$rpublic_{it}$为国企占比，X_{it}^T为控制变量向量，主要包括人均收入 $\ln gdp_{it}$、人力资本 stu_{it}、投资率 $rinv_{it}$、人口增长率 $rpop_{it}$、开放程度 exp_{it} 以及金融发展程度 $credit_{it}$，ϖ_i 代表地区效应，v_t 代表时间效应。

平均非国有企业固定资产投资占比 $rinv_{it}$用 t 到 $t+k-1$ 期非国有企业固定资产投资占总固定资产投资比例的平均值表示，其中 $k=5$。受数据所限，所用数据时间序列长度为1985—2012年，而且去掉了海南、重庆两个地区，其余变量的定义和计算方法与上文相同。数据来源与第三章以及第四章相同，此处不再赘述。

2. 回归结果分析

表6－1为不引入控制变量情形下经济波动与非国企投资占比回归结果。

表6－1 经济波动与非国有企业固定资产投资占比回归结果1

项目	(1)	(2)	(3)	(4)
	rsinv (Fe)	*rsinv* (Fe)	*rsinv* (IV－Fe)	*rsinv* (IV－Fe)
vgdp	1.615*** (7.19)	－0.939 (－0.97)	2.235*** (7.18)	－1.382 (－1.09)
vgdp×*rpublic*		3.651*** (2.68)		5.231*** (2.87)
rpublic		－0.176*** (－3.46)		－0.168*** (－3.06)
常数项	0.244*** (12.91)	0.362*** (9.10)	0.229*** (11.18)	0.339*** (8.01)
地区效应	是	是	是	是
时间效应	是	是	是	是
R－squared	0.8230	0.8268	0.8254	0.8280
N	696	696	667	667

注：①***表示在1%的显著水平上显著；②括号内为t值。

表6－1中第(1)列为不引入国企占比变量的回归结果，第(2)列为引入国企占比和国企占比与经济波动交叉项的回归结果。此处要注意国企占比属于存量概念，非国有企业固定资产投资占比属于流量(或增量)概念。国企占比反映的是过去的遗产，非国有企业固定资产投资占比的变化反映的是现在的选择。从第(1)列可以看出，经济波动项系数为1.615，且在1%的显著水平上显著，说明经济波动越剧烈，非国有企业固定资产投资占比越大，这和理论模型的预测相符。从第(2)列可以看出，引入国企占比和国企占比与经济波动交叉项后，经济波动项系数由正转负，经济波动项系数为－0.939，且不显著。国企占比与经济波动项交叉项系

数为3.651，且在1%的显著水平上显著。说明国企占比越高，经济波动对非国有企业固定资产投资占比促进效应越强，经济波动时，国企占比越高的地方，资源更多地流向非国有企业，因此上文命题二得证。

国有企业除了对经济增长产生贡献外，还发挥着稳定经济的作用，所以非国有企业固定资产投资占比可能会对经济波动有逆向影响。而且非国有企业固定资产投资占比的变动可能会引起国企占比的变动，因此，为了避免内生性问题，在表6－1第(3)列、第(4)列中采取经济波动滞后项、国企占比滞后项以及两者交叉项的滞后项作为工具变量进行回归。结果显示，采取工具变量法的估计结果和第(1)列、第(2)列的基本估计结果差异不大，仅引入经济波动作为解释变量时，经济波动项系数为2.235，且在1%的显著水平上显著。引入经济波动和国有企业占比交叉项之后，经济波动项系数为－1.382，但不显著。国企占比和经济波动交叉项系数为5.231，且在1%的显著水平上显著。对比来看，采用工具变量进行分析后，各项系数绝对值变得更大，这说明在采用工具变量法后经济波动以及经济波动与国企占比交叉项对非国有企业固定资产投资占比的影响更显著。

表6－2为引入控制变量后的回归结果。其中第(1)列为不引入国企占比变量的回归结果，第(2)列为引入国企占比和国企占比与经济波动交叉项的回归结果。从第(1)列可以看出，经济波动项系数为1.173，且在1%的显著水平上显著。从第(2)列可以看出，引入国企占比和国企占比与经济波动交叉项后，经济波动项系数由正转负，经济波动项系数为－4.212，且在1%的显著水平上显著，国企占比与经济波动项交叉项系数为7.465，且在1%的显著水平上显著。第(3)列、第(4)列为采取经济波动滞后项、国企占比滞后项以及两者交叉项的滞后项作为工具变量进行回归的结果。从第(3)列可以看出，经济波动项系数为1.737，且在1%的显著水平上显著。从第(4)列可以看出，引入国企占比和国企占比与经济波动交叉项后，经济波动项系数由正转负，经济波动项系数为

-4.802，且在1%的显著水平上显著。国企占比与经济波动项交叉项系数为9.100，且在1%的显著水平上显著。

表6-2 经济波动与非国有企业固定资产投资占比回归结果2

项目	(1)	(2)	(3)	(4)
	rsinv (Fe)	*rsinv* (Fe)	*rsinv* (IV-Fe)	*rsinv* (IV-Fe)
vgdp	1.173*** (5.71)	-4.212*** (-4.71)	1.737*** (5.85)	-4.802*** (-4.08)
vgdp×*rpublic*		7.465*** (6.05)		9.100*** (5.59)
rpublic		-0.373*** (-5.91)		-0.372*** (-4.99)
ln*gdp*	-0.184*** (-7.94)	-0.242*** (-10.17)	-0.178*** (-7.04)	-0.238*** (-9.06)
stu	0.001*** (8.70)	0.000*** (6.70)	0.000*** (8.33)	0.000*** (6.35)
rinv	0.080*** (3.86)	0.111*** (5.24)	0.087*** (4.12)	0.114*** (5.19)
rpop	1.688*** (4.78)	1.765*** (5.07)	1.619*** (4.56)	1.764*** (5.00)
exp	0.091*** (3.13)	0.055* (1.94)	0.081*** (2.75)	0.044 (1.50)
credit	-0.128*** (-8.18)	-0.154*** (-9.46)	-0.124*** (-7.83)	-0.148*** (-8.70)
常数项	1.501*** (9.76)	2.161*** (12.19)	1.464*** (8.50)	2.141*** (10.48)
地区效应	是	是	是	是
时间效应	是	是	是	是
R-squared	0.8693	0.8790	0.8723	0.8809
F	75.93	34.57	70.14	31.82
N	696	696	667	667

注：①***、*分别表示在1%和10%的显著水平上显著；②括号内为*t*值。

总体来看,回归结果均显示判决系数较高、F 值较大、各变量系数较显著,说明模型设定合理、结果可靠。引入控制变量前后,经济波动、经济波动与国企占比交叉项系数变化不大,符号一致,说明上面的结论是稳健的。国企占比越高,经济波动对非国有企业固定资产投资占比促进效应越强。控制变量中,收入水平、金融发展程度两个变量系数显著为负,说明非国有企业固定资产投资占比具有收敛的现象。改革开放之初非国有企业占比较小,每年有大量资源流向非国有企业部门,非国企固定资产投资占比较大,当非国企存量占比较高、经济较发达时,非国有企业固定资产投资占比就会变得较低。人力资本、人口增长率和对外开放程度变量的系数均显著为正,这可能是因为人力资本较发达、人口增长越快或对外开放程度越高的地区,进入非国有企业部门的人员占比越大,进而非国有企业固定资产投资越高。非国有固定资产投资占比与投资率呈正相关关系,说明投资率的提升有利于非国有企业部门的发展。

为了验证回归结论对计算区间的长度是否敏感,分别采取 3 年和 8 年作为区间长度进行重新计算,并基于新的数据进行回归分析,结果如表 6 - 3所示。当采用 3 年作为区间长度时,第(1)列结果为不引入国企占比和经济波动交叉项的回归结果,第(2)列为引入国企占比和经济波动交叉项的回归结果。第(1)列结果显示经济波动项系数为 0.522,且在 1% 的显著水平上显著。第(2)列结果显示经济波动项系数为 - 3.887,且在 1% 的显著水平上显著,经济波动和国企占比交叉项系数为 5.996,且在 1% 的显著水平上显著。当采用 8 年作为区间长度时,第(3)列结果为不引入国企占比和经济波动交叉项的回归结果,第(4)列为引入国企占比和经济波动交叉项的回归结果。第(3)列结果显示经济波动项系数为 2.117,且在 1% 的显著水平上显著。第(4)列结果显示经济波动项系数为 - 3.895,且在 1% 的显著水平上显著,经济波动和国企占比交叉项系数为 8.242,且在 1% 的显著水平上显著。不难看出,无论采用 3 年还是 8 年作为区间长度,回归结果均得出相同的结论:非国有企业固定资产投资占比与经济波动正相关，而且国企占比越高，这种正相关性越强。因此，本部分的结论并不会随着计算区间长度的改变而发生明显的变化，即本部分结论是稳健的。

表6-3　不同区间长度的估计结果

项目	(1)	(2)	(3)	(4)
	3年	3年	8年	8年
	rsinv	*rsinv*	*rsinv*	*rsinv*
vgdp	0.522*** (2.76)	-3.887*** (-4.13)	2.117*** (9.51)	-3.895*** (-4.28)
vgdp × *rpublic*		5.996*** (4.68)		8.242*** (6.72)
rpublic		-0.347*** (-5.11)		-0.307*** (-4.97)
ln*gdp*	-0.195*** (-7.39)	-0.242*** (-8.99)	-0.144*** (-6.66)	-0.193*** (-8.79)
stu	0.001*** (8.84)	0.001*** (6.54)	0.001*** (5.82)	-0.001*** (4.41)
rinv	-0.003 (-0.14)	0.008 (0.36)	0.032 (1.61)	0.040** (2.03)
rpop	1.238*** (3.92)	1.186*** (3.81)	2.828*** (7.40)	3.052*** (8.19)
exp	0.070** (2.40)	0.027 (0.89)	0.033 (1.22)	-0.001 (-0.02)
credit	-0.143*** (-8.04)	-0.166*** (-8.97)	-0.126*** (-8.62)	-0.142*** (-9.49)
常数项	1.628*** (9.27)	2.213*** (11.13)	1.198*** (8.25)	1.754*** (10.59)
地区效应	是	是	是	是
时间效应	是	是	是	是
R-squared	0.8336	0.8423	0.8980	0.9059
F	61.90	28.54	90.61	53.50
N	696	696	638	638

注：①***、**分别表示在1%、5%的显著水平上显著；②括号内为*t*值。

（二）非国企固定资产投资占比对经济波动与经济增长关系的贡献

1. 模型设定

根据上面的分析我们发现经济波动加剧会提升非国企投资占比，为了研究清楚非国企投资占比机制的作用，我们还得弄清楚非国企投资占比对经济增长的贡献度。我们在增长收敛框架中引入非国有企业固定资产投资占比变量进行回归，模型设定如下：

$$rgdp_{it} = \alpha_0 + \alpha_1 rsinv_{it} + X_{it}^T\beta + \varpi_i + v_t + \varepsilon_{it} \tag{6-22}$$

各符号含义、指标选取与上文相同，此处不再赘述。

2. 回归结果分析

上述模型回归结果如表 6－4 所示，第（1）列为基本回归结果，第（2）列为采取非国企固定资产投资占比滞后期作为工具变量进行回归的结果。从中可以看出，非国企固定资产投资占比系数显著为正（系数大小为 0.024），说明非国企固定资产投资占比的增加有利于经济增速的提升。在使用工具变量法进行估计后，非国企固定资产投资占比变量系数没有明显变化，说明该结论是稳健的。

通过表 6－1 第（1）列回归结果我们已知经济波动对非国有企业固定资产投资占比的影响系数为 1.615，根据表 6－4 第（1）列回归结果我们可知非国有企业固定资产投资占比对经济增长的影响系数为0.024，那么据此可以计算出经济波动通过非国有企业固定资产投资占比机制对经济增长产生影响的系数约为 1.615 ×0.024 =0.03876。为了检验非国企投资占比是否为主要机制，我们还得估算出经济波动性变化对增长趋势的总影响系数。

表 6－4　非国企固定资产投资占比对经济增长的影响

项目	rgdp	
	(1)	(2)
	Fe	IV 估计结果
rsinv	0.024*** (2.63)	0.024** (2.44)
ln*gdp*	-0.050*** (-8.75)	-0.052*** (-8.63)
stu	-0.000*** (-3.42)	-0.000*** (-3.34)
rpop	-0.285*** (-3.12)	-0.294*** (-3.24)
exp	-0.038*** (-5.67)	-0.040 (-5.96)
常数项	0.612*** (10.88)	0.475*** (10.26)
地区效应	是	是
时间效应	是	是
R－squared	0.7088	0.7159
N	696	667

注：①***、**分别表示在1%、5%的显著水平上显著；②括号内为 *t* 值。

我们在 1985—2012 年的省级面板数据的基础上，检验了经济增长和经济波动之间的关系，通过回归得出结果如表 6－5 所示。表 6－5 中第(1)列为基本回归结果，第(2)列为采用经济波动滞后项作为工具变量的估计结果。从第(1)列我们可以看出，经济波动对经济增长的总影响系数为 0.038，也就是说，经济波动通过非国有企业固定资产投资占比机制对经济增长产生影响的系数与总影响系数基本相等，证实了非国有企业固定资产投资占比机制是经济波动影响经济增长的主要机制。

当然，我们还可以继续借鉴 Aghion 等(2010)的做法，在回归模型中引入非国有企业固定资产投资占比变量，通过观察引入该变量前后经济波动项系数的变化来检验非国有企业固定资产投资占比是否为主要机制。在表6-5第(3)列中我们引入了非国有企业固定资产投资占比变量,可以看出,此时经济波动项系数变为0.009。与未引入非国有企业固定资产投资占比变量之前的0.038相比,经济波动项系数减小了76%,说明非国有企业固定资产投资占比机制的确是经济波动影响经济增长的主要机制。

表6-5　经济波动对经济增长的影响

项目	*rgdp*		
	(1)	(2)	(3)
	Fe	IV估计结果	Fe
vgdp	0.038 (0.74)	0.128* (1.74)	0.009 (0.17)
rsinv			0.024** (2.53)
ln*gdp*	-0.053*** (-9.21)	-0.053*** (-8.37)	-0.050*** (-8.52)
stu	-0.000*** (-2.92)	-0.000*** (-2.86)	-0.000*** (-3.41)
rpop	-0.252*** (-2.77)	-0.267*** (-2.95)	-0.285*** (-3.11)
exp	-0.039*** (-5.66)	-0.041*** (-6.01)	-0.039*** (-5.67)
常数项	0.423*** (11.15)	0.476*** (9.78)	0.610*** (10.62)
地区效应	是	是	是
时间效应	是	是	是
R-squared	0.7059	0.7112	0.7089
N	696	667	696

注:①***、**、*分别表示在1%、5%和10%的显著水平上显著;②括号内为*t*值。

(三)稳健性检验

为了检验非国有企业固定资产投资占比机制对经济波动和经济增长关系贡献度的稳健性,接下来我们改变样本量,基于计算区间末年为1994年之后年份的子样本进行实证分析,回归结果如表6-6所示。

表6-6　经济波动、非国企固定资产投资占比与经济增长的影响(1994年之后)

项目	(1)	(2)	(3)	(4)
	rsinv	*rgdp*	*rgdp*	*rgdp*
	Fe	Fe	Fe	Fe
rsinv		0.059*** (5.39)		0.057*** (5.09)
vgdp	1.456*** (5.41)		0.127** (1.99)	0.064 (1.01)
ln*gdp*		-0.064*** (-9.16)	-0.074*** (-10.74)	-0.063*** (-8.96)
stu		-0.000*** (-3.41)	-0.000** (-2.54)	-0.000*** (-3.37)
rpop		-0.378*** (-4.25)	-0.307*** (-3.40)	-0.375*** (-4.21)
exp		-0.040*** (-5.90)	-0.045*** (-6.57)	-0.040*** (-5.94)
常数项	0.256*** (13.10)	0.600*** (10.85)	0.685*** (12.63)	0.590*** (10.53)
地区效应	是	是	是	是
时间效应	是	是	是	是
R-squared	0.8654	0.6396	0.6217	0.6403
N	551	551	551	551

注:①***、**分别表示在1%、5%的显著水平上显著;②括号内为*t*值。

表6-6第(1)列为经济波动对非国有企业固定资产投资占比的影响,可以看出,经济波动对非国有企业固定资产投资占比的影响系数为1.456,且在1%的显著水平上显著。第(2)列为非国有企业固定资产投资占比对

经济增长的影响，非国有企业固定资产投资占比项系数为0.059，且在1%的显著水平上显著。因此，非国有企业固定资产投资占比越高越有利于经济增长。根据第(1)列和第(2)列的估计结果我们可以计算出经济波动通过非国有企业固定资产投资占比机制对经济增长产生的影响系数为0.059×1.456=0.0859，约占第(3)列中给出的经济波动对经济增长总影响系数的68%。说明在子样本中，非国有企业固定资产投资占比同样是经济波动对经济增长产生影响的主要机制。表6-6中第(4)列为引入非国有固定资产投资占比变量后的估计结果，可以看出引入非国有企业固定资产投资占比变量后，经济波动项下降了近50%，同样验证了非国有企业固定资产投资占比是经济波动影响经济增长的主要机制。

二、非国企投资占比的周期性

(一)模型、数据与变量说明

本部分主要研究非国有企业固定资产投资占比的周期性以及国企占比对其周期性的影响，因此设定模型如下：

$$rsinv_{it} = \alpha_0 + (\alpha_1 + \gamma_1 \times rpublic_{it}) \times cycle_{it}^{j} + \varphi_1 rpublic_{it} + X_{it}^{T}\beta + \varpi_i + v_t + \varepsilon_{it} \qquad (6-23)$$

其中，$cycle_{it}^{j}$为产出缺口，其中$j=1,2,3$分别表示当期产出缺口、滞后一期产出缺口和滞后两期产出缺口。$rpublic_{it}$为国企占比，X_{it}^{T}为控制变量向量，主要包括人均收入$\ln gdp_{it}$、投资率$rinv_{it}$、人口增长率$rpop_{it}$、开放程度exp_{it}以及金融发展程度$credit_{it}$，ϖ_i代表地区效应，v_t代表时间效应。

本书产出缺口由各地区人均GDP数据，采用广泛应用的HP滤波法求得。根据Backus和Kehoe(1992)的意见，本书取趋势成分波动因子$\lambda=100$。

其余各变量定义与上文相同，但是本部分变量全部采用单期变量的形式，亦可视为$k=1$时计算的结果。受数据所限，所用数据时间序列长度为1985—2008年，而且去掉了海南、重庆两个地区，数据来源与上文相同，不再赘述。

（二）回归结果分析

表6-7为非国企投资占比周期性回归结果。从回归结果中可以看出，控制变量的系数变化不大，也基本都显著。我们主要关注的是产出缺口项和国企占比与产出缺口交叉项的系数。第（1）列、第（2）列为用当期产出缺口变量进行回归的结果，第（3）列、第（4）列为用滞后一期产出缺口变量进行回归的结果，第（5）列、第（6）列为用滞后两期的产出缺口变量进行回归的结果。从第（1）列可以看出，产出缺口项系数为0.284，且在5%的显著水平上显著。说明非国有企业固定资产投资占比具有顺周期性，这与上文命题二矛盾。从第（2）列可以看出，产出缺口项系数为1.189，且在5%的显著水平上显著，国企占比和产出缺口交叉项系数为-1.310，且在10%的显著水平上显著。国企占比和产出缺口交叉项系数显著为负，说明国企占比越高的地区，非国有企业固定资产投资占比越偏向逆周期，这与上文命题二相符。是什么因素导致这种特殊现象的存在呢？

表6-7　非国企投资占比周期性回归结果

项目	(1)	(2)	(3)	(4)	(5)	(6)
	rsinv(Fe)	*rsinv*(Fe)	*rsinv*(Fe)	*rsinv*(Fe)	*rsinv*(Fe)	*rsinv*(Fe)
*cycle*1	0.284** (2.29)	1.189** (2.23)				
*cycle*1 × *rpublic*		-1.310* (-1.87)				
*cycle*2			0.097 (0.77)	1.129** (2.11)		
*cycle*2 × *rpublic*				-1.492** (-2.12)		

续表

项目	(1)	(2)	(3)	(4)	(5)	(6)
	rsinv(Fe)	rsinv(Fe)	rsinv(Fe)	rsinv(Fe)	rsinv(Fe)	rsinv(Fe)
cycle3					-0.014 (-0.11)	0.791 (1.49)
cycle3 × *rpublic*						-1.133 (-1.63)
rpublic		-0.390*** (-5.27)		-0.410*** (-5.45)		-0.415*** (-5.43)
ln*gdp*	-0.210*** (-6.55)	-0.240*** (-7.56)	-0.224*** (-6.70)	-0.258*** (-7.77)	-0.228*** (-6.53)	-0.260*** (-7.52)
rinv	0.065 (2.31)	0.082*** (2.95)	0.051* (1.78)	0.076*** (2.71)	0.037 (1.27)	0.067** (2.33)
rpop	0.433** (2.01)	0.379* (1.79)	0.461** (2.14)	0.422** (2.01)	0.465** (2.17)	0.392* (1.87)
exp	0.101** (2.26)	0.013 (0.29)	0.046 (0.99)	-0.044 (-0.92)	-0.001 (-0.03)	-0.084* (-1.70)
credit	-0.132*** (-6.40)	-0.173*** (-8.01)	-0.141*** (-6.77)	-0.185*** (-8.49)	-0.146*** (-6.98)	-0.190*** (-8.63)
stu	0.001*** (9.37)	0.001*** (6.63)	0.001*** (9.33)	0.001*** (6.73)	0.001*** (9.02)	0.001*** (6.54)
常数项	1.736*** (8.18)	2.268*** (9.95)	1.865*** (8.31)	2.435*** (10.15)	1.937*** (8.22)	2.505*** (9.96)
地区效应	是	是	是	是	是	是
时间效应	是	是	是	是	是	是
R-squared	0.8280	0.8363	0.8331	0.8421	0.8387	0.8470
F	48.05	19.03	45.73	18.76	42.64	17.69
N	696	696	667	667	638	638

注：①***、**、*分别表示在1%、5%和10%的显著水平上显著；②括号内为 t 值。

答案是政府的行为。我们将非国有企业固定资产投资占比分为两个部分 z_1 和 z_2。其中，z_1 为由市场决定的部分，根据理论模型可知 z_1 为逆周期的；z_2 为由政府行为决定的部分，我们会发现 z_2 是顺周期的。当经济向下波动时,政府为了平稳经济,往往会加大投资、拉动经济增长;当经济向上波动时,政府会减少甚至停止为了拉动经济而进行的投资。这些政府主导的投资主要是通过国有企业进行的,因此由政府行为决定的国有企业固定资产投资占比是逆周期的,从而由政府行为决定的非国有企业固定资产投资占比是顺周期的。z_1、z_2 和 A 的关系如图 6 - 8 所示,对这两部分进行直接加总可得到总的非国有企业固定资产投资与经济波动关系图,如图 6 - 9 所示。在这种情形下,非国有企业固定资产投资占比具有顺周期性,国企占比越高,非国有企业固定资产投资占比越偏向逆周期,非国有企业固定资产投资占比与经济波动正相关以及国企占比越高,非国有企业固定资产投资占比与经济波动正相关性越强均可得到解释。

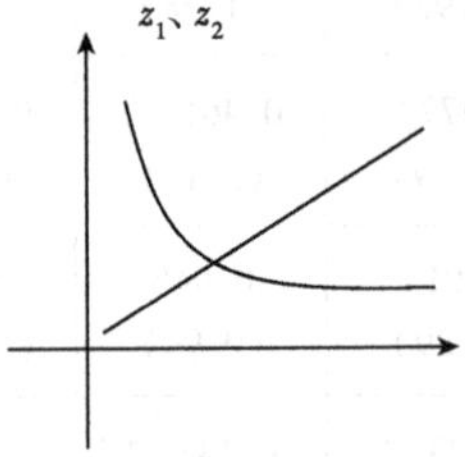

图 6 - 8　经济波动和两部分非国有企业固定资产投资占比

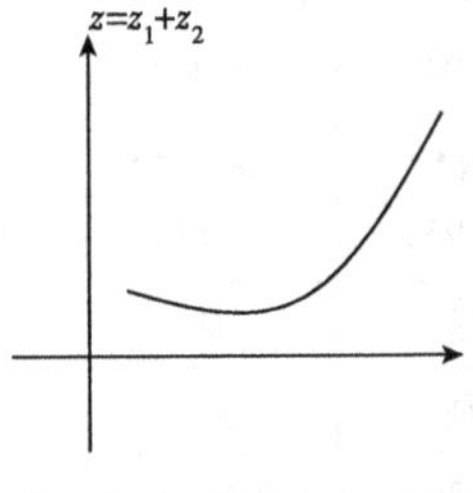

图 6 - 9　经济波动和总体非国有企业固定资产投资占比

非国有企业固定资产投资占比的变动有可能对产出缺口产生影响,因此可能会存在内生性问题。为了避免这个问题,我们采用滞后一期和滞后两期产出缺口变量进行回归,这样产出缺口属于前定变量,可以避免这种逆向因果问题,结论如表 6 - 7 中第(3)至第(6)列所示。不难看出,采用滞后一期的产出缺口变量进行回归时,各变量系数变化不大,非国有企业固定资产投资占比依然呈现出较弱的顺周期性,国企占比越高,非国有企业固定资产投资占比越偏向逆周期;采用滞后两期产出缺口变量进行回归时,非国有企业固定资产投资占比呈现出较弱的逆周期性,国企占比越高,非国有企业固定资产投资占比越偏向逆周期,基本和采用当期产出缺口变量进行回归的结果相符,说明上面的结论是稳健的。

第四节 本章小结

通过本章理论分析和实证分析可以看出，中国经济波动加剧有利于非国有企业固定资产投资占比的提升，进而促进经济长期增长。即中国经济波动可通过资源在企业间再配置这一机制对经济增长产生影响，而且这一传导机制为主要机制。同时，经济波动对非国有企业固定资产投资占比的促进作用还会受到国企占比的影响，这是因为国有企业占比多少直接影响了资源再配置空间的大小。中国过去三十多年实行的市场化改革，对计划经济体制遗留的大量落后企业进行了清理，对严重错配的资源进行了重新配置，这种改革红利的释放使中国经济波动和经济增长的关系与发达国家的情况不同。当然，我们同时要认识到中国经济短期波动对长期增长的促进效应是不可持续的。一方面，低效率国有企业不断被清理，另一方面，通过国企改革，存活下来的国有企业经营效率也不断提高，最终会导致总体企业异质性不断缩小，经济波动越来越难以产生较为显著的清理作用，即经济波动对经济增长的促进效应会越来越弱。

第七章

中国经济短期波动对长期增长影响的演变

第一节　引言

经济周期理论认为，金融摩擦的存在会放大外生冲击进而加剧经济波动（Bernanke & Gertler，1989；Kiyotaki & Moore，1997；康立、龚六堂和陈永伟，2013；康立和龚六堂，2014）。在经济增长理论中，金融摩擦则会通过影响研发活动投入和资源配置效率来抑制经济增长（Chen & Song，2013；Midrigan & Xu，2014）。然而很少有学者研究金融摩擦对经济波动和增长关系的影响。在这方面，Aghion 等（2010）的研究具有开创性意义。Aghion 等（2010）认为经济波动通过机会成本效应和预期收益效应对经济增长产生影响，而金融发展程度的提升则会通过影响预期收益效应来促使经济波动和经济增长之间越来越偏向正相关。

Aghion 等（2010）的研究具有启发性和开拓性，但是这个研究框架不完全适用于分析中国经济。因为，第一，由上文的分析可知，经济波动通过投资率、资源在企业内配置以及资源在企业间配置三条机制对经济增长产生影响。由于金融摩擦的普遍存在，金融发展程度会对这三条机制产生影响。而由于不同类型的投资或企业所承受的金融摩擦系数不同，金融发展对这三条机制的影响也存在差异。因此，金融发展程度对经济波动和经济增长关系的影响并不一定是固定不变的，而应该是随着金融资源对不同类型投资或企业支持偏好的改变而改变。第二，关于经济短期波动和长期增长关系的研究，国内的研究结论和国外经典研究结论存在较大的差异：国外经典实证研究表明经济短期波动和长期增长呈负相关，而在中国经济中这两者的关系呈现阶段性特点：改革开放前两者呈负相关关系，改革开放后两者主要呈正相关关系，2008 年金融危机之后又偏向负相关关系。第三，上文基于中国数据的实证分析发现金融发展对企业内部研发活动的影响和 Aghion 等（2010）的研究结论存在差异。因此，我们认为需要对这个模型进行改造和扩展。

本章在第二节将会扩展 AABM 模型，将 AABM 模型中只有一种投资项目受到金融摩擦影响的假设扩展为两种投资项目均会受到金融摩擦的影响，而且每种投资项目受金融摩擦的影响程度可能存在差异。我们据此扩展模型进行研究，结果发现，金融发展程度的提升对经济波动和经济增长关系的影响并不是固定、一成不变的。金融发展在其中所起的作用取决于金融发展模式，即随着金融发展程度的提升，金融资源被更多地用来支持哪一类型投资项目。

通过上面章节的分析，除了金融发展程度之外，国有企业占比变量对投资率、资源在企业内配置以及资源在企业间配置三条机制的影响也很显著。第一，对于投资率机制来说，国企占比之所以对经济波动和投资率之间关系产生影响是因为国企越多，政府隐性担保越多，金融摩擦机制（仅对投资率机制而言）越难以发挥作用。第二，对于资源在企业内配置来说，国有企业占比之所以会影响经济波动与企业研发活动之间的关系，主要是由国企的特殊身份所致。与非国企领导人的单一经济人角色不同，国企领导人还具有政治人这一身份：作为经济人，国企领导人将积极扩大企业规模、提升市场竞争力；而作为政治人，他们还需要完成平稳地方经济、缓解失业压力等任务，从而实现其政治晋升目标。同时，任期制所引致的地方政府官员目标短期化问题也同样影响国企领导人。相对于自主创新，技术引进具有风险小、周期短、见效快等特征，因而更符合很多国企领导人的诉求。随着政治人角色分量增大，国企领导人对技术引进的偏好将越强。技术引进规模的扩大会挤占自主创新方面的资源，这将不利于技术创新模式转变。此外，行政垄断也是政企关联发挥作用的“媒介”。为了更好地推进产业升级与经济发展，各级政府往往将与其关系密切的国有企业作为技术引进的主要载体,并给予其大量的优惠政策与市场保护,从而形成了较强的行政垄断。当国企享有行政垄断的保护时,其便可免于激烈的市场竞争,并增加从技术引进而非自主创新中获得的竞争优势与利润。第三,对于资源在企业间配置而言,大量低效率国企的存在提供了资源在企业间再配置的空间,这直接决定了经济波动所能产生的清理效应的大小,进而直接影响经济波动对经济增长促进性的大小。而且根据上文的分析,资源在企业间配置这一机制是经济波动影响经济增长的主要机制。

本章将在第三节从实证的角度,引入国有企业占比进行分析,以检验国企占比变量对经济波动和经济增长关系的作用。

第二节 金融发展的作用

一、理论模型

(一)模型描述①

假定经济中只有一类经济主体(企业家),每一个企业家可以存活三期,同时负责生产和消费。每一代有一单位的企业家,每一位企业家每期均拥有 H_t 单位有效劳动(effective labor)。为了简化分析,假定 H_t 单位有效劳动对 t 期出生的企业家来说是固定的、外生决定的。同时,通过代际间的溢出效应,H_t 的增长率由经济的一般均衡决定。经济中只有一种消费品,两种投资项目。我们假定 t 期出生企业家的效用函数为:

$$U_t = C_{t,t} + \beta C_{t,t+1} + \beta^2 C_{t,t+2} \tag{7-1}$$

其中,$C_{t,t+n}$ 为各期的消费,$n \in \{0,1,2\}$,β 为折现因子。

企业家可以在其生命中第一期利用 CRS 技术将 H_t 单位有效劳动转换成两种资本品。在第二期和第三期,企业家不能再继续将有效劳动转换为资本品,但可以基于第一期留下的资本和本期的有效劳动,利用另外

---

① 本部分理论模型式(7-1)至(7-10)、式(7-12)至式(7-15)基本沿用 AABM 模型的构建思路,不同之处在于 AABM 模型中两种投资项目分期出现,每种项目只存在一期,而且只有一个项目会受到流动性冲击,本书的模型假定两种投资项目同时出现,每种项目均存在两期,且均会受到流动性冲击。式(7-11)为本书对基本模型的扩展,目的是分析不同金融发展方式对经济波动和经济增长关系的影响。式(7-16)至式(7-18)为本书对基础模型结论的进一步简化,目的是方便校准和模拟,进而可以直观地了解经济波动和经济增长之间的关系。式(7-19)为本书对基础模型的进一步扩展,目的是分析经济波动和经济增长之间关系产生的机理。

两种 CRS 技术来生产消费品。需要特别说明的是，企业家在第一期就必须决策好对于两种项目的投资，而且在后面两期不得变更。我们分别将两个项目的投资命名为项目一投资 K_t 和项目二投资 Z_t。

在第一期，企业家利用单一人力资本生产资本品，由于利用的是 CRS 技术，因此生产函数为线性。我们假定 $K_t = \theta_k H_{K,t}$，$H_{K,t}$ 为配置到生产 K_t 资本的有效劳动数量，θ 为生产率，K_t 为项目一的产出。同样，$Z_t = \theta_z H_{Z,t}$，$H_{Z,t}$ 为配置至生产 Z_t 资本的有效劳动数量，θ 为生产率，Z_t 为产出。为了便于分析，我们假定生产两种资本品的生产率相等，即 $\theta_k = \theta_z = \theta$。

在第二期，企业家可以同时进行项目一和项目二的运行。为了简化分析，我们假定每一个项目都可以运用 H_t 单位的有效劳动，即假定生产消费品时，有效劳动具有非排他性。因此 t 期出生的企业家在 $t+1$ 生产的消费品数量为：

$$Y_{t,t+1} = A_{t+1}F(K_t, H_t) + A_{t+1}F(Z_t, H_t) \tag{7-2}$$

其中，A_{t+1} 为外生决定的生产率冲击，K_t 和 Z_t 为项目一和项目二的投资，H_t 为有效劳动，F 为新古典型生产函数。为了简化分析，假设 F 为 Cobb - Douglas 式生产函数：$F(K,H) = K^{\alpha}H^{1-\alpha}$，$F(Z,H) = Z^{\alpha}H^{1-\alpha}$，其中$\alpha \in (0,1)$。

在第三期，企业家延续第二期的 K_t 和 Z_t 继续进行消费品的生产，即假定折旧率为零。在第二期结束时，两个项目均会遭到流动性冲击，即项目一和项目二需要额外付出 L_{t+1}^1 和 L_{t+1}^2 的成本才能在第三期带来产出。如果两个项目都顺利度过这个流动性冲击，那么第三期的产出为：

$$Y_{t,t+2} = A_{t+2}F(K_t, H_t) + A_{t+2}F(Z_t, H_t) \tag{7-3}$$

其中，A_{t+2} 为 $t+2$ 期生产率冲击，如果企业家没能度过某一个流动性冲击，那么相应项目的产出为零。我们还进一步假定，若项目一或者项目二度过了流动性冲击，那么在 $t+2$ 期还会获得 $\beta^{-1}L_{t+1}^i$ 的额外回报，$i \in \{1,2\}$，这个假设保证了这种流动性冲击不会影响项目一或项目二的净现值。

企业家在经济中可以交易一种短期无风险债券，每一期的借贷数量受到当期产出和金融发展程度的限制，其中金融发展程度变量由 μ 表示。因此企业家第一期的预算约束可表示为：

$$C_{t,t}+q_t(K_t+Z_t)=q_t\theta H_t+B_{t,t},B_{t,t}\leqslant\mu q_t\theta H_t \tag{7-4}$$

其中，$C_{t,t}$为 t 期消费，q_t 为 t 期资本品的价格，$q_t(K_t+Z_t)$为 t 期购买的资本品，$q_t\theta H_t$ 为 t 期生产资本品出售的收入，$B_{t,t}$为企业家 t 期的借贷数量。第二期的预算约束为：

$$C_{t,t+1}+L_{t+1}e^1_{t,t+1}+L_{t+1}e^2_{t,t+1}=Y_{t,t+1}+B_{t,t+1}-(1+R_t)B_{t,t},B_{t,t+1}\leqslant\mu Y_{t,t+1} \tag{7-5}$$

其中，$C_{t,t+1}$为 $t+1$ 期消费，$Y_{t,t+1}$为 $t+1$ 期产出收入，L_{t+1}为项目一和项目二受到的流动性冲击，$e^1_{t,t+1}$和 $e^2_{t,t+1}$分别为项目一和项目二是否度过流动性冲击的指示变量。例如，当 $e^1_{t,t+1}=1$ 时，表示项目一成功度过流动性冲击，当 $e^1_{t,t+1}=0$ 时，表示项目一未能度过流动性冲击，$e^2_{t,t+1}$含义类似。R_t 为 t 期无风险利率。由于只能存活三期，因此企业家在第三期将不再有借贷行为，预算约束为：

$$C_{t,t+2}=[A_{t+2}F(K_t,H_t)+\beta^{-1}L^1_{t+1}]e^1_{t,t+1}+[A_{t+2}F(Z_t,H_t)+\beta^{-1}L^2_{t+1}]e^2_{t,t+1}-(1+R_{t+1})B_{t,t+1} \tag{7-6}$$

其中，$C_{t,t+2}$为$t+2$期消费，A_{t+2}为 $t+2$ 期生产率冲击，R_{t+1}为 $t+1$ 期无风险利率。

项目一和项目二的主要区别就在于项目一为非生产性投资，项目二为生产性投资。非生产性投资指的是只能带来产出，但是无助于长期有效劳动积累的投资，而生产性投资则可以带来有效劳动的积累。即：

$$H_{t+1}=G(H_t,Z_t) \tag{7-7}$$

且$\dfrac{\partial H_{t+1}}{\partial Z_t}>0$，函数 G 为连续函数。为了保证平稳增长，假定函数 G 为一次齐次函数，可简化假定为 Cobb - Douglas 式：$H_{t+1}=\varphi Z_t^{\alpha}H_t^{1-\alpha}$。进而可知经济长期增长速度为：

$$r = \ln H_{t+1} - \ln H_t = \varphi \alpha z_t \quad (7-8)$$

其中 $z_t = \dfrac{Z_t}{H_t}$，我们假定生产率冲击 A_t 服从 Markov 过程，变动范围受到 $[\underline{A}, \bar{A}] \subseteq R_+$ 限制，非条件均值为 1，条件均值 $E[A_{t+1}] = A_t^{\rho}$。同时还假定 $l_{t+1} = \dfrac{L_{t+1}}{H_t}$ 服从同一分布，这样可避免随着经济增长流动性冲击影响的衰减，进而保证经济沿着平衡增长路径变动。

（二）均衡分析

由于偏好为线性，因此均衡时利率由 $1 + R = \beta^{-1}$ 决定。企业家的效用函数可以简化为：

$$\begin{aligned} U_t &= C_{t,t} + \beta C_{t,t+1} + \beta^2 C_{t,t+2} = \\ & q_t(\theta H_t - K_t - Z_t) + \beta[A_{t+1}F(K_t, H_t) + A_{t+1}F(Z_t, H_t)] + \\ & \beta^2[A_{t+2}F(K_t, H_t)e_{t,t+1}^1 + A_{t+2}F(Z_t, H_t)e_{t,t+1}^2] \end{aligned} \quad (7-9)$$

最优投资决策可进一步简化为：

$$\max_{K_t, Z_t} E_t \{\beta[A_{t+1}F(K_t, H_t) + A_{t+1}F(Z_t, H_t)] + \beta^2[A_{t+2}F(K_t, H_t)e_{t,t+1}^1 + A_{t+2}F(Z_t, H_t)e_{t,t+1}^2] - q_t K_t - q_t Z_t\} \quad (7-10)$$

我们假定企业家依据第二期总产出 $Y_{t,t+1}$ 借得贷款 $\mu Y_{t,t+1}$ 后分别配置 $\mu_1 A_{t+1}F(K_t, H_t)$ 和 $\mu_2 A_{t+1}F(Z_t, H_t)$ 给项目一和项目二以抵御流动性冲击，即：

$$\mu_1 A_{t+1}F(K_t, H_t) + \mu_2 A_{t+1}F(Z_t, H_t) = \mu Y_{t,t+1}$$

进行化简可得：

$$(\mu_1 - \mu)A_{t+1}F(K_t, H_t) = (\mu - \mu_2)A_{t+1}F(Z_t, H_t) \quad (7-11)$$

通过式（7－11）不难发现，μ_1、μ 和 μ_2 之间的关系只有三种：$\mu_1 > \mu > \mu_2$、$\mu_1 = \mu = \mu_2$ 和 $\mu_1 < \mu < \mu_2$。三种情形分别对应了金融资源对两个项目不同的支持偏好：当 $\mu_1 > \mu > \mu_2$ 时，金融资源更多地用于支持项目一的发展，当 $\mu_1 < \mu < \mu_2$ 时，金融资源更多地用于支持项目二的发展，当 $\mu_1 = \mu = \mu_2$ 时，金融资源对两个项目的支持力度相同。因为非生产性投资

是项目一，而生产性投资是项目二，因此我们将$\mu_1>\mu>\mu_2$、$\mu_1=\mu=\mu_2$和$\mu_1<\mu<\mu_2$三种情形下的金融发展分别称作阻碍生产性金融发展、平衡性金融发展和促进生产性金融发展。

由上文分析可知，当$L_{t+1}^1\leqslant(1+\mu_1)A_{t+1}F(K_t,H_t)$时，$e_{t+1}^1=1$，当$L_{t+1}^1>(1+\mu_1)A_{t+1}F(K_t,H_t)$时，$e_{t+1}^1=0$，$e_{t+1}^2$含义相似。令$k_t=\dfrac{K_t}{H_t}$，$z_t=\dfrac{Z_t}{H_t}$，对式(7－10)进行标准化处理，其可以简化为：

$$\max_{k_t,z_t}E_t\{\beta[A_{t+1}f(k_t)+A_{t+1}f(z_t)]+\beta^2[A_{t+2}f(k_t)\lambda_{t+1}^1+A_{t+2}f(z_t)\lambda_{t+1}^2]-q_tk_t-q_tz_t\} \tag{7-12}$$

其中，$\lambda_{t+1}^1=\Phi\left[\dfrac{A_{t+1}F(K_t,H_t)}{H_t}\right]=(A_{t+1}f(k_t))^{\phi1}$为项目一度过流动性冲击的概率，$\lambda_{t+1}^2=\Phi\left[\dfrac{A_{t+1}F(Z_t,H_t)}{H_t}\right]=(A_{t+1}f(z_t))^{\phi2}$为项目二度过流动性冲击的概率，即两个项目第三期存活下来的概率对于两个项目第二期的产出为固定弹性。同时还假定$\rho+\phi_1-1>0$，$\rho+\phi_2-1>0$，做出这个假定只是为了保证每个项目第三期所受到的冲击程度大于第二期受到的冲击程度，这主要是因为项目在第三期比在第二期更多受到流动性冲击。弹性系数ϕ_1和ϕ_2的关系（$\phi_1>\phi_2$，$\phi_1=\phi_2$和$\phi_1<\phi_2$）由两个项目特质和期初金融资源配置格局决定。我们对式(7－12)求一阶条件可得：

$$E_t\left[\beta A_{t+1}f'(k_t)+\beta^2A_{t+2}\left(f'(k_t)\lambda_{t+1}^1+f(k_t)\frac{\partial\lambda_{t+1}^1}{\partial k_t}\right)\right]=q_t \tag{7-13}$$

$$E_t\left[\beta A_{t+1}f'(z_t)+\beta^2A_{t+2}\left(f'(z_t)\lambda_{t+1}^2+f(z_t)\frac{\partial\lambda_{t+1}^2}{\partial z_t}\right)\right]=q_t \tag{7-14}$$

式(7－13)、式(7－14)联立可得到欧拉方程：

$$E_t\left[A_{t+1}f'(k_t)+\beta A_{t+2}\left(f'(k_t)\lambda_{t+1}^1+f(k_t)\frac{\partial\lambda_{t+1}^1}{\partial k_t}\right)\right]=E_t\left[A_{t+1}f'(z_t)+\beta A_{t+2}\left(f'(z_t)\lambda_{t+1}^2+f(z_t)\frac{\partial\lambda_{t+1}^2}{\partial z_t}\right)\right] \tag{7-15}$$

式(7－15)左边为项目一在第二期和第三期的预期边际收益之和，

右边为项目二在第二期和第三期预期边际收益之和，即在均衡点处，两种项目投资的预期边际收益相等。对式（7－15）进一步化简可得：

$$K_t^{\alpha-1}+\beta(1+\phi_1)k_t^{\alpha+\alpha\phi_1-1}A_t^{\rho^2+\rho\phi_1-\rho}=z_t^{\alpha-1}+\beta(1+\phi_2)z_t^{\alpha+\alpha\phi_2-1}A_t^{\rho^2+\rho\phi_2-\rho} \quad (7-16)$$

在市场处于均衡状态时，资本品的供给和需求应当相等，即 $K_t+Z_t=\theta H_t$，标准化后的形式为：

$$k_t+z_t=\theta \quad (7-17)$$

因此我们可以将式（7－17）代入式（7－16）进一步简化得：

$$(\theta-z_t)^{\alpha-1}+\beta(1+\phi_1)(\theta-z_t)^{\alpha+\alpha\phi_1-1}A_t^{\rho^2+\rho\phi_1-\rho}=$$
$$z_t^{\alpha-1}+\beta(1+\phi_2)z_t^{\alpha+\alpha\phi_2-1}A_t^{\rho^2+\rho\phi_2-\rho} \quad (7-18)$$

不难看出，当 $\phi_1=\phi_2$ 时，$k_t=z_t=\dfrac{\theta}{2}$，$A_t$ 的变动对 z_t 的值没有影响。当 $\phi_1>\phi_2$时，$\rho^2+\rho\phi_1-\rho>\rho^2+\rho\phi_2-\rho$，因此 A_t 减小一个单位时，式（7－18）左边部分较右边部分减小得更多。想要重新达到均衡，必须通过减小 k_t 增加 z_t 的方式来调整两个项目投资的边际收益，因此此时 z_t 具有逆周期性，如图 7－1 所示。当 $\phi_1<\phi_2$ 时，可通过同样的分析得出此时 z_t 具有顺周期性，如图 7－2 所示。我们通过式（7－15）也可以这样理解：项目一投资的预期边际收益就是项目二投资的机会成本，当经济受到负向冲击时（A_t 减小），虽然两个项目的预期边际收益都下降，但是项目一投资的预期边际收益下降幅度更大，因此项目二的机会成本下降，所以厂商会增加对项目二的投资。

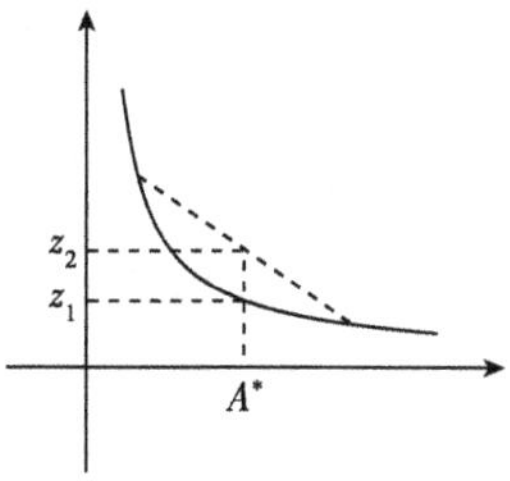

图 7－1　$\phi_1>\phi_2$

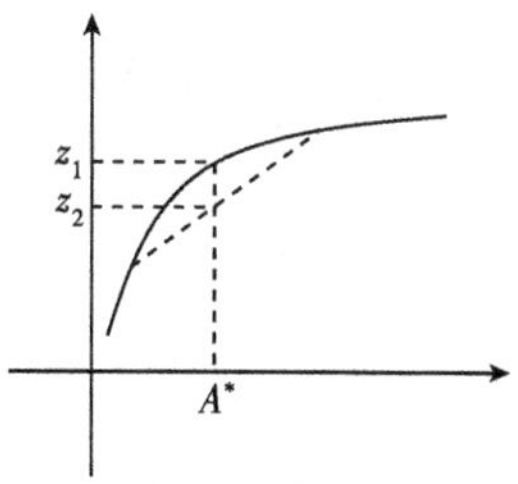

图 7－2　$\phi_1<\phi_2$

(三)经济波动、金融发展与经济增长

在本模型中,经济波动的唯一来源为生产率 A_t 的变动,因此经济波动性与 A_t 的波动性正相关。在上文的分析中我们已经知道经济增长速度 $r=\varphi\alpha z_t$,因此经济增速与项目二投资数量正相关。从图 7 - 1 和图 7 - 2中就可以看出:当 $\phi_1>\phi_2$ 时,经济波动加剧有利于长期经济增长;当 $\phi_1<\phi_2$ 时,经济波动加剧不利于长期经济增长。直观上来说,造成这种关系的原因是函数的凹凸性以及函数曲率的大小。但这里我们要着重分析这种关系背后的机制,以及金融发展在这中间会起到什么作用。

经济波动衡量的是一种不确定性,通常用变量方差来表示这种不确定性的大小。我们假定生产率冲击 A_t 对数化后($\ln A_t$)服从正态分布 $N(0,\sigma^2)$,通过式(7 - 16)我们可以看出两边函数值的变动均来自第二项,即 $\beta(1+\phi_1)(\theta-z_t)^{\alpha+\alpha\phi_1-1}A_t^{\rho^2+\rho\phi_1-\rho}$ 和 $\beta(1+\phi_2)z_t^{\alpha+\alpha\phi_2-1}A_t^{\rho^2+\rho\phi_2-\rho}$。不失一般性,我们对这两项进行对数化处理,得到:

$$\ln lside=\ln\beta+\ln(1+\phi_1)+(\alpha+\alpha\phi_1-1)\ln(\theta-z_t)+(\rho^2+\rho\phi_1-\rho)\ln A_t$$

$$\ln rside=\ln\beta+\ln(1+\phi_2)+(\alpha+\alpha\phi_2-1)\ln(z_t)+(\rho^2+\rho\phi_2-\rho)\ln A_t$$

进而可以求出:

$$VAR(\ln lside)-VAR(\ln rside)=[(\rho^2+\rho\phi_1-\rho)^2-(\rho^2+\rho\phi_2-\rho)^2]\sigma^2=\rho^2(2\rho+\phi_1+\phi_2-2)(\phi_1-\phi_2)\sigma^2 \tag{7-19}$$

因为 $\rho+\phi_1-1>0$,$\rho+\phi_2-1>0$,因此 $2\rho+\phi_1+\phi_2-2>0$。当 $\phi_1>\phi_2$ 时,$VAR(\ln lside)-VAR(\ln rside)>0$,项目一成功运行的概率对现金流的变动比较敏感,项目一预期收益的不确定性比项目二预期收益的不确定性大,因此企业家出于规避风险的考虑会增加对项目二的投资。而且随着 σ^2 的增大,两个项目之间不确定性的差异增大,企业家会更多地投资于项目二,进而带来更高的长期增速,即经济短期波动有利于长期增长。当 $\phi_1<\phi_2$ 时,项目一预期收益的不确定性比项目二预期收益不确定性小,因此企业家出于规避风险的考虑会减少对项目二的投资。而

且随着 σ^2 的增大,两个项目之间不确定性的差异增大,企业家会更多地投资于项目一,进而不利于长期经济增长,即经济短期波动与长期增长负相关。当 $\phi_1=\phi_2$ 时,两种项目预期收益的不确定性一样大,因此经济短期波动对长期增长没有影响。由上述分析可知,如果 $\phi_1-\phi_2$ 越小,那么经济波动与经济增长之间的关系为正,相反,如果 $\phi_1-\phi_2$ 越大,经济波动与经济增长之间的关系则为负。金融发展通过影响 ϕ_1 和 ϕ_2 的相对大小($\phi_1-\phi_2$)来影响经济波动和经济增长关系的正负性。上文提到金融发展方式有三种:阻碍生产性金融发展、平衡性金融发展和促进生产性金融发展。随着金融部门的发展, ϕ_1 和 ϕ_2 都会下降(可借到更多资金,项目存活概率对项目产出变动的敏感度下降),但是 ϕ_1 和 ϕ_2 下降的速度不同。如果是阻碍生产性金融发展($\mu_1>\mu>\mu_2$),那么企业家在配置借到的资金时会偏向于项目一,这时 ϕ_1 较 ϕ_2 下降得快,即 $\phi_1-\phi_2$ 减小,金融发展会导致经济短期波动和长期增长的关系更偏向负相关。如果是促进生产性金融发展($\mu_1<\mu<\mu_2$),企业家在配置贷款时更照顾项目二,这时 ϕ_1 较 ϕ_2 下降得慢,即 $\phi_1-\phi_2$ 增大,项目一较项目二的预期收益不确定性变大,企业家会更多地投资项目二,即金融发展会导致经济短期波动和长期增长关系更偏向正相关。如果是平衡性金融发展($\mu_1=\mu=\mu_2$),企业家在配置贷款时没有特殊偏好,ϕ_1 和 ϕ_2 下降速度相同,即 $\phi_1-\phi_2$ 不变,因此金融发展不影响经济短期波动和长期增长之间关系的正负性。

在当前经济下行的背景下,中国经济面临杠杆率过高和去(降)杠杆的问题。如果实行去杠杆化政策,会对中国经济增长带来什么影响呢?我们从模型中可以看出,随着杠杆率 μ 的减小,并不必然不利于长期增长,关键是去谁的杠杆。如果去杠杆化过程主要是针对项目一进行,那么 ϕ_1 比 ϕ_2 上升得快,$\phi_1-\phi_2$ 变大,企业会加大对项目二的投资,因此这种去杠杆有利于长期经济增长。如果去杠杆化过程主要针对项目二,则效果相反。

虽然不同金融发展方式对经济波动和经济增长关系正负性影响不一

样，但是从长期来看，经济波动与经济增长受到金融发展程度的影响却是一致的，也即金融发展越深入，那么经济波动对于经济增长的影响越弱。这源于随着 ϕ_1 和 ϕ_2 的不断向 0 逼近，长期来看 $\rho^2(2\rho+\phi_1+\phi_2-2)(\phi_1-\phi_2)\sigma^2$ 是不断减小的，即在金融发展程度较低时，两种投资项目的预期收益相对不确定性差距较大，经济波动对经济增长的影响显著；当金融发展程度较高时，两种投资项目的预期收益相对不确定性较小，经济波动对企业家的决策影响较小，因此经济波动对经济增长的影响较小。

我们得出的这个研究结论具有四点重要的启示：

第一，经济波动与经济增长是正相关还是负相关取决于两个因素：项目特质和金融资源的配置。所谓项目特质，指的是该项目本身存活两期的概率是否对现金流敏感，有的项目对现金流较为敏感，经济波动时这种项目就比较脆弱，容易破产，有的项目则相反。在经济发展过程中，如果是那些高效率的、创新型的项目对现金流更敏感，那么经济波动便不利于经济增长，如果是那些低效率的、落后的项目更容易遭到流动性冲击，那么经济波动就能起到清理效应，进而促进经济增长。除了项目特质这一影响因素外，另一个重要的影响因素则是金融资源的配置。通常情形下，基于利润最大化的考虑，在同等收益的情形下，金融机构在配置贷款时总会优先考虑那些风险较低的项目，因此对现金流不敏感的项目会获得更多资金，进而强化这种对现金流的不敏感性，因此金融资源的配置会加强这种筛选效应。但是，如果有行政干预强制性地将金融资源配置给那些对现金流敏感的项目，就会产生经济波动筛选效应减弱的情况。例如，经济波动加剧本来会通过清理低效率的项目进而促进经济增长，现在金融机构出于别的目的加大对低效率项目的扶持力度，这样反而导致经济波动清理掉的是高效率的项目，进而不利于经济的增长。

第二，Aghion 等（2010）认为经济短期波动与长期增长之间的关系总是随着金融发展程度提高而更偏向正相关，本书的研究结论表明并非如此。金融发展对经济短期波动和长期增长关系的影响会因为金融发展方式的不同而呈现出不同的效应，这是本书的重要创新之一。之所以会出现结论上的差异，主要在于模型基础假设不同：在 Aghion 等（2010）的模型中，只有生产性投资 Z_t 存在不确定性，非生产性投资 K_t 不会遭到流动性冲击，因此金融发展必然会减小生产性投资相对于非生产性投资的不确定性，从而使经济短期波动与长期增长更偏向正相关，本书则认为两种投资都会遭到流动性冲击，这样的假定更符合现实。

第三，金融发展对经济短期波动和长期增长之间关系的作用不会受到期初金融资源配置格局的影响。本书的研究结论发现，期初的金融资源配置格局不会影响金融发展在经济短期波动和长期增长关系中的作用，起作用的只是金融发展方式。因此在金融资源配置偏向非生产性投资的地区，只要金融发展方式为促进生产性金融发展，就会不断优化这种配置方式，金融发展就会使得经济短期波动和长期增长更偏向正相关。相反，即使一开始金融资源配置偏向生产性投资，但是金融发展方式为阻碍生产性金融发展，金融发展还是会使经济短期波动和长期增长关系更偏向负相关。

第四，在当前中国经济杠杆率过高的情形下，如果能做到有针对性地去杠杆，例如对那些低效率、落后企业或项目进行去杠杆化，对那些高效率、创新型的企业或项目多一些扶持，那么这种去杠杆化将会有利于长期经济增长。

二、实证分析

（一）模型设定

根据已有研究，我们设定基本模型为

$$rgdp_{it} = \alpha_0 + \alpha_1 \times vgdp_{it} + X_{it}^T\beta + \varpi_i + v_t + \varepsilon_{it} \qquad (7-20)$$

其中，$rgdp_{it}$为平均经济增速，$vgdp_{it}$为经济波动，X_{it}^T为控制变量向量，

主要包括人均收入 $\ln gdp_{it}$、人力资本 stu_{it}、投资率 $rinv_{it}$、人口增长率 $rpop_{it}$ 以及开放程度 exp_{it}。为了检验本书的推测，将基本模型扩展如下：

$$rgdp_{it} = \alpha_0 + (\alpha_1 + \gamma_1 \times finance_{it}) \times vgdp_{it} + \varphi_1 \times finance_{it} + X_{it}^T\beta + \varpi_i + v_t + \varepsilon_{it} \tag{7-21}$$

$$rgdp_{it} = \alpha_0 + (\alpha_1 + \gamma_1 \times credit_{it}) \times vgdp_{it} + \varphi_1 \times credit_{it} + X_{it}^T\beta + \varpi_i + v_t + \varepsilon_{it} \tag{7-22}$$

$$rgdp_{it} = \alpha_0 + (\alpha_1 + \gamma_1 \times scredit_{it}) \times vgdp_{it} + \varphi_1 \times scredit_{it} + X_{it}^T\beta + \varpi_i + v_t + \varepsilon_{it} \tag{7-23}$$

其中，$finance_{it}$、$credit_{it}$ 以及 $scredit_{it}$ 为三种金融发展变量指标，ϖ_i 为地区效应，v_t 为时间效应。

(二)数据与变量说明

在本章节，我们将基于 1979—2012 年的省级面板数据进行分析。本书采用三种指标来衡量金融发展程度：金融相关性（*finance*）、银行信贷（*credit*）以及对私有部门贷款（*scredit*）。根据赵勇和雷达（2010）的研究，金融相关性 = 金融机构存贷款余额总和/GDP，银行信贷 = 金融机构贷款余额/GDP。由于我国没有专门针对国有部门以及非国有部门的贷款统计数据，所以我们无法获得私有部门贷款数据，但是我们可以借鉴张军和金煜（2005）的方法对私有部门贷款进行测度。

具体来说，张军和金煜（2005）认为银行信贷从投放对象来看可分为国有部门贷款和私有部门贷款两类，国有部门贷款应该与其产出正相关，因此我们可以根据式（7-24）对国有部门贷款进行估算，进而就可以测度私有部门贷款。

$$credit_{it} = \alpha + \beta rpublic_{it} + \eta_i + v_{it}$$
$$V_{it} = \rho v_{i,t-1} + \varepsilon_{it}, |\rho| < 1 \tag{7-24}$$
①

赵勇和雷达（2010）也采用了这一方法进行测度，但是他们对其进行

① 具体模型设定和参数解释可参考张军和金煜（2005），此处不再赘述。

了改进。他们认为银行贷款主要用于投资，因此直接将国有部门投资引入回归方程，进而对国有部门贷款进行估计更直接。本书对此表示认同，因此也采用这种估算方式。所不同的是，考虑到本书的数据均是某一段时间的均值，因此引入回归方程进行估计的数据也均是区间段均值数据。本书对式(7－24)进行估计的结果如表7－1所示。限于数据可得性和完整性，我们对式(7－24)进行估计时，所用数据为剔除了海南和重庆两个地区的1985—2012年的数据。

表7－1　AR1/固定效应

项目	*credit*
rpublicinv	0.237*** (5.60)
ρ(ar)	0.974
R－squared	0.3146
观察值	696

注：①***表示在1%显著水平上显著；②括号内为 *t* 值。

我们根据表7－1的估计结果，即可以估算出各个地区银行对私有部门贷款的数据。其余变量与第三章相同，此处不再赘述。

(三)回归结果与分析

1. 金融相关性指标回归结果

表7－2中第(1)列为总样本回归结果，第(2)列和第(3)列为按时间节点划分的子样本回归结果，同样是以1994年为节点进行分段。第(4)列和第(5)列为按是否属于东部地区划分的子样本回归结果。由回归结果可以看出判决系数较高，F值较大，说明模型设定合理，结论可靠。各控制变量系数均和上文结论差不多，也与卢二坡和曾五一(2008)的研究结论相符，上文已有分析，此处不再赘述。

表 7-2　金融相关性指标基本回归结果

项目	(1)	(2)	(3)	(4)	(5)
	rgdp(Fe)	*rgdp*(Fe)	*rgdp*(Fe)	*rgdp*(Fe)	*rgdp*(Fe)
	总样本	[1979,1983]—[1989,1993]	[1990,1994]—[2008,2012]	东部地区	非东部地区
vgdp	-0.070* (-0.93)	-0.362** (-2.51)	0.317** (2.45)	-0.017 (-0.15)	-0.369*** (-2.74)
ln*gdp*	-0.068*** (-16.82)	-0.114*** (-10.99)	-0.093*** (-15.43)	-0.071*** (-11.23)	-0.073*** (-11.56)
stu	0.000*** (3.96)	0.000* (1.82)	0.000* (1.85)	0.000*** (2.93)	0.000* (1.75)
rinv	0.046*** (10.40)	0.056** (2.44)	0.048*** (11.04)	0.030*** (6.12)	0.063*** (7.02)
rpop	-0.144* (-1.70)	0.081 (0.25)	-0.072 (-0.93)	0.159 (1.49)	-0.288** (-2.03)
exp	0.016*** (2.77)	0.001 (0.09)	-0.000 (-0.07)	0.023*** (3.49)	-0.114*** (-3.67)
finance	-0.021*** (-10.98)	-0.043*** (-4.50)	-0.013*** (-7.00)	-0.022*** (-9.07)	-0.020*** (-6.33)
vgdp×*finance*	0.128*** (3.17)	0.452*** (4.40)	-0.015 (-0.30)	0.072 (1.51)	0.289*** (3.16)
常数项	0.482*** (19.66)	0.772*** (12.38)	0.720*** (17.10)	0.534*** (12.84)	0.506*** (13.58)
地区效应	是	是	是	是	是
时间效应	是	是	是	是	是
R-squared	0.7009	0.6991	0.7227	0.7465	0.7544
F	27.67	26.75	23.39	24.53	17.66
N	930	341	589	330	600

注:①***、**、*分别表示在1%、5%和10%的显著水平上显著;②括号内为 *t* 值。

金融发展和经济波动交叉项系数是本章节研究的重点。在总样本中,金融发展和经济波动交叉项系数为0.128,且在1%的显著水平上显著。分组回归时,在1994年之前,金融发展和经济波动交叉项系数为

0.452，且在1%的显著水平上显著，但在1994年之后，金融发展和经济波动交叉项系数为-0.015，且不显著。在东部地区，金融发展和经济波动交叉项系数为0.072，但不显著，而在非东部地区金融发展和经济波动交叉项系数为0.289，且在1%的显著水平上显著。说明金融发展对经济波动性和增长趋势关系的影响不是一成不变的，它会随着地区或时间的变化而变化，这有可能是金融发展方式不同导致的。

经济发展的快慢可能会影响到金融发展程度的高低，因此上面的估计结果可能会因为内生性问题存在偏差。我们参考赵勇和雷达（2010）的做法，采用金融发展滞后期作为工具变量，采用工具变量法进行回归，结果如表7-3所示。在总样本中，金融发展和经济波动交叉项系数为0.092，且在10%的显著水平上显著。分组回归时，在1994年之前，金融发展和经济波动交叉项系数为0.332，且在10%的显著水平上显著，但在1994年之后，金融发展和经济波动交叉项系数为-0.127，且在10%的显著水平上显著。在东部地区，金融发展和经济波动交叉项系数为-0.009，但不显著，而在非东部地区金融发展和经济波动交叉项系数为0.286，且在5%的显著水平上显著。对比表7-3和表7-2结果可以看出，采取工具变量法前后的估计结果没有太大差异，在总样本中，金融相关性和经济波动交叉项系数仍然显著为正，说明上述结论是稳健的。

表7-3　金融相关性指标工具变量法回归结果

项目	(1)	(2)	(3)	(4)	(5)
	rgdp(*IV-Fe*)	*rgdp*(*IV-Fe*)	*rgdp*(*IV-Fe*)	*rgdp*(*IV-Fe*)	*rgdp*(*IV-Fe*)
	总样本	[1979，1983]—[1989，1993]	[1990，1994]—[2008，2012]	东部地区	非东部地区
vgdp	-0.019* (-0.21)	-0.184 (-0.74)	0.602** (3.53)	0.158 (1.07)	-0.375** (-2.16)
ln*gdp*	-0.071*** (-16.90)	-0.123*** (-11.23)	-0.089*** (-14.52)	-0.074*** (-10.81)	-0.075*** (-11.37)

续表

项目	(1)	(2)	(3)	(4)	(5)
	rgdp(IV - Fe)	rgdp(IV - Fe)	rgdp(IV - Fe)	rgdp(IV - Fe)	rgdp(IV - Fe)
	总样本	[1979,1983]—[1989,1993]	[1990,1994]—[2008,2012]	东部地区	非东部地区
stu	0.000*** (3.67)	0.000 (0.89)	0.000 (1.64)	0.000*** (3.30)	0.000 (1.52)
rinv	0.046*** (10.28)	0.064** (2.29)	0.047*** (11.33)	0.033*** (6.45)	0.062*** (6.77)
rpop	-0.149* (-1.75)	-0.000 (-0.00)	-0.093 (-1.22)	0.121 (1.12)	-0.278* (-1.95)
exp	0.016*** (2.78)	-0.001 (-0.06)	-0.000 (-0.11)	0.028*** (4.05)	-0.125*** (-3.99)
finance	-0.019*** (-9.92)	-0.027** (-2.20)	-0.009*** (-4.95)	-0.022*** (-8.34)	-0.019*** (-5.56)
vgdp × *finance*	0.092* (1.91)	0.332* (1.85)	-0.127* (-1.95)	-0.009 (-0.16)	0.286** (2.40)
常数项	0.517*** (19.96)	0.827*** (12.06)	0.698*** (16.48)	0.567*** (12.41)	0.531*** (13.47)
地区效应	是	是	是	是	是
时间效应	是	是	是	是	是
R - squared	0.7010	0.7303	0.7389	0.7376	0.7563
F	27.22	27.63	22.54	22.55	17.54
N	899	310	558	319	580

注：①***、**、*分别表示在1%、5%和10%的显著水平上显著；②括号内为 *t* 值。

2. 银行信贷回归结果

表7-4为利用银行信贷作为金融发展衡量指标进行回归的结果，与金融相关性指标相比，银行信贷没有包含存款数据，而经济波动性变化对增长趋势产生影响主要是通过投资结构，因此用银行信贷指标可能更直接、更合适。我们同样分别基于总样本和子样本进行回归，结果如表7-4所示。在总样本中，金融发展和经济波动交叉项系数为0.310，且在1%

的显著水平上显著。分组回归时，在1994年之前，金融发展和经济波动交叉项系数为0.360，且在5%的显著水平上显著，但在1994年之后，金融发展和经济波动交叉项系数为0.015，且不显著。在东部地区，金融发展和经济波动交叉项系数为0.301，且在1%的显著水平上显著，而在非东部地区，金融发展和经济波动交叉项系数为0.287，且在5%的显著水平上显著。与上面的估计结果进行对比不难发现，各个控制变量的系数变化不大，但是银行信贷和经济波动交叉项系数有一定的变化：系数符号全部为正，而且显著性变强。说明从银行信贷的角度来看，金融发展程度的提升有利于经济波动对增长趋势产生促进效应。

表7-4　银行信贷指标基本回归结果

项目	(1)	(2)	(3)	(4)	(5)
	rgdp(*Fe*)	*rgdp*(*Fe*)	*rgdp*(*Fe*)	*rgdp*(*Fe*)	*rgdp*(*Fe*)
	总样本	[1979,1983]—[1989,1993]	[1990,1994]—[2008,2012]	东部地区	非东部地区
vgdp	-0.125* (-1.92)	-0.044 (-0.41)	0.246* (1.79)	-0.220* (-1.68)	-0.150* (-1.76)
ln*gdp*	-0.068*** (-17.47)	-0.112*** (-10.90)	-0.090*** (-15.05)	-0.065*** (-9.83)	-0.077*** (-12.16)
stu	0.000*** (3.35)	0.000 (1.53)	0.000 (1.61)	0.000* (1.84)	0.000 (1.07)
rinv	0.042*** (9.69)	0.057** (2.55)	0.048*** (10.94)	0.030*** (5.82)	0.061*** (6.95)
rpop	-0.178** (-2.19)	-0.025 (-0.08)	-0.092 (-1.19)	0.140 (1.28)	-0.311** (-2.27)
exp	0.015*** (2.69)	0.018 (1.16)	0.000 (0.05)	0.017*** (2.68)	-0.134*** (-4.47)
credit	-0.047*** (-13.25)	-0.067*** (-5.29)	-0.025*** (-6.62)	-0.046*** (-8.35)	-0.044*** (-8.65)
vgdp×*credit*	0.310*** (4.28)	0.360** (2.50)	0.015 (0.14)	0.301*** (2.68)	0.287** (2.45)
常数项	0.493*** (20.82)	0.752*** (12.34)	0.703*** (16.85)	0.500*** (11.60)	0.530*** (14.39)

续表

项目	(1)	(2)	(3)	(4)	(5)
	rgdp(Fe)	rgdp(Fe)	rgdp(Fe)	rgdp(Fe)	rgdp(Fe)
	总样本	[1979,1983]—[1989,1993]	[1990,1994]—[2008,2012]	东部地区	非东部地区
地区效应	是	是	是	是	是
时间效应	是	是	是	是	是
R - squared	0.7179	0.7029	0.7229	0.7370	0.7681
F	29.58	23.87	23.20	22.39	17.57
N	930	341	589	330	600

注:①***、**、*分别表示在1%、5%和10%的显著水平上显著;②括号内为 t 值。

表7-5为采用银行信贷滞后期变量作为工具变量进行估计后的结果。在总样本中,金融发展和经济波动交叉项系数为0.391,且在1%的显著水平上显著。分组回归时,在1994年之前,金融发展和经济波动交叉项系数为0.476,且在5%的显著水平上显著,但在1994年之后,金融发展和经济波动交叉项系数为-0.188,且不显著。在东部地区,金融发展和经济波动交叉项系数为0.253,且在10%的显著水平上显著,而在非东部地区,金融发展和经济波动交叉项系数为0.514,且在1%的显著水平上显著。与表7-4对比我们可以看出,银行信贷和经济波动交叉项系数存在一定的变异:在1994年之后,该系数由正转负,但显著性仍然不足;在东部地区,该系数变小,而且显著性下降,而在非东部地区,该系数则变大,显著性加强。

表7-5　银行信贷指标工具变量法估计结果

项目	(1)	(2)	(3)	(4)	(5)
	rgdp(IV-Fe)	rgdp(IV-Fe)	rgdp(IV-Fe)	rgdp(IV-Fe)	rgdp(IV-Fe)
	总样本	[1979,1983]—[1989,1993]	[1990,1994]—[2008,2012]	东部地区	非东部地区
vgdp	-0.202*** (-2.73)	-0.093 (-0.69)	0.485*** (2.73)	-0.187 (-1.13)	-0.307*** (-3.14)

续表

项目	(1)	(2)	(3)	(4)	(5)
	rgdp(IV - Fe)	rgdp(IV - Fe)	rgdp(IV - Fe)	rgdp(IV - Fe)	rgdp(IV - Fe)
	总样本	[1979,1983]—[1989,1993]	[1990,1994]—[2008,2012]	东部地区	非东部地区
lngdp	-0.071*** (-17.50)	-0.121*** (-11.21)	-0.087*** (-14.25)	-0.068*** (-9.51)	-0.076*** (-11.61)
stu	0.000*** (3.18)	0.000 (1.13)	0.000 (1.48)	0.000** (2.15)	0.000 (1.32)
rinv	0.042*** (9.36)	0.055** (2.14)	0.048*** (11.26)	0.032*** (6.01)	0.059*** (6.53)
rpop	-0.170** (-2.09)	-0.208 (-0.63)	-0.104 (-1.36)	0.119 (1.07)	-0.317** (-2.31)
exp	0.014** (2.46)	0.014 (0.84)	-0.000 (-0.04)	0.020*** (3.05)	-0.145*** (-4.78)
credit	-0.047*** (-12.81)	-0.064*** (-4.52)	-0.018*** (-4.53)	-0.046*** (-7.72)	-0.044*** (-8.18)
vgdp × credit	0.391*** (4.80)	0.476** (2.66)	-0.188 (-1.28)	0.253* (1.80)	0.514*** (3.83)
常数项	0.531*** (21.29)	0.828*** (12.86)	0.687*** (16.32)	0.541*** (11.31)	0.543*** (14.12)
地区效应	是	是	是	是	是
时间效应	是	是	是	是	是
R - squared	0.7175	0.7426	0.7367	0.7295	0.7699
F	28.84	24.32	22.84	20.94	16.29
N	899	310	558	319	580

注:①***、**、*分别表示在1%、5%和10%的显著水平上显著;②括号内为t值。

3. 以对私有部门贷款作为金融发展衡量指标的回归结果

表7-6为以对私有部门贷款作为金融发展衡量指标的回归结果。从第(1)列可以看出,对私有部门贷款与经济波动交叉项系数不显著,说明总体来看对私有部门贷款的分配没有明显地偏向哪种企业或项目。从第(2)列和第(3)列的结果可以看出,在1994年之前,对私有部门贷款与

经济波动交叉项系数显著为正，就说明随着金融的发展，经济波动加剧对增长趋势的促进效应越来越强。在 1994 年之后，对私有部门贷款与经济波动交叉项系数显著为负，说明 1994 年之后金融资源的利用反而没有 1994 年之前效率高。从第（4）列和第（5）列可以看出，在东部地区对私有部门贷款与经济波动交叉项系数显著为负，在非东部地区，对私有部门贷款与经济波动交叉项系数却显著为正。说明与东部地区相比，非东部地区，对私有部门贷款的配置较为合理、利用得更为充分。

表 7－6　以对私有部门贷款作为金融发展衡量指标的基本回归结果

项目	(1)	(2)	(3)	(4)	(5)
	rgdp(*Fe*)	*rgdp*(*Fe*)	*rgdp*(*Fe*)	*rgdp*(*Fe*)	*rgdp*(*Fe*)
	总样本	[1985,1989]—[1989,1993]	[1990,1994]—[2008,2012]	东部地区	非东部地区
vgdp	0.089 (0.76)	−0.051 (−0.27)	0.660*** (4.58)	0.111 (0.65)	−0.258* (−1.66)
ln*gdp*	−0.072*** (−13.16)	−0.131*** (−11.03)	−0.084*** (−13.71)	−0.078*** (−8.51)	−0.090*** (−10.78)
stu	0.000* (1.71)	−0.000*** (−3.08)	0.000* (1.92)	−0.000 (−0.86)	0.000 (0.28)
rinv	0.033*** (7.12)	0.128*** (3.27)	0.038*** (8.65)	0.020*** (4.29)	0.054*** (5.51)
rpop	−0.142* (−1.74)	−1.412*** (−4.05)	−0.202*** (−2.60)	0.065 (0.69)	−0.315** (−2.14)
exp	−0.004 (−0.72)	0.117** (2.40)	−0.005 (−0.80)	−0.009 (−1.30)	−0.171*** (−5.51)
scredit	−0.038*** (−8.45)	−0.144*** (−7.84)	−0.020*** (−4.55)	−0.019*** (−3.03)	−0.053*** (−7.84)
vgdp × *scredit*	−0.060 (−0.41)	0.550* (1.91)	−0.677*** (−3.91)	−0.548*** (−2.79)	0.511** (2.56)
常数项	0.548*** (14.93)	0.972*** (13.12)	0.658*** (15.37)	0.636*** (9.62)	0.654*** (11.85)

续表

项目	(1)	(2)	(3)	(4)	(5)
	rgdp(Fe)	rgdp(Fe)	rgdp(Fe)	rgdp(Fe)	rgdp(Fe)
	总样本	[1985,1989]—[1989,1993]	[1990,1994]—[2008,2012]	东部地区	非东部地区
地区效应	是	是	是	是	是
时间效应	是	是	是	是	是
R - squared	0.7723	0.8467	0.7316	0.8250	0.8168
F	22.03	58.90	22.30	19.26	16.52
N	696	145	551	240	456

注：①***、**、*分别表示在1%、5%和10%的显著水平上显著；②括号内为 *t* 值。

表7-7为采用工具变量法进行估计的结果，在总样本中，对私有部门贷款与经济波动交叉项系数为-0.141，且不显著。分组回归时，在1994年之前，对私有部门贷款与经济波动交叉项系数为0.550，且在10%的显著水平上显著，但在1994年之后，对私有部门贷款与经济波动交叉项系数为-0.722，且在1%的显著水平上显著。在东部地区，对私有部门贷款与经济波动交叉项系数为-0.526，且在1%的显著水平上显著，而在非东部地区，对私有部门贷款与经济波动交叉项系数为0.383，且在10%的显著水平上显著。与表7-6对比，各项系数没有发生太大变化，说明结果较为稳健。

表7-7　对私有部门贷款指标工具变量法回归结果

项目	(1)	(2)	(3)	(4)	(5)
	rgdp(IV-Fe)	rgdp(IV-Fe)	rgdp(IV-Fe)	rgdp(IV-Fe)	rgdp(IV-Fe)
	总样本	[1985,1989]—[1989,1993]	[1990,1994]—[2008,2012]	东部地区	非东部地区
vgdp	0.164 (1.31)	0.041 (0.20)	0.775*** (4.53)	0.108 (0.61)	-0.140 (-0.81)
ln*gdp*	-0.071*** (-12.36)	-0.119*** (-9.39)	-0.085*** (-13.42)	-0.082*** (-8.42)	-0.081*** (-9.07)

续表

项目	(1)	(2)	(3)	(4)	(5)
	rgdp(IV-Fe)	rgdp(IV-Fe)	rgdp(IV-Fe)	rgdp(IV-Fe)	rgdp(IV-Fe)
	总样本	[1985,1989]—[1989,1993]	[1990,1994]—[2008,2012]	东部地区	非东部地区
stu	0.000 (1.51)	-0.000*** (-2.63)	0.000** (1.96)	-0.000 (-0.87)	0.000 (1.19)
rinv	0.034*** (7.37)	0.114*** (2.94)	0.041*** (9.36)	0.022*** (4.67)	0.055*** (5.66)
rpop	-0.166** (-2.05)	-1.389*** (-2.92)	-0.184** (-2.34)	0.057 (0.60)	-0.298** (-2.03)
exp	-0.007 (-1.11)	0.196** (3.67)	-0.002 (-0.28)	-0.008 (-1.15)	-0.154*** (-4.98)
scredit	-0.033*** (-7.08)	-0.141*** (-6.51)	-0.015*** (-3.44)	-0.019*** (-3.01)	-0.039*** (-5.34)
vgdp × *scredit*	-0.141 (-0.91)	0.550* (1.81)	-0.722*** (-3.65)	-0.526*** (-2.65)	0.383* (1.73)
常数项	0.533*** (13.61)	0.897*** (10.61)	0.672*** (15.32)	0.653*** (9.24)	0.580*** (9.70)
地区效应	是	是	是	是	是
时间效应	是	是	是	是	是
R-squared	0.7790	0.8887	0.7335	0.8307	0.8185
F	20.31	64.29	21.52	19.10	15.00
N	667	116	522	230	437

注:①***、**、*分别表示在1%、5%和10%的显著水平上显著;②括号内为 *t* 值。

4. 结果分析

通过以上回归结果可以看出,无论采用哪种指标来衡量金融发展程度,从总体来看,金融发展程度的提升都会促使经济波动性和增长趋势之间偏向正相关,说明我国总体金融发展模式属于促进生产性金融发展。虽然这一结论与 Aghion 等(2010)的结论相符,但是对此进行的理论解释却存在差异。在 Aghion 等(2010)的研究中,只有研发投资会受到金融摩擦的影响，因此金融发展程度的提升必然会导致这样的结果。而在本书理论模型部分，两种投资均会受到金融摩擦的影响，而且所受到的摩擦系数是不同的。因此金融发展的作用取决于哪种投资受到的金融摩擦系数大，进而又取决于金融机构在经济遭受冲击时对谁的支持力度大。通常情形下，先进的、高效率的企业更能抵御冲击，而那些较落后、低效率的企业则容易遭到冲击而破产。出于自利性，金融机构在投资时自然会选择那些较为安全、风险较小的资产，即更多地支持较为先进、效率较高的企业，因此中国金融发展呈现为促进生产性。

分样本来看，与 1994 年之后相比，1994 年之前对金融资源利用得更有效，与东部地区相比，非东部地区对金融资源利用得更好。这一结论有点反常，因为从市场化程度来看，1994 年之后比 1994 年之前要高，东部地区比非东部地区也要高，而市场化程度更高应该意味着资源配置更有效，为什么本书却得出相反结论呢？这需要从金融发展方式由什么决定来分析。

金融发展方式取决于金融资源对不同企业支持力度的大小，如果更支持高效率企业，那么即为促进生产性，如果更支持低效率企业，那么即为阻碍生产性。但是，一个企业究竟属于高效率还是低效率是相对的，东部地区企业效率普遍较高，但是在东部地区内部来看，企业效率是高还是低呢？如果新的、更高效率的企业层出不穷，那么曾经那些高效率企业将很快退化为低效率类型，如果一个地区企业新陈代谢较慢，创新型企业出现得较少，那么曾经的高效率企业就可以在高效率序列中保持较长时间。与此同步变化的便是金融机构贷款的支持偏好。如果金融机构贷款对象不变，那么在高效率企业层出不穷的地区，金融机构反而沦为一直在给低效率企业提供贷款，此时只有金融机构以更快的速度来更新贷款对象，主动寻求创新型企业，才有可能不退化为阻碍生产性金融发展。而在非东部地区，新企业出现的较少，金融机构不需要太费精力即可以保持促进生产性金融发展。这便是导致上面看似反常的结论的原因。

另外,与东部地区相比,非东部地区金融资源更为稀缺,1994年之前与1994年之后相比亦是如此。资源稀缺通常会导致资源被用于最有用、最高效的地方。而金融资源丰富后,往往会进行投机类活动。例如温州地区就出现了大量资金用于“炒房”“炒煤”等,这也可以从一定程度上解释上述反常结论。

第三节　国有企业占比的作用

一、模型设定

本章节主要研究随着国企占比的不同,经济波动性变化对增长趋势的影响会如何变化。根据第三章的研究,我们设定基本模型为:

$$rgdp_{it} = \alpha_0 + \alpha_1 \times vgdp_{it} + X_{it}^T\beta + \varpi_i + v_t + \varepsilon_{it} \tag{7-25}$$

其中,$rgdp_{it}$为平均经济增速,$vgdp_{it}$为经济波动,X_{it}^T为控制变量向量,主要包括人均收入 $\ln gdp_{it}$,人力资本 stu_{it},投资率 $rinv_{it}$,人口增长率 $rpop_{it}$ 以及开放程度 exp_{it},ϖ_i 为地区效应,v_t 为时间效应。根据上一节的研究,引入金融发展变量进行分析,将模型扩展如下:

$$rgdp_{it} = \alpha_0 + (\alpha_1 + \gamma_1 \times credit_{it}) \times vgdp_{it} + \varphi_1 credit_{it} + X_{it}^T\beta + \varpi_i + v_t + \varepsilon_{it} \tag{7-26}$$

其中,$credit_{it}$为金融发展变量。为了检验国企占比的作用,进一步引入国企占比变量,将模型扩展如下:

$$rgdp_{it} = \alpha_0 + (\alpha_1 + \gamma_1 \times credit_{it} + \gamma_2 \times rpublic_{it}) \times vgdp_{it} + \varphi_1 credit_{it} + \varphi_2 rpublic_{it} + X_{it}^T\beta + \varpi_i + v_t + \varepsilon_{it} \tag{7-27}$$

其中,$rpublic_{it}$为国有企业占比。

二、数据与变量说明

本部分同样是基于 1979—2012 年的省级面板数据进行分析。考虑数据的可得性,本书采用各地区国有企业职工人数占总职工人数的比重来表示国企占比,各时间段国有企业职工占比数据为该时间段的期初值。由于本书想用国企占比间接衡量企业异质性,而这种企业异质性会随着经济增长或波动发生变化,因此用期初值可以较好地避免内生性问题。而且经济波动对经济增长产生影响靠的是对低效率企业的清理,用初期国企占比能够较好地衡量经济波动发生之初地区的资源配置状况。当然,用国企占比作为企业异质性的衡量指标有点粗糙,但限于数据可得性,结合已有相关研究,笔者认为用国企占比反映企业异质性也是合理的。在研究之初,笔者认为企业异质性应当从微观企业层面数据进行观察,也曾试图用工业企业数据库数据计算企业的 TFP 等特征变量,进而利用某一地区所有企业该特征变量的方差来衡量企业异质性。可惜的是,工业企业数据库存续年限太短,而经济波动又是以 5 年一区间来计算,还得以 8 年为计算区间来进行稳健性检验,这样下来最终样本数据量太少,因此不适合做经验分析。笔者进而就想从存续时期较长的变量中找到这种企业异质性的替代变量,幸运的是最近几年关于资源错配的研究为笔者提供了思路。最近几年针对中国资源错配的研究认为政企结合造成的行政垄断是导致资源错配的主要因素(罗德明、李晔和史晋川,2012;韩剑和郑秋玲,2014),因此国企占比高的地区往往资源错配较为严重,低效率企业较多,企业生产率离散度较大(聂辉华和贾瑞雪,2011),从而企业异质性较大,所以本书最终选取国企占比作为企业异质性的代理变量。

表 7 - 8 为主要变量的描述性统计。从表 7 - 8 中可以看出,与 1994 年之前相比,1994 年之后中国经济呈现出金融发展程度更高以及国企占比更小的特点;与非东部地区相比,东部地区经济呈现出金融发展程度更高以及国企占比更小的特点。

为了简化分析,本部分仅用中国各地区金融机构各项贷款余额与 GDP 之比表示金融发展程度。各时间段金融发展程度为该时间段内各年金融发展程度平均值。其余变量与上文相同,此处不再赘述。

表7－8　主要变量描述性统计

项目	总样本	[1979,1983]—[1989,1993]	[1990,1994]—[2008,2012]	东部地区	非东部地区
credit	0.9046	0.7370	1.0017	0.9577	0.8755
rpublic	0.7324	0.7763	0.7070	0.6615	0.7714

注:表中的统计数据均为均值。

三、回归结果分析

(一)总样本回归结果

我们先使用1979—2012年的总样本数据进行回归,得到的结果如表7－9所示。结果显示各模型的判决系数均较高、F值较大,说明模型设定合理、结果可靠。人均收入变量系数均显著为负,说明各地区经济增长的确存在收敛现象,与经济增长的经典理论相符。除了人口增长率系数为负,人力资本和开发程度系数均大部分为正,这些结论与卢二坡和曾五一(2008)的研究结论基本相符。从表7－9第(1)列可以看出,金融发展和经济波动交叉项系数显著为正,说明金融的发展有利于促使经济波动和增长之间关系变得正相关。这一点与理论相符:金融发展程度的提高会提升项目二成功的概率,进而促使企业更多地投资于项目二。同时,该结论与Aghion等(2010)的研究结论也相符。我们在第(2)列中进一步引入国企职工占比和经济波动性的交叉项,依据前文的理论模型,我们预期该交叉项系数为正。回归结果支持这一结论,国企职工占比和经济波动性交叉项系数为0.932,且在1%的显著水平上显著,说明国企职工占比越高的地区,经济波动与经济增长的关系越偏向正相关。这里特别要说明的是,国企职工占比越高仅有助于经济波动对经济增长产生较大的促进作用,并不是国企职工占比越高经济增长越快。其实从第(2)列结果来看,国企职工占比项的系数显著为负,说明国企职工占比对经济增长的直接影响是阻碍效应。中国处于转型阶段,不同时期经济体制有差异,不同地区改革进度也不同。为了进行更加细致的分析，接下来我们分时间段、分地区进行分析。

表7-9　总样本回归结果

项目	(1)	(2)
	rgdp	*rgdp*
vgdp	-0.126** (-1.92)	-0.919** (-4.87)
ln*gdp*	-0.069*** (-17.47)	-0.074** (-18.05)
stu	0.001*** (3.35)	0.001* (1.94)
rinv	0.042*** (9.69)	0.042*** (9.38)
rpop	-0.178** (-2.19)	-0.133 (-1.61)
exp	0.015*** (2.69)	0.009 (1.55)
credit	-0.047*** (-13.25)	-0.050*** (-13.38)
vgdp × *credit*	0.311*** (4.28)	0.365*** (5.01)
rpublic		-0.034** (-2.47)
vgdp × *rpublic*		0.932*** (4.44)
常数项	0.493*** (20.82)	0.090*** (20.02)
地区效应	是	是
时间效应	是	是
R-squared	0.7179	0.7244
F	29.58	27.32
N	930	930

注：①***、**、*分别表示在1%、5%和10%的显著水平上显著；②括号内为*t*值。

（二）按时间段分组回归结果

表7－10为按时间段分组回归的结果，在本部分同时引入金融发展和经济波动交叉项以及国企职工占比和经济波动交叉项进行回归。我们将变量计算区间最后一年在1994年之前的设定为一组，计算区间最后一年在1994年之后的（包括1994年）设定为一组。我们发现在两个分组回归中，国企职工占比与经济波动交叉项的系数均为正，在1994年之前，国企职工占比和经济波动交叉项系数为0.008，但不显著。在1994年之后，国企职工占比和经济波动交叉项系数为1.280，且在1%的显著水平上显著。1994年之后与1994年之前的数据相比，经济波动对经济增长的促进作用更强、更显著。这验证了我们的推测：国企职工占比越大，企业异质性越大，当经济波动发生时市场选择效应越明显；同等国企职工占比的情形下，改革力度越大，经济波动与经济增长正相关性越强。这也可以解释为什么已有研究都显示改革开放之前中国经济波动与经济增长负相关：没有进行市场化改革之前，经济波动无法发挥清理作用。金融发展和经济波动交叉项系数存在变异：1994年之前显著为正，1994年之后为负，但不显著。按理说，一般越高的金融发展程度可带给先进企业越多的可利用资金，那么经济波动应该越促进经济增长才对。1994年之后金融发展和经济波动交叉项系数为负可能是因为银行贷款并不是流向那些生产率较高、较先进的企业或项目，反而流向了那些低效率的企业，从而当经济波动发生时保护了低效率的企业。这一点也与中国的事实相符：中国过去几十年实现了高速增长，非公有制经济起到了重要的作用，然而银行贷款却很少流入这些企业，而是更多地流向国有企业。

表 7-10　按时间段分组回归结果

项目	(1)	(2)
	rgdp	rgdp
	[1979,1983]—[1989,1993]	[1990,1994]—[2008,2012]
vgdp	-0.051 (-0.15)	-0.546** (-2.40)
lngdp	-0.113*** (-10.82)	-0.092*** (-15.44)
stu	0.001 (1.59)	0.001 (1.30)
rinv	0.056** (2.45)	0.044*** (9.08)
rpop	-0.070 (-0.21)	-0.074 (-0.97)
exp	-0.073*** (-6.89)	-0.003 (-0.41)
credit	-0.065*** (3.12)	-0.023*** (-5.64)
vgdp × *credit*	0.367** (2.52)	-0.164 (-1.35)
rpublic	-0.060 (-0.92)	-0.016 (-1.09)
vgdp × *rpublic*	0.008 (0.02)	1.280*** (4.35)
常数项	0.800*** (10.05)	0.724*** (16.38)
地区效应	是	是
时间效应	是	是
R-squared	0.7038	0.7324
F	20.29	23.47
N	341	589

注:①***、**分别表示在1%、5%的显著水平上显著;②括号内为 *t* 值。

(三)按地区分组回归结果

表7-11为按地区分组回归的结果,我们将总样本按照地区分为东部地区和非东部地区两组进行分析。与非东部地区相比,东部地区在过去几十年市场化程度更高,改革更快、更彻底,也实现了更快的经济增长。从上文描述性统计结果来看,东部地区国有企业职工占比明显低于非东部地区,说明过去几十年,东部地区进行市场化改革的力度的确较非东部地区大。在引入金融发展和经济波动交叉项、国企职工占比和经济波动交叉项后发现,在东部地区,金融发展和经济波动交叉项系数为-0.139,但不显著,国有企业职工占比和经济波动交叉项系数为2.549,且在1%的显著水平上显著。在非东部地区,金融发展和经济波动交叉项系数为0.195,但不显著,国有企业职工占比和经济波动交叉项系数为-0.406,也不显著。说明如果实行较大力度的市场化改革(如东部地区),历史遗留下来的大量低效率的企业就是宝藏,每一次经济波动就是一个清理低效率企业、优化资源配置的契机。如果没有较大力度的市场化改革(如非东部地区),那么太多的低效率国企就是负担,每一次经济波动还得耗费大量的资源去继续支持这些低效率企业的生存。

表7-11　按地区分组回归结果

项目	(1)	(2)
	rgdp	*rgdp*
	东部地区	非东部地区
vgdp	-1.686*** (-8.56)	0.236 (0.53)
ln*gdp*	-0.068*** (-11.76)	-0.080*** (-12.01)
stu	0.001 (0.94)	0.001 (1.04)
rinv	0.026*** (4.94)	0.061*** (6.94)

续表

项目	(1)	(2)
	rgdp	rgdp
	东部地区	非东部地区
rpop	0.127 (1.30)	-0.323** (-2.30)
exp	0.004 (0.72)	-0.138*** (-4.57)
credit	-0.037*** (-7.25)	-0.047*** (-8.36)
vgdp × *credit*	-0.139 (-1.27)	0.195 (1.27)
rpublic	-0.059*** (-2.98)	-0.030 (-1.64)
vgdp × *rpublic*	2.549*** (9.32)	-0.406 (-0.89)
常数项	0.553*** (13.80)	0.570*** (12.45)
地区效应	是	是
时间效应	是	是
R - squared	0.7999	0.7702
F	29.93	16.78
N	330	600

注:①***、**分别表示在1%、5%的显著水平上显著;②括号内为 *t* 值。

(四)按地区、时间段分组回归结果

为了更细致地进行研究,我们进一步按照不同地区、不同时间段将总样本分为四组进行分析,回归结果如表7-12所示。表7-12中第(1)列和第(2)列分别为东部地区1994年之前和1994年之后的回归结果,第(3)列和第(4)列分别是非东部地区1994年之前和1994年之后的回归结果。我们主要关注两个交叉项系数的符号和大小。从表7-12中可以看出,在1994年之前的东部地区,金融发展和经济波动交叉项系数为

1.478,且在1%的显著水平上显著。在1994年之后的东部地区,金融发展和经济波动交叉项系数为-0.273,且在10%的显著水平上显著。在1994年之前的非东部地区,金融发展和经济波动交叉项系数为-0.986,且在1%的显著水平上显著。在1994年之后的非东部地区,金融发展和经济波动交叉项系数为-0.661,且在5%的显著水平上显著。金融发展和经济波动交叉项系数符号在四个子样本中主要为负,这和上面的回归结果相符,进一步说明之前的结论是稳健的。

国企职工占比与经济波动交叉项系数的符号和大小存在一定的差异:东部地区1994年之后数据显示国企职工占比与经济波动交叉项系数为2.168,且在1%的显著水平上显著,1994年之前数据显示国企职工占比与经济波动交叉项系数为-0.228,但不显著。非东部地区数据显示1994年之前国企职工占比与经济波动交叉项系数为-2.52,且在1%的显著水平上显著,1994年之后国企职工占比与经济波动交叉项系数为-0.066,但不显著。这些结论说明上面分地区的回归结果是稳健的。虽然非东部地区国企职工占比与经济波动交叉项系数符号都为负,但是1994年之后样本得出的国企职工占比与经济波动交叉项系数明显大于1994年之前的样本得出的国企职工占比与经济波动交叉项系数,这也能反映出1994年之后的改革力度大于1994之前,说明上文分时间段的回归结果也是稳健的。

根据本部分分地区、分时间段回归的结果,我们发现金融发展并不足以保证中国经济波动与增长正相关。在改革力度较弱的地方,甚至出现了金融发展程度越高,经济波动与增长越是偏向负相关的现象。中国经济波动与经济增长正相关主要是因为:计划经济体制遗留下大量低效率的国企,致使资源错配现象普遍、资源错配程度较高,在改革的背景下,每一次经济波动都是释放改革红利的机会。当然,这种通过经济波动优化资源配置的方式需要市场化改革不断推进做保证,因此过去几十年特别是1994年之后的东部地区做到了,而非东部地区市场化改革进展较慢，反而造成了国企占比越大，经济波动越不利于经济增长的现象出现。

表 7-12 按地区、时间段分组回归结果

项目	(1)	(2)	(3)	(4)
	rgdp	*rgdp*	*rgdp*	*rgdp*
	东部地区	东部地区	非东部地区	非东部地区
	[1979,1983]—[1989,1993]	[1990,1994]—[2008,2012]	[1979,1983]—[1989,1993]	[1990,1994]—[2008,2012]
vgdp	-1.064*** (-3.26)	-1.219*** (-4.80)	2.817*** (3.15)	0.845 (1.63)
ln*gdp*	-0.086*** (-5.69)	-0.117*** (-11.53)	-0.180*** (-13.33)	-0.078*** (-9.38)
stu	-0.001 (-0.51)	0.000 (0.19)	0.002*** (3.89)	0.001 (1.26)
rinv	0.104*** (3.46)	0.035*** (6.03)	0.023 (0.82)	0.064*** (6.97)
rpop	0.763** (2.18)	0.114 (1.21)	-0.523 (-1.25)	-0.110 (-0.88)
exp	-0.003 (-0.22)	0.011 (1.49)	0.083 (0.69)	-0.118*** (-4.33)
credit	-0.184*** (-7.30)	-0.013** (-2.42)	-0.008 (-0.53)	-0.020*** (-2.83)
vgdp × *credit*	1.478*** (5.91)	-0.273* (-1.67)	-0.986*** (-3.29)	-0.661** (-2.35)
rpublic	0.228** (2.45)	-0.018 (-0.84)	-0.040 (0.46)	-0.049*** (-2.80)
vgdp × *rpublic*	-0.228 (-0.43)	2.168*** (6.21)	-2.52*** (-2.79)	-0.066 (-0.12)
常数项	0.536*** (5.72)	0.957*** (12.39)	1.043*** (8.81)	0.627*** (10.39)
地区效应	是	是	是	是
时间效应	是	是	是	是

续表

项目	(1)	(2)	(3)	(4)
	rgdp	*rgdp*	*rgdp*	*rgdp*
	东部地区	东部地区	非东部地区	非东部地区
	[1979,1983]—[1989,1993]	[1990,1994]—[2008,2012]	[1979,1983]—[1989,1993]	[1990,1994]—[2008,2012]
R - squared	0.8482	0.8395	0.8144	0.7735
F	25.26	29.15	16.54	19.29
N	121	209	220	380

注:①***、**、*分别表示在1%、5%和10%的显著水平上显著;②括号内为 *t* 值。

(五)考虑多重共线性问题的估计结果

同时引入了经济波动、金融发展、国有企业占比等变量以及经济波动与后二者的交叉项,这些变量间很有可能会存在较严重的多重共线性问题,因此估计结果可能存在偏差。考虑到可能存在共线性问题,我们借鉴 Borensztein 等(1998)、何其春和孙萌(2012)的做法,对交叉项涉及的变量均进行中心化处理,以减弱多重共线性。同时还结合 Cheung 和 Lin(2004)的做法,分别仅引入金融发展、金融发展与经济波动交叉项进行回归,仅引入国企占比、经济波动与国企占比交叉项进行回归,同时引入金融发展、金融发展与经济波动交叉项以及国企占比、经济波动与国企占比交叉项进行回归,以作为稳健性检验。总样本回归结果如表 7 - 13 所示,分时间段的回归结果如表 7 - 14 所示,分地区的回归结果如表 7 - 15 所示。

表 7 - 13 结果显示,当仅引入金融发展、金融发展与经济波动交叉项进行回归时,金融发展与经济波动交叉项系数为 0.311,且在 5% 的显著水平上显著。仅引入国企占比、经济波动与国企占比交叉项进行回归时,经济波动与国企占比交叉项系数为 0.722,且在 1% 的显著水平上显著。同时引入金融发展、金融发展与经济波动交叉项以及国企占比、经济波动与国企占比交叉项进行回归时,金融发展与经济波动交叉项系数为

0.365，且在1%的显著水平上显著，经济波动与国企占比交叉项系数为0.932，且在1%的显著水平上显著。

表7－13　总样本回归结果

项目	(1)	(2)	(3)
	rgdp	*rgdp*	*rgdp*
	总样本	总样本	总样本
vgdp	0.155*** (4.71)	0.099*** (2.61)	0.094*** (2.67)
ln*gdp*	−0.069*** (−17.47)	−0.061*** (−13.82)	−0.074*** (−18.05)
stu	0.001*** (3.35)	0.001 (0.55)	0.001* (1.94)
rinv	0.042*** (9.69)	0.041*** (8.44)	0.042*** (9.38)
rpop	−0.178** (−2.19)	−0.237*** (−2.63)	−0.133 (−1.61)
exp	0.015** (2.69)	0.009 (1.42)	0.009 (1.55)
credit	−0.039** (−12.62)		−0.040*** (−12.50)
vgdp×*credit*	0.311** (4.28)		0.365*** (5.01)
rpublic		0.045*** (3.39)	−0.008 (−0.65)
vgdp×*rpublic*		0.722*** (3.16)	0.932*** (4.44)
C	0.455*** (19.78)	0.417*** (16.05)	0.488*** (20.18)
地区效应	是	是	是
时间效应	是	是	是
R－squared	0.7179	0.6655	0.7244
F	29.58	22.30	27.32
N	930	930	930

注：①***、**、*分别表示在1%、5%和10%的显著水平上显著；②括号内为*t*值。

表7－14结果显示，在1994年之前，当仅引入金融发展、金融发展与经济波动交叉项进行回归时，金融发展与经济波动交叉项系数为0.360，且在5%的显著水平上显著。仅引入国企占比、经济波动与国企占比交叉项进行回归时，经济波动与国企占比交叉项系数为－0.220，但不显著。同时引入金融发展、金融发展与经济波动交叉项以及国企占比、经济波动与国企占比交叉项进行回归时，金融发展与经济波动交叉项系数为0.367，且在5%的显著水平上显著，经济波动与国企占比交叉项系数为0.008，但不显著。在1994年之后，当仅引入金融发展、金融发展与经济波动交叉项进行回归时，金融发展与经济波动交叉项系数为0.016，但不显著。仅引入国企占比、经济波动与国企占比交叉项进行回归时，经济波动与国企占比交叉项系数为0.916，且在1%的显著水平上显著。同时引入金融发展、金融发展与经济波动交叉项以及国企占比、经济波动与国企占比交叉项进行回归时，金融发展与经济波动交叉项系数为－0.164，但不显著，经济波动与国企占比交叉项系数为1.280，且在1%的显著水平上显著。

表7－14　按时间段分组回归结果

项目	(1)	(2)	(3)	(4)	(5)	(6)
	rgdp	*rgdp*	*Rgdp*	*rgdp*	*rgdp*	*rgdp*
	[1979,1983]—[1989,1993]	[1979,1983]—[1989,1993]	[1979,1983]—[1989,1993]	[1990,1994]—[2008,2012]	[1990,1994]—[2008,2012]	[1990,1994][2008,2012]
vgdp	0.221*** (4.80)	0.262*** (5.44)	0.225*** (4.64)	0.262*** (5.52)	0.196*** (3.81)	0.194*** (3.94)
ln*gdp*	－0.113*** (－10.90)	－0.113*** (－10.48)	－0.113*** (－10.82)	－0.091*** (－15.05)	－0.090*** (－14.54)	－0.092*** (－15.44)
stu	0.001 (1.53)	0.001 (1.01)	0.001 (1.59)	0.001 (1.61)	0.001 (0.65)	0.001 (1.30)
rinv	0.058** (2.55)	0.062*** (2.75)	0.056** (2.45)	0.048*** (10.94)	0.044*** (9.08)	0.044*** (9.08)

续表

项目	(1)	(2)	(3)	(4)	(5)	(6)
	rgdp	*rgdp*	*Rgdp*	*rgdp*	*rgdp*	*rgdp*
	[1979,1983]—[1989,1993]	[1979,1983]—[1989,1993]	[1979,1983]—[1989,1993]	[1990,1994]—[2008,2012]	[1990,1994]—[2008,2012]	[1990,1994]—[2008,2012]
rpop	−0.025 (−0.08)	0.152 (0.45)	−0.070 (−0.21)	−0.092 (−1.19)	−0.078 (−0.97)	−0.074 (−0.97)
exp	0.018 (1.16)	0.010 (0.63)	0.018 (1.12)	0.001 (0.05)	−0.011 (−1.58)	0.003 (−0.41)
credit	−0.051*** (−4.94)		−0.050*** (−4.41)	−0.025*** (−8.02)		−0.026*** (−7.61)
vgdp × *credit*	0.360** (2.50)		0.367** (2.52)	0.016 (0.14)		−0.164 (−1.35)
rpublic		−0.142** (−2.19)	−0.058 (−0.88)		0.049*** (3.69)	0.006 (0.47)
vgdp × *rpublic*		−0.220 (−0.55)	0.008 (0.02)		0.916*** (3.15)	1.280*** (4.35)
常数项	0.713*** (11.72)	0.723*** (11.35)	0.716*** (11.64)	0.682*** (16.74)	0.682*** (16.31)	0.692*** (17.14)
地区效应	是	是	是	是	是	是
时间效应	是	是	是	是	是	是
R－squared	0.7029	0.6792	0.7038	0.7229	0.7018	0.7324
F	23.87	20.19	20.29	23.20	27.31	23.47
N	341	341	341	589	589	589

注：①***、**分别表示在1%、5%的显著水平上显著；②括号内为*t*值。

表7－15结果显示，在东部地区，当仅引入金融发展、金融发展与经济波动交叉项进行回归时，金融发展与经济波动交叉项系数为0.302，且在1%的显著水平上显著。仅引入国企占比、经济波动与国企占比交叉项进行回归时，经济波动与国企占比交叉项系数为2.107，且在1%的显著水平上显著。同时引入金融发展、金融发展与经济波动交叉项以及国企占比、经济波动与国企占比交叉项进行回归时，金融发展与经济波动交叉项系数为－0.139，但不显著，经济波动与国企占比交叉项系数为

2.549，且在1%的显著水平上显著。在非东部地区，当仅引入金融发展、金融发展与经济波动交叉项进行回归时，金融发展与经济波动交叉项系数为0.288，且在5%的显著水平上显著。仅引入国企占比、经济波动与国企占比交叉项进行回归时，经济波动与国企占比交叉项系数为-0.915，且在5%的显著水平上显著。同时引入金融发展、金融发展与经济波动交叉项以及国企占比、经济波动与国企占比交叉项进行回归时，金融发展与经济波动交叉项系数为0.195，但不显著，经济波动与国企占比交叉项系数为-0.405，也不显著。

表7-15　按地区分组回归结果

项目	(1)	(2)	(3)	(4)	(5)	(6)
	rgdp	*rgdp*	*rgdp*	*rgdp*	*rgdp*	*rgdp*
	东部地区	东部地区	东部地区	非东部地区	非东部地区	非东部地区
vgdp	0.068 (1.17)	-0.072 (-1.11)	-0.133*** (-2.38)	0.101** (2.08)	0.101** (2.14)	0.094* (1.93)
ln*gdp*	-0.065*** (-9.84)	-0.076*** (-11.55)	-0.068*** (-11.76)	-0.078*** (-12.16)	-0.061*** (-9.17)	-0.080*** (-12.01)
stu	0.001* (1.84)	-0.001*** (-3.14)	0.001 (0.94)	0.001 (1.07)	0.001*** (4.02)	0.001 (1.04)
rinv	0.030*** (5.82)	0.015** (2.52)	0.026*** (4.94)	0.061*** (6.95)	0.054*** (5.74)	0.061*** (6.94)
rpop	0.140 (1.28)	0.137 (1.23)	0.127 (1.30)	-0.311** (-2.27)	-0.473** (-3.21)	-0.323** (-2.30)
exp	0.018*** (2.68)	-0.004 (-0.52)	0.004 (0.72)	-0.135*** (-4.47)	-0.132*** (-4.14)	-0.138*** (-4.57)
credit	-0.037*** (-8.30)		-0.041*** (-10.07)	-0.037*** (-7.08)		-0.042*** (-7.41)
vgdp× *credit*	0.302*** (2.68)		-0.139 (-1.27)	0.288** (2.45)		0.195 (1.27)
rpublic		0.062*** (3.08)	0.019 (1.05)		0.001 (0.01)	-0.041** (-2.22)

续表

项目	(1)	(2)	(3)	(4)	(5)	(6)
	rgdp	rgdp	rgdp	rgdp	rgdp	rgdp
	东部地区	东部地区	东部地区	非东部地区	非东部地区	非东部地区
vgdp × rpublic		2.107*** (7.35)	2.549*** (9.32)		-0.915** (-2.49)	-0.405 (-0.89)
常数项	0.458*** (10.77)	0.542*** (12.92)	0.475*** (12.72)	0.494*** (13.84)	0.413*** (10.93)	0.508*** (13.62)
地区效应	是	是	是	是	是	是
时间效应	是	是	是	是	是	是
R - squared	0.7370	0.7271	0.7999	0.7681	0.7393	0.7702
F	22.39	23.45	29.93	17.57	12.99	16.78
N	330	300	330	600	600	600

注:①***、**、*分别表示在1%、5%和10%的显著水平上显著;②括号内为 t 值。

对比表7-9和表7-13可以看出,总样本估计结果中,波动项系数由显著为负变为显著为正,这是由数据中心化引起的,但经济波动对经济增长的总影响系数与中心化前没有太大差异,因此本书结论是稳健的。

此外,对比分地区和分时段中心化前后的实证结果,仅有个别变量系数因中心化而发生了改变,但是,由于其不是本书所关注的主要变量,其变化不影响本书的讨论。除此之外,中心化前后的结果没有明显差异,说明本书实证结果是稳健的。

(六)考虑内生性的估计结果

经济增长可能会给经济波动带来逆向的影响,因此可能会因为存在内生性问题导致回归结果有偏误。在本部分我们将采取经济波动滞后项、金融发展程度与经济波动交叉项以及国企职工占比与经济波动交叉项的滞后项作为工具变量进行回归。由于滞后项变量对本期而言属于前定变量,因此本期经济增长无法影响滞后项变量,从而可以避免内生性问题。具体回归结果如表7-16中第(1)~第(5)列所示。在总样本中,金融发展与经济波动交叉项系数为0.327,且在1%的显著水平上显著,国有企业占比和经济波动交叉项系数为0.890,且在1%的显著水平上显著。在1994年之前,金融发展与经济波动交叉项系数为0.506,且在5%的显著水平上显著,国有企业占比和经济波动交叉项系数为-0.082,但不显著。在1994年之后,金融发展与经济波动交叉项系数为-1.180,且在1%的显著水平上显著,国有企业占比和经济波动交叉项系数为2.288,且在1%的显著水平上显著。在东部地区,金融发展与经济波动交叉项系数为-0.890,且在1%的显著水平上显著,国有企业占比和经济波动交叉项系数为4.431,且在1%的显著水平上显著。在非东部地区,金融发展与经济波动交叉项系数为0.493,且在5%的显著水平上显著,国有企业占比和经济波动交叉项系数为-0.350,但不显著。与表7-9、表7-10和表7-11的回归结果相比,无论是基于总样本、分时间段样本还是分地区样本,采用工具变量法进行回归的结果没有大的变化,因此本书的结论是稳健的。

表7-16　工具变量法和空间面板模型估计结果

项目	(1)	(2)	(3)	(4)	(5)	(6)
	rgdp (*IV-Fe*)	*rgdp* (*IV-Fe*)	*rgdp* (*IV-Fe*)	*rgdp* (*IV-Fe*)	*rgdp* (*IV-Fe*)	*rgdp* (空间面板)
	总样本	[1979,1983]—[1989,1993]	[1990,1994]—[2008,2012]	东部地区	非东部地区	总样本
vgdp	-0.841*** (-3.38)	-0.091 (-0.16)	-0.045 (-0.10)	-2.291*** (-8.37)	0.027 (0.05)	-0.910*** (-5.03)
ln*gdp*	-0.078*** (-17.59)	-0.124*** (-10.84)	-0.084*** (-12.68)	-0.071** (-10.90)	-0.080*** (-11.64)	-0.074*** (-18.69)
stu	0.001* (1.81)	0.001 (1.62)	0.001* (1.68)	0.001 (0.74)	0.001 (1.08)	0.001* (1.74)
rinv	0.043*** (9.32)	0.058** (1.98)	0.046*** (8.74)	0.029*** (5.30)	0.061*** (6.68)	0.041*** (9.63)
rpop	-0.135 (-1.63)	-0.355 (-1.04)	-0.094 (-1.17)	0.006 (0.05)	-0.311** (-2.19)	-0.114 (-1.44)

续表

项目	(1)	(2)	(3)	(4)	(5)	(6)
	rgdp (IV - Fe)	rgdp (IV - Fe)	rgdp (IV - Fe)	rgdp (IV - Fe)	rgdp (IV - Fe)	rgdp (空间面板)
	总样本	[1979,1983]—[1989,1993]	[1990,1994]—[2008,2012]	东部地区	非东部地区	总样本
exp	0.010 (1.55)	0.022 (1.22)	0.003 (0.44)	-0.001 (-0.11)	-0.147*** (-4.84)	-0.010* (-1.75)
credit	-0.049*** (-12.15)	-0.086*** (-5.40)	-0.004 (-0.76)	-0.023*** (-3.60)	-0.051*** (-8.63)	-0.050*** (-13.87)
vgdp × *credit*	0.327*** (3.56)	0.506** (2.09)	-1.180*** (-5.46)	-0.890*** (-4.54)	0.493** (2.53)	0.356*** (5.10)
rpublic	-0.034** (-2.36)	-0.090 (-1.27)	-0.032* (-1.88)	-0.115*** (-4.99)	-0.029 (-1.49)	-0.036*** (-2.71)
vgdp × *rpublic*	0.890*** (3.26)	-0.082 (-0.14)	2.288*** (4.01)	4.431*** (9.59)	-0.350 (-0.59)	0.923*** (4.59)
常数项	0.596*** (17.66)	0.113*** (10.79)	0.664*** (13.33)	0.610*** (12.92)	0.590*** (12.16)	0.660*** (19.97)
ρ						0.096** (2.15)
地区效应	是	是	是	是	是	是
时间效应	是	是	是	是	是	是
R - squared	0.7253	0.7477	0.7148	0.7870	0.7710	0.7737
F	25.31	21.83	18.14	27.58	15.67	35.67
N	899	310	558	319	580	930

注:①***、**、*分别表示在1%、5%和10%的显著水平上显著;②括号内为t值。

(七)考虑空间效应的估计结果

考虑到地区间经济增长很有可能存在空间相关性,而对空间效应的忽视,极易造成模型的有偏估计,使得检验结果不准确,鉴于此,本书基于上述分析,引入Anselin(1988)以及Elhorst(2003)的空间计量方法,构建空间面板模型,验证前面实证结果的稳健性。

关于空间权重矩阵，本书构造了同时反映地理特征（城市间公路里程）和经济特征（人均实际 GDP）的空间权重矩阵。其中公路里程数据来源于 2015 年《中国地图集》。在建模之前，我们采用经济权重矩阵计算 Moran's I 指数，以考察地区间经济增长的空间相关性。实证结果显示，Moran's I 指数为 0.3286，伴随概率为 0.0000，非常显著，表明我国各地区经济增长存在明显的空间依赖性，说明有采用空间面板模型的必要。然后，采用 LM – Lag 和 LM – Error 检验来合理选择具体模型形式，结果显示应该采用空间滞后模型，具体模型形式如下：

$$rgdp_{it} = \alpha_0 + \rho Wrgdp_{it}(\alpha_1 + \gamma_1 \times credit_{it} + \gamma_2 \times rpublic_{it}) \times vgdp_{it} + \varphi_1 credit_{it} + \varphi_2 rpublic_{it} + X_{it}^T\beta + \varpi_i + v_t + \varepsilon_{it} \quad (7-28)$$

其中，W 为空间权重矩阵，ρ 为空间自回归系数，其他参数定义与上文相同，此处不再赘述。回归结果如表 7 – 16 中第（6）列所示。可以看出，金融发展和经济波动交叉项系数为 0.356，且在 1% 的显著水平上显著。国有企业占比和经济波动交叉项系数为 0.923，且在 1% 的显著水平上显著。利用空间面板模型对总样本的回归结果也同样显示国企职工占比越高的地区，经济波动与经济增长之间越偏向正相关，与前面基本回归结论基本相同，说明本书的结论是稳健的。

（八）不同区间长度的估计结果

采取 5 年作为一个时间段是通常的做法，但是经济波动的一个周期并不一定是固定的 5 年。基于此，本部分分别采取 3 年和 8 年作为时间段长度进行重新计算，并基于新的数据进行回归分析，验证回归结论对计算区间的长度是否敏感。由于数据可得性，采取 3 年作为区间长度时，利用的数据为 1979—2010 年的数据，回归结果如表 7 – 17 所示。从第（1）列和第（2）列回归结果可以看出，当采取 3 年作为计算区间长度时，金融发展和经济波动交叉项系数为 0.609，且在 1% 的显著水平上显著。国有企业占比和经济波动交叉项系数为 1.141，且在 1% 的显著水平上显著。当采取 8 年为计算区间长度时，金融发展和经济波动交叉项系数为

0.358，且在1%的显著水平上显著。国有企业占比和经济波动交叉项系数为0.928，且在1%的显著水平上显著。无论是采取3年还是8年的区间长度，抑或是前文采取的5年区间长度，回归结果基本相同：经济波动项系数显著为负，金融发展和经济波动交叉项系数显著为正，国企职工占比和经济波动交叉项系数显著为正，并且各系数大小变化不大。因此，本书的结论并不会随着计算区间长度的改变而发生明显的变化，即本书的结论是稳健的。

表7－17　不同区间长度的估计结果

项目	(1)	(2)
	3年	8年
	rgdp	*rgdp*
vgdp	-1.276*** (-5.18)	-0.911*** (-5.42)
ln*gdp*	-0.071*** (-12.65)	-0.068*** (-20.42)
stu	0.001** (2.50)	-0.001 (-1.22)
rinv	0.021*** (3.49)	0.015*** (4.00)
rpop	-0.186** (-2.10)	0.145* (1.86)
exp	0.004 (0.55)	-0.006 (-1.16)
credit	-0.055*** (-11.46)	-0.046*** (-13.70)
vgdp × *credit*	0.609*** (6.32)	0.358*** (5.61)
rpublic	-0.028 (-1.59)	-0.008 (-0.63)
vgdp × *rpublic*	1.141*** (4.20)	0.928*** (4.92)

续表

项目	(1)	(2)
	3 年	8 年
	rgdp	*rgdp*
常数项	0.533*** (13.18)	0.511*** (20.27)
地区效应	是	是
时间效应	是	是
R - squared	0.6560	0.7518
F	13.24	37.99
N	930	868

注:①***、**、*分别表示在1%、5%和10%的显著水平上显著;②括号内为 t 值。

第四节　中国经济短期波动对长期增长影响的演变

根据已有文献和本书的实证分析,并结合经济运行现状,不难发现中国经济短期波动性对长期增长趋势的影响呈现阶段性特点:1978 年之前影响为负,1978 年之后到本轮经济下行之前为正,进入新常态以来又为负。中国经济为何会具有这种特点?根据本书的理论可以进行较为合理的解释。

从资源在企业间的配置这一主要传导机制来说,短期经济波动对长期增长趋势的影响原理和水力发电站的工作原理很像。水力发电站工作的动力是水位落差带来的势能,类似地,经济波动的工作动能则是通过资源利用率的落差带动资源在低效率企业向高效率企业之间流动,进而对经济增长产生影响。水力发电站正常工作需要两个条件:一是存在水位差,有水能可利用;二是闸门打开,允许水流流动。经济波动对经济增长产生影响同样需要两个条件:一是企业间存在资源利用效率的差异;二是改革的阀门得打开,允许资源自由流动和市场对资源进行重新配置。

1978 年之前,中国实行计划经济,经济波动性变化无法通过市场的筛选效应促进长期增长,因此中国经济波动与经济增长负相关。1978 年开始,中国实行改革开放,阻碍资源自由流动的闸门被打开,市场的筛选效应开始起作用,经济波动对经济增长呈现出促进效应,而且这种促进效应受金融发展程度和企业异质性(本书用国有企业占比衡量)两个因素的影响。根据上文的分析，金融发展程度越高，经济波动和经济增长之间越偏向正相关；国企占比越高，经济波动和经济增长之间越偏向正相关。图 7 - 3 和图 7 - 4 分别是各省份历年平均金融发展程度和平均国有企业职工占比，从中可以看出，改革开放以来，我国平均金融发展程度总体上处于不断提升的趋势，国有企业职工占比总体上处于不断下降的趋势。我们根据上文数据中心化后的估计结果（如表 7 - 13 所示），代入中心化后的金融发展程度和国有企业职工占比数据，计算出经济波动项总系数的平均值，结果如图 7 - 5 所示。我们从中可以看出，改革开放之初，虽然存在大量低效率企业，但是由于我国金融发展程度较低，经济波动对经济增长的促进效应较弱。而后随着我国金融发展程度的提升，经济波动对经济增长的促进效应不断增强，终于在 20 世纪 90 年代末达到高峰。21 世纪以来，国有企业职工占比不断下降，低效率企业不断减少，资源配置不断优化，配置效率不断提高，经济波动对经济增长的促进效应不断减弱，在 2007—2011 年区间段，经济波动对经济增长的影响已经表现出抑制效应。随着市场化的进一步推进，未来我国短期的经济波动可能还会进一步降低长期的经济增长。从次要机制（资源在企业内配置）

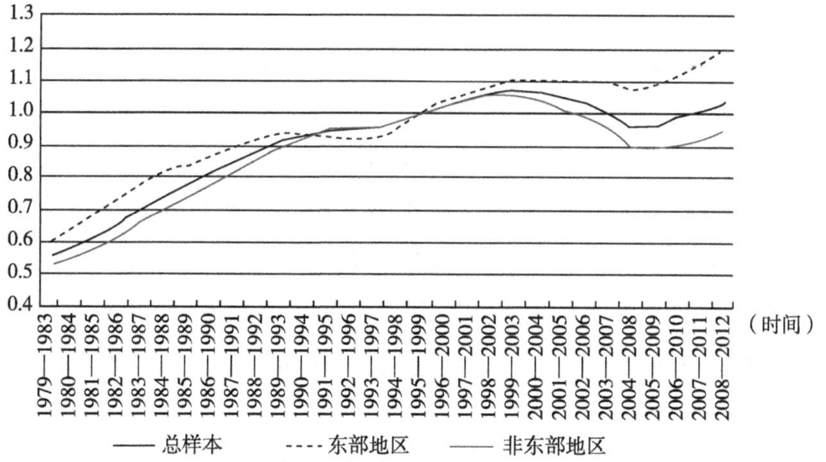

图 7 - 3　金融发展程度

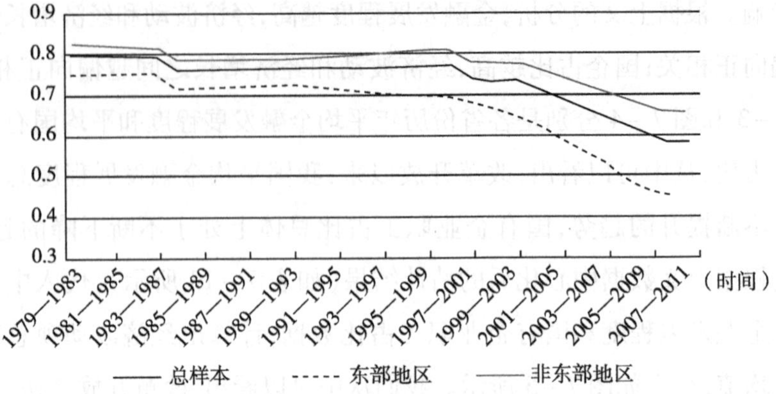

图7-4　国有企业职工占比

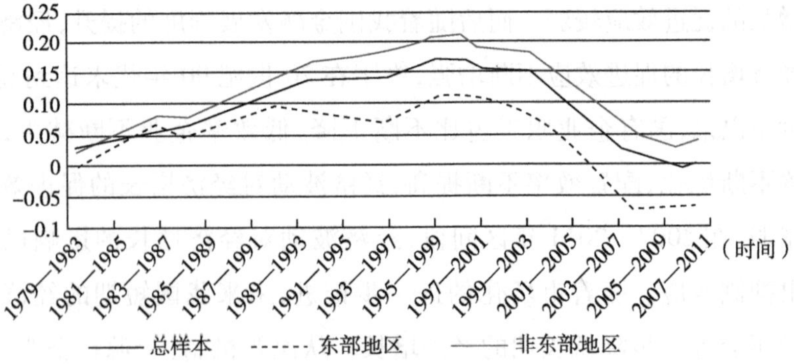

图7-5　经济波动项总系数

角度来看，经济波动加剧主要通过提升技术引进强度来促进经济增长。1978年实行改革开放之后，中国利用后发优势，大量引进国外先进技术，从而实现经济高速发展。而后，随着我国经济的发展，我国与国外的差距越来越小，技术引进的空间也越来越小。而且随着我国技术水平与发达国家之间差距的缩小，发达国家越来越感受到来自我国产品竞争力的威胁，因此也不愿意再对我们转让先进技术，两者的综合作用导致经济波动难以再提升技术引进强度，从而经济波动对经济增长的促进效应越来越弱。

为什么此轮经济下行未能促进生产率更快地上升？其原因在于，在改革开放初期，中国利用"后发优势"不断模仿、学习和吸收国外的先进技术,生产率提升较快,再加上落后企业较多、资源错配较严重,经济波动对资源配置的优化效应明显,帕累托改进较大,因此经济波动显著地促进了生产率提高。随着中国经济的发展以及市场化改革的推进,中国与发达国家之间的技术差距越来越小,“后发优势”越来越弱,技术进步速度开始放缓,与此同时,由于中国资源配置得到不断优化,异质性企业间资源配置合理,帕累托改进的空间缩小,经济波动难以再产生较为显著的筛选效应和清理效应,释放的改革红利就越来越小,因此此轮经济波动不能再像2008年以前那样显著地促进生产率和经济增速的提升。

要走出此轮增长困境,提高生产率是非常重要的路径。根据本书的分析,经济下行对生产率的促进作用受三个因素的影响:低效率企业占比、金融发展程度和改革的力度。正如水力发电不会将下游水抽到上游进行发电一样,我们也不会为了追求经济波动对经济增长的促进效应而人为提高低效率企业的比例。但是短期内我们还可以从清除过剩产能、提供更多流动性,以及深化改革,改进和优化资源在区域间、产业间配置等方面入手。根据本书的研究,20世纪中期中国经济向社会主义市场经济体制转轨以来,企业间的资源配置得到显著改进和优化,但是区域间和产业间的资源配置改进和优化仍然有较大的空间。目前中国经济中的杠杆率过高,债务风险较大,但是我们可以对杠杆的内部结构进行调整和优化。根据本书实证部分的研究不难发现,中国经济中的金融资源在有些地区利用得并不充分,即资金被过多地用以支持低效率企业。无论是因为政府补贴还是银行贷款对国企的倾斜,都造成了民营企业和中小企业融资难甚至资金极度短缺的现象。因此不提升总杠杆率的情形下,我们可以将金融资源在企业间进行重新配置,这样可以在不提高总杠杆率的前提下优化资金的配置,提高金融资源的使用效率,促进生产率的提升。

就深化改革、优化资源配置来看,虽然改革红利的释放受其边际效应递减的限制,但是我们从实证部分的研究以及图7－4可以看出,中国东部地区市场化程度较高，而中西部地区市场化程度较低，因此还存在较大的改革空间。根据图 7－5 中的东部地区和非东部地区经济波动项系数平均值，可以看出东部地区经济波动项系数已经为负值，但是非东部地区经济波动项系数仍然为正值，这表明，对于中西部地区来说，进一步深化市场化改革将有助于提升其生产率水平和经济增长速度。

第五节　中国经济短期波动对长期增长影响的再检验

本书在上述章节中已经对经济波动性变化如何影响增长趋势进行了较为全面的研究。我们还根据上述分析推演出中国经济波动和经济增长的关系是非线性的,经济短期波动对长期增长的促进效应随着时间的推移先增强后减弱(如图7-5所示)。至此,我们可以依据上述分析对中国经济波动和增长关系的阶段性特征进行较为合理的解释。上文是基于参数模型,通过引入变量交叉项的方式推演出这一结论。笔者不禁在想,倘若本书的结论是正确的、稳健的,那么采用非参数方法直接对经济波动和增长之间动态关系进行测度,得出的结论应当与上述结论相符。为了检验本书结论的稳健性,接下来我们将基于面板非参数时变系数模型对经济波动和经济增长的动态关系进行估计。

一、模型介绍

参考第三章模型形式,我们设定模型如下:

$$Y_{it} = X_{it}{}^{T}\beta_t + \gamma_t + \alpha_i + e_{it}, i = 1, \cdots, N, t = 1, \cdots, T \quad (7-29)$$

其中,Y_{it} 为因变量,即平均经济增速 $rgdp_{it}$,X_{it}^{T} 为解释变量,包括经济波动 $vgdp_{it}$、人均国民生产总值 $\ln gdp_{it}$、人口增长率 $rpop_{it}$、人力资本 stu_{it} 以及对外开放度 exp_{it}。$X_{it} = (X_{it,1}, \cdots, X_{it,d})^{T}$,$\beta_t = (\beta_{t,1}, \cdots, \beta_{t,d})^{T}$,所有的 γ_t 和 β_t 均为关于时间 t 的未知函数,时变系数 β_t 表示各解释变量对被解释变量的动态作用机制,d 为解释变量个数。$\{\alpha_i\}$ 和 $\{\gamma_t\}$ 分别为

个体效应和时间效应。e_{it} 为误差项,N 为个体个数,T 为时间长度。

目前关于时间序列时变系数模型的研究较多,而对面板时变系数模型的研究却比较匮乏。参照 Li 等(2011)的做法,本书使用平均局部线性估计方法(averaged local linear estimation method)估计如式(7-29)所示的面板非参数时变系数模型。该估计方法要求数据满足个体固定效应之和为 0 的假设,但考虑到实际数据通常难以满足该条件,本书在建模之前先对数据进行组内去均值处理。进一步定义 $Y_{\cdot t} = \frac{1}{N}\sum_{i=1}^{N} Y_{it}, X_{\cdot t} = \frac{1}{N}\sum_{i=1}^{N} X_{it}, e_{\cdot t} = \frac{1}{N}\sum_{i=1}^{N} e_{it}$,对个体 i 取平均,并且利用 $\sum_{i=1}^{N}\alpha_i = 0$,可得:

$$Y_{\cdot t} = X_{\cdot t}{}^T\beta_t + \gamma_t + e_{\cdot t}, t = 1,\cdots,T \tag{7-30}$$

式(7-30)中,个体效应 α_i 已被消除,即可视为非参数时变系数时间序列模型(Robinson,2012;Cai ,2007)。式(7-30)中的 $\gamma(\cdot)$ 和 $\beta_j(\cdot)$ 可使用非参数方法直接估计得到。

令 $Y = (Y_{\cdot 1},\cdots,Y_{\cdot T})'$ $\gamma = (\gamma_1,\cdots,\gamma_{\cdot T})^T$, $B(X,\beta) = (X_{\cdot 1}{}^T\beta_1,\cdots,X_{\cdot T}{}^T\beta_T)^T, e = (e_{\cdot 1},\cdots,e_{\cdot T})^T$,式(7-30)可写成向量形式

$$Y = B(X,\beta) + \gamma + e \tag{7-31}$$

现在我们使用传统局部线性方法(Fan & Gijbels,1996)估计

$$\beta_*(\cdot) = [\beta_1(\cdot),\cdots,\beta_d(\cdot),\gamma(\cdot)]^T$$

对于给定的 $0 < \tau < 1$,定义

$$D(\tau) = \begin{pmatrix} 1 & X_{\cdot 1}{}^T & \frac{1-\tau T}{Th} & \frac{1-\tau T}{Th} & X_{\cdot 1}{}^T \\ \vdots & \vdots & \vdots & \vdots & \\ 1 & X_{\cdot T}{}^T & \frac{T-\tau T}{Th} & \frac{T-\tau T}{Th} & X_{\cdot T}{}^T \end{pmatrix}$$

以及 $W(\tau) = diag\left[K(\frac{1-\tau T}{Th}),\cdots,K(\frac{T-\tau T}{Th})\right]$

假定 $\beta_*(\cdot)$ 二阶可导,使用泰勒展开式可得 $\beta_*(t)$ 关于 t 的近似函数关系式:

$$\beta_*(t) = \beta_*(\tau) + \beta_*'(\tau)(t-\tau) + O[(t-\tau)^2] \quad (7-32)$$

其中，$0 < \tau < 1$，且$\beta_*'(\tau)$是$\beta_*(t)$的导数。在式(7－32)局部近似基础上，$[\beta_*^T(\tau), \beta_*'^T(\tau)]^T$可通过解下式最优化问题得到：

$$\begin{gathered}\text{argmin}[Y - D(\tau)(a^T, b^T)^T]^T W(\tau)[Y - D(\tau)(a^T, b^T)^T]^T \\ a \in R^{d+1}, b \in R^{d+1}\end{gathered} \quad (7-33)$$

于是，$\beta_*(\tau)$的局部线性估计为：

$$\hat{\beta_*}(\tau) = [I_{d+1}, O_{d+1}]\beta_*(\tau)[D^T(\tau)W(\tau)D(\tau)]^{-1}D^T(\tau)W(\tau)Y \quad (7-34)$$

其中，I_{d+1}为$(d+1)\times(d+1)$维的单位阵，O_{d+1} $(d+1)\times(d+1)$维的零矩阵。

核函数和带宽是面板非参数时变系数模型最重要的两个参数。关于带宽，借鉴 Li 等(2011)的做法，采用交叉验证法得到。关于核函数，在内点，使得均方误差和积分均方误差达到最小的最优核函数为 Epanechnikov 函数，如式(7－35)所示。因此本书选择 Epanechnikov 函数计算局部权重。

$$K(u) = 0.75(1-u^2)I(|u| < 1) \quad (7-35)$$

本部分指标选取和数据来源均与第三章相同，此处不再赘述。

二、估计结果

我们基于 1979—2012 年省级面板数据，采用面板非参数时变系数模型估计经济波动对增长的时变影响系数，进而刻画经济波动对增长的动态影响路径，估计结果(经济波动项时变系数)如图 7－6 所示，其中纵轴为经济波动项时变系数，横轴 1～30 分别代表[1979—1983]～[2008—2012]30 个区间段。

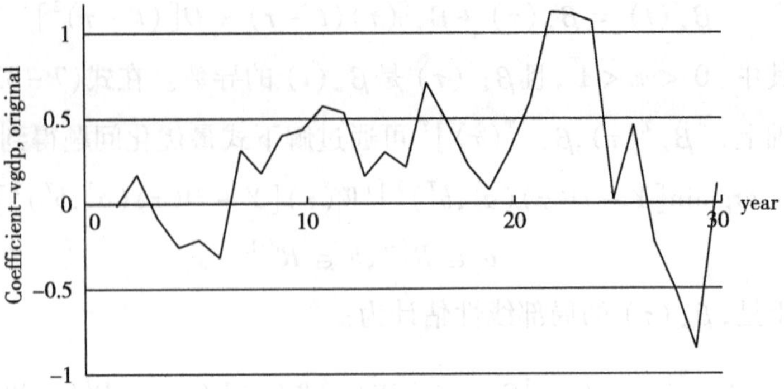

图 7-6　中国经济短期波动对长期增长影响系数的演变

我们通过图 7-6 可以看出,经济波动项系数虽然上下波动不定,但大体处于两种走势:前一段时期处于上涨趋势,后一段时期处于下降趋势。通过对比图 7-6 与图 7-5,可以发现,两幅图中经济波动项系数变化趋势基本一致,经济短期波动对增长趋势的促进效应先增强后减弱,说明本书的结论是稳健的、正确的。

第六节　本章小结

本章通过理论分析和实证分析研究了金融发展和国企占比会如何影响经济波动和经济增长之间的关系，发现金融发展程度之所以会影响经济波动和经济增长之间的关系，主要是因为两个原因：一是金融摩擦具有普遍存在性；二是对不同类型投资或企业而言，金融摩擦具有异质性。因此，金融发展在经济波动性变化对增长趋势影响中所起的作用取决于金融资源的支持偏好。如果金融资源更多地用于高效率投资，那么随着金融发展程度的提升，经济波动性变化对增长趋势的促进效应就越强。如果金融资源分配偏向于低效率投资，那么金融发展程度提升就会导致经济波动和增长更偏向负相关。如果金融资源分配不偏向任何类型的投资，那么金融发展就不会有任何影响。总的来看，随着过去几十年金融发展程度的提高，我国经济波动和经济增长之间越来越偏向正相关。但是金融发展的作用仍然存在时间和空间上的差异性。

国有企业占比大小首先会直接影响地区企业异质性大小，即资源在企业间重新配置空间的大小。这主要是因为计划经济时期遗留了大量低效率企业，而这些低效率企业大多是国企，但这并不是说国有企业就一定是低效率企业。国有企业在研发活动中还会表现出与其他类型企业不同的特征，当经济波动加剧时，国企占比越高的地区，自主创新强度会下降得越厉害，但是技术引进强度则会上升得越明显。国企占比越高，还会导致投资率对经济波动敏感度下降，因此在一定程度上国企占比较高也通过投资率机制致使经济波动和经济增长更偏向正相关。从总体来看，国企占比越高，经济波动与经济增长之间越偏向正相关。

第八章

金融波动对经济增长的影响

第一节　引言

随着 2008 年国际金融危机的爆发与传播、危机后各个国家经济复苏缓慢而乏力，越来越多学者和政策制定者认识到，只实现经济增长的稳定是远远不够的，金融稳定似乎对经济发展有着至关重要的作用。因此，2008 年金融危机以来，实现经济和金融的双重稳定便成了各个发达国家宏观政策的核心目标（陈彦斌和刘哲希，2017）。根据已有研究，金融风险主要由两种因素引起：一是杠杆率的大幅提升；二是杠杆率波动的加剧（Elekdag & Wu，2011；陈雨露、马勇和阮卓阳，2016；毛泽盛和王元，2015），因此在当前形势下，去杠杆和平抑金融波动对中国经济健康发展尤为重要[①]。

长期来看，经济政策的主要目标是实现可持续的经济增长。根据内生经济增长理论，经济长期持续增长主要依靠于供给侧因素，尤其是技术的进步和效率的提升最为关键。当前我国普遍存在资源错配、创新动力不足以及结构失衡现象，这些因素均严重制约着我国经济健康发展。因此，2015 年召开的中央财经领导小组第十一次会议强调要着力加强供给侧结构性改革，提高我国供给体系质量和效率，增强经济持续增长动力，推动我国社会生产力水平实现整体跃升。深化供给侧结构性改革是方式，改善资源配置、提升创新能力以及优化经济结构是途径，提升经济长

① 需要特别说明的是，去杠杆和平抑金融波动并不矛盾，去杠杆主要是针对杠杆率趋势项，平抑金融波动主要是针对杠杆率周期项。

期增长潜力是目标①。

平抑金融波动、保持金融稳定是必须完成的任务，提升经济长期增长潜力是各项经济政策的根本目标，那么平抑金融波动对长期经济增长的影响又如何呢？在经济波动和金融波动同时加剧的情形下，经济波动和金融波动对经济长期增长会产生交互效应吗？本章即是围绕这些疑问进行的研究。

经济增长和经济波动是我们分别从长期和短期的视角对宏观经济数据进行观察所得出的两大现象，同样，我们对金融发展程度进行观测也能得到金融发展（长期）和金融波动（短期）两大特征。根据已有文献，虽然有很多学者研究金融发展对经济增长的影响（长期对长期）。例如，King 和 Levine （1993a，1993b）、Aghion 等（2005）、Chen 等（2013）、杨友才（2014）。也有很多学者研究金融发展对经济波动的影响（长期对短期）。例如，Aghion 等（2004）、Wang 和 Wen（2009）、姚耀军和鲍晓辉（2013）。但是，在 2008 年国际金融危机爆发之前，关于金融波动对宏观经济影响的研究一直较少。

2008 年金融危机之后，越来越多学者开始关注金融波动对宏观经济的影响，但这些研究主要还是针对金融波动和经济波动之间的关系（短期对短期），而没有涉及金融波动对长期经济增长（短期对长期）的影响②。据笔者所知，目前只有少数几篇文献从经验分析的角度对金融波动如何影响经济长期增长趋势进行了研究。例如 Calcagnini 和 Saltari

① 2016 年 1 月 26 日中央财经领导小组第十二次会议，习近平总书记强调，供给侧结构性改革的根本目的是提高社会生产力水平。

② 这主要是因为传统主流宏观经济学对短期波动和长期增长关系的忽视。在传统主流经济学研究框架下，对短期波动和长期增长的研究是分开进行的。无法对短期波动和长期增长的关系进行分析。自然没有多少学者对金融波动如何影响经济长期增长趋势进行研究。虽然由于 2008 年国际金融危机的原因，主流宏观经济学无法再忽视金融因素的作用，但是金融危机也属于短期经济波动范畴，因此大家主要还是研究金融波动对经济波动的影响。而另外，随着近几年对主流经济学“失败”的反思，经济短期波动和长期增长关系的研究也得到重视，但是主要还是聚焦于实际波动对长期增长的影响。

(2000)、Stockhammer 和 Grafl(2010)、Lin 和 Huang(2012)以及陈雨露、马勇和阮卓阳(2016)等。而金融波动对经济长期增长的影响机制一直没有研究清楚。

与此同时,Aghion 和 Banerjee(2005)以及 Aghion 等(2010)基于 Schumpeter 的思想建立了一个联系经济波动和增长的经济模型,即 AABM 模型。既然 AABM 模型已经研究了经济波动对经济增长的影响,我们还有必要专门研究金融波动对经济增长的影响吗?答案是肯定的。这主要是因为经济波动和金融波动对经济增长的作用机制不一样。虽然同为波动性,代表的都是一种不确定性,但是这两种波动性对投资结构的影响可能刚好截然相反。

以不同周期长度的投资为例,经济波动对投资结构的影响主要有机会成本效应和预期收益效应,对于中国而言,机会成本效应大于预期收益效应,因此经济波动对经济增长的影响为正。简单来说就是短期投资对经济波动敏感性要大于长期投资,这是因为经济冲击影响的是投资收益,冲击效果是衰减的,经济冲击对当期投资影响最大,对远期投资影响较小。而金融波动则不一样,长期投资对金融波动敏感性要大于短期投资。这是因为金融波动代表的是一种投资项目,资金来源不确定,而越是长期投资就越需要持续的资金投入,进而就对金融波动越敏感。企业投资具有不可逆性,而且一项投资往往不止一期,也就是说,需要持续的资金投入。一旦资金不到位,投资项目很可能失败。因此信贷的繁荣程度会显著地影响企业投资的成功概率。当企业杠杆率围绕一个均值上下波动时,虽然平均来看企业获得的资金量没有变,但是每一期能否获得足够资金却是不确定的。这便导致企业投资存在很大的失败概率。譬如,一个需要持续两期投入的项目,每一期需要 5 万元资金投入,如果没有足够资金,项目就会失败。假定项目资金均来源于借贷。如果金融机构答应企业每期贷款 5 万元,那么该投资项目就会得到持续的资金,项目成功的概率为 1。如果金融机构改变策略,规定有 0.5 的概率该项目可借贷 10 万元,0.5 的概率该项目借不到任何贷款,虽然均值仍然为 5 万元,但是该项目每期能获得足够资金的概率仅为 0.5,两期持续获得足够资金的概率仅为0.25,也就是说,该项目成功的概率仅为 1/4。我们可以很自然地推测项目周期越长,受金融波动影响越大。譬如一个持续两期的项目和一个持续三期的项目,其他的特征都相同,只是持续期数存在差异。还是每一期需要 5 万元资金投入才能继续成功运行。金融机构也同样是规定有0.5 的概率该项目可借贷10 万元,0.5 的概率该项目借不到任何贷款。那么我们就可以进而算出三期的项目最终成功的概率为 $0.5 \times 0.5 \times 0.5 = 0.125$,而两期的项目成功概率为 0.25。因此金融波动加剧对持续时间越长的项目影响越明显。

当然,除了周期长度这个属性外,其他的投资属性也很重要,例如受融资约束程度的大小。有的企业具有大量的现金流,因此金融波动对其影响不大。而有的企业资金紧缺,对外部融资依赖性较大,此时一旦发生金融波动,其投资决策就会明显受到影响。对于中国而言,国有企业投资和非国有企业投资在投资周期和受约束程度方面都存在差异。第一,国有企业管理层聘用采用任期制,而且国有企业领导人肩负经济人和政治人双重身份,除了发展企业,还担负保增长、保就业等政治任务(詹新宇和方福前,2011)。因此,国有企业经营目标出现短期化现象:国有企业通常不愿意进行长期投资,而只注重能在自己任期内带来回报的短期投资。第二,中国过去几十年的高速发展,民营企业可谓功不可没,然而金融机构对民营企业的信贷支持力度却远没有对国有企业的支持力度大(卢峰和姚洋,2004)。这中间可能是因为国有企业禀赋较好、规模较大,具有大量资产可供抵押(苟琴、黄益平和刘晓光,2014),但也不乏所有制歧视的原因(靳来群,2015)。因此,民营企业借贷不仅难,而且贵,金融波动加剧时,本就缺乏资金的民营企业更是雪上加霜。鉴于国有企业和非国有企业在经营目标和融资约束程度上的差异,我们认为金融波动对国企和非国企投资的异质性影响可能是中国金融波动和经济增长关系的一条重要机制。

与已有研究相比,本章节的创新与贡献主要体现在以下方面:第一,从研究方法来看,仅有的几篇关于金融波动和长期经济增长关系的研究均是经验分析,而对背后影响机制分析得较少。本章节将通过构建理论模型的方式对金融波动与经济长期增长关系的形成机制进行分析。第二,从研究对象来看,目前尚无学者专门基于中国数据对中国金融波动与长期经济增长关系进行研究,本章节将基于 1979—2012 年中国省际面板数据对此进行分析,这将有助于我们更直接地了解中国的实际情况。第三,从研究内容来看,已有的关于金融波动对经济长期增长影响的研究中,尚无人考虑金融波动和经济波动的交叉影响,本章节将从理论分析和经验分析两个角度对此进行研究。另外,本章节还分析出金融波动对长期经济增长产生影响的主要渠道并不是投资率,而应当是投资结构,这一结论对于当前我国深化供给侧结构性改革具有重要的意义。

第二节　金融波动对经济增长影响的理论分析

本部分主要是对 AABM 模型进行扩展,以分析经济波动背景下金融波动对经济增长的影响。本书之所以选择 AABM 模型作为基础模型,有以下两点原因:第一,本书认为,在研究金融波动对经济增长影响的同时不能忽略经济波动在其中所起的作用,而 AABM 模型刚好可以让我们在方便的同时引入经济波动和金融波动加以分析。第二,根据下文的实证分析,投资率不是金融波动对经济增长产生影响的主要渠道,因此本书猜测投资结构才是重要的中间变量,而 AABM 模型刚好从投资异质性出发研究了经济波动对投资结构的影响,因此很适合作为本书的基础模型。

本书理论模型与 AABM 模型的主要不同之处在于以下几点:第一,在 AABM 模型中,杠杆率仅会随着金融发展程度的提升而单向变化,并不会围绕一个均值上下波动。这种设定适合研究金融发展对经济增长的影响。而本书将这一设定放宽,认为杠杆率会随着某一均值上下波动,进而可以据此研究金融波动对经济增长的影响。第二,本书虽然是在经济波动背景下研究金融波动对经济增长的影响,但是由于经济波动对经济增长的影响机制并非本书重点,因此本书对 AABM 模型中关于经济波动作用机制进行了简化。经济波动对投资结构的影响有双重效应:机会成本效应和预期收益效应。本书为了简化分析,没有引入机会成本效应,但保留了与金融波动相关的预期收益效应。第三,AABM 模型中投资结构为企业内部长期投资和短期投资之间的结构,而本书的投资结构则主要为企业间投资结构。因此 AABM 模型中两种投资分为两期带来产出,而本书中两种投资则是在同期带来产出，这种设定更符合中国现实，也有利于我们得出模型解析解，进而方便我们进一步的分析①。

假定经济中只有一类经济主体（企业家），该经济主体既负责生产也进行消费。每一期有一单位企业家，每位企业家每期均拥有 H_t 单位人力资本。每一位企业家可以存活两期，在第一期，每位企业家除了拥有 H_t 单位人力资本外，还拥有 θH_t 单位物质资本 K_t，即 $K_t = \theta H_t$，且物质资本折旧率为零。因此，在第一期，企业家凭借拥有的人力资本和物质资本可获得产出为：

$$Y_{t,t} = A_t F(K_t, H_t) \tag{8-1}$$

其中，A_t 为 t 期外生决定的生产率冲击，H_t 为人力资本，K_t 为物质资本，$Y_{t,t}$ 为产出，我们假定生产函数为 Cobb – Douglas 型生产函数，即：

$$Y_{t,t} = A_t K_t^{\alpha} H_t^{1-\alpha} \tag{8-2}$$

---

① 我们在 AABM 上做了一定程度的简化，进行这种简化的主要依据有以下几点：第一，在研究之初，我们认为中间传导机制就是长短期投资结构，这时其实不用对 AABM 模型进行改造，直接沿用即可。但是我们在研究过程中发现，投资的周期长度并非唯一重要因素，金融波动加剧时，金融机构对不同企业的支持偏好可能更为重要。综合来看，国有企业和非国有企业之间的结构才是中间机制（通过实证分析可看出），而国企和非国企投资结构之所以是中间机制，可能是国企和非国企投资的投资周期和金融机构支持偏好两种属性共同导致。也就是说，在 AABM 模型中，对于发达国家而言，研发投资和固定资产投资之间比例是传导机制，这属于企业内部投资结构。对于中国而言，国有企业和非国有企业之间比例是传导机制，这属于企业间投资结构。对于企业间投资结构问题，我们以同期出现的方式进行改进是合理的。第二，AABM 模型中，投资分为两期出现，这种构造方式带来两项重要特征：一是长期投资相对于短期投资而言更容易遭到流动性冲击而失败；二是短期投资占比的变化会影响长期投资成功的概率。我们对 AABM 模型改进后，虽然同期出现，但是仍然假定某一类投资更容易失败，因此长短期投资差异问题并没有消失。但是改进后我们假定长期投资成功的概率和第一期可用资金相关（AABM 模型中长期投资成功的概率和短期投资相关），这使得资金在两种投资之间转移不会影响长期投资成功概率，即特征二消失了。从拟合现实的角度来说，我们的改造的确让模型离现实更远一些，然而模型的构建并非仅仅为了拟合现实。这是我们为了简化分析，以求能清晰地呈现金融波动和经济波动对经济增长的交叉影响采取的措施，我们的改造虽有缺陷，但是也有很大收获。第三，对于本章研究主题来说，我们主要是想通过构造模型说清楚金融波动和经济波动如何通过国企和非国企投资占比对经济增长产生交叉影响。我们改造后的模型可以说能够解释清楚这个主题。第四，在研究中间，我们发现国企和非国企投资占比是中间传导机制后，我们试图构造出同时反映企业间和企业内投资结构的模型，即投资分为国企短期投资、国企长期投资、非国企短期投资、非国企长期投资四种，然而推导公式后发现太过复杂，我们进而试图直接沿用 AABM 模型，但是这便忽略了企业间投资结构问题，而且对于分析金融波动和经济波动的交叉影响而言还是太复杂（AABM 模型仅分析经济波动的影响），因此再次进行改造，最终构建出本书的模型。

其中 $\alpha \in (0,1)$ 。

在第二期，企业家必须将物质资本 K_t 分为两个部分(I_t 和 R_t)分别投入两个项目(项目一和项目二)进行生产，即 $I_t + R_t = K_t$ 。项目一投资和项目二投资有两点不同：第一，项目一投资不存在失败的风险，项目二则会遭到流动性冲击，存在一定的概率失败。第二，项目一无助于人力资本 H_t 的积累，项目二投资则有利于人力资本 H_t 的积累。在第二期，物质资本完全折旧，人力资本可同时运用于两个投资项目，即人力资本具有非排他性。因此，如果项目二没有遭到流动性冲击(即没有失败的风险)，那么第二期企业家产出为：

$$Y_{t,t+1} = A_{t+1} I_t^{\alpha} H_t^{1-\alpha} + A_{t+1} R_t^{\alpha} H_t^{1-\alpha} \tag{8-3}$$

其中，$Y_{t,t+1}$ 为 $t+1$ 期产出，A_{t+1} 为 $t+1$ 期外生决定的生产率冲击，我们假定 A_t 服从 Markov 过程，变动范围受 $[\underline{A},\bar{A}] \subseteq R_+$ 限制，非条件均值为1，条件均值 $E[A_{t+1}] = A_t^{\rho}$ ，其中 $0 < \rho < 1$ ，做出这种假定是为了保证经济冲击的持续性和衰减性。I_t 为分配至项目一的物质资本，R_t 为分配至项目二的物质资本。

为了简化分析，假定 H_t 单位人力资本对 t 期出生的企业家来说是固定且外生决定的。同时，通过代际间的溢出效应，H_t 的增长率由经济的一般均衡决定。项目一和项目二的主要区别就在于项目一投资只能带来产出，但是无助于人力资本积累，而项目二投资则可以带来人力资本的增长，即：

$$H_{t+1} = G(H_t, R_t) \tag{8-4}$$

且 $\frac{\partial H_{t+1}}{\partial R_t} > 0$ ，函数 G 为连续函数。为了保证平稳增长，假定函数 G 为一次齐次函数，可简化假定为 Cobb – Douglas 形式：$H_{t+1} = \varphi R_t^{\alpha} H_t^{1-\alpha}$ 。进而可知经济长期增长速度为：

$$rate_{long-term} = \ln H_{t+1} - \ln H_t = \ln\varphi + \alpha \ln r_t \tag{8-5}$$

其中，$r_t = \frac{R_t}{H_t}$ 。

我们假定 t 期出生企业家的效用函数为：

$$U_t = C_{t,t} + \beta C_{t,t+1} \tag{8-6}$$

其中，$C_{t,t+n}$ 为各期的消费，$n \in \{0,1\}$，β 为折现因子。

为了考虑金融摩擦的影响，我们假定：在第二期，项目二的运行会遭到流动性冲击。流动性冲击表示企业家必须额外多付出一部分成本（$L_t > 0$）才能保证项目二顺利运行，如果企业家有足够资金保证项目二成功运行，那么项目二产出为 $A_{t+1}R_t^{\alpha}H_t^{1-\alpha}$，如果没有足够资金保证项目二成功运行，项目二就会失败，产出为零。我们还进一步假设如果企业家度过了流动性冲击，那么其在第二期还会额外得到 βL_{t+1} 的回报。这个假设是为了保证流动性冲击不会影响项目二产出的净现值。

企业家每期的预算约束为：

$$C_{t,t} + L_t e_{t,t} = Y_{t,t} + B_{t,t}\ ,\ B_{t,t} \leqslant \mu Y_{t,t} \tag{8-7}$$

$$C_{t,t+1} = A_{t+1}I_t^{\alpha}H_t^{1-\alpha} + (A_{t+1}R_t^{\alpha}H_t^{1-\alpha}P_t + \beta^{-1}L_t)e_{t,t} - (1 + R_{t,t+1})B_{t,t} \tag{8-8}$$

其中，L_t 衡量的是流动性冲击大小，$e_{t,t}$ 代表项目二是否度过流动性冲击，若有足够资金度过流动性冲击，则 $e_{t,t} = 1$，否则 $e_{t,t} = 0$，$B_{t,t}$ 为企业家第一期的借贷，$R_{t,t+1}$ 为两期之间的无风险利率，$\beta^{-1}L_t$ 为度过流动性冲击得到的额外回报。

当金融市场不完全时，企业的借贷行为受到限制，我们假设企业受到流动性冲击时最多有 $X_t \equiv (1+\mu_t)Y_{t,t}$ 的资金可用，即企业最多可借到第一期产出 μ_t 倍的贷款。μ_t 的概念类似于杠杆率，反映了金融市场信贷活动的繁荣程度，μ_t 的上下变动可近似衡量金融市场的周期性波动。由于偏好是线性的，均衡利率 $R_t = \beta^{-1}$，企业家的目标函数为：

$$U_t = C_{t,t} + \beta C_{t,t+1} = Y_{t,t} - L_t + \beta(Y_{t,t+1} + \beta^{-1}L_t) =$$
$$A_tK_t^{\alpha}H_t^{1-\alpha} + \beta[A_{t+1}I_t^{\alpha}H_t^{1-\alpha} + A_{t+1}R_t^{\alpha}H_t^{1-\alpha}e_{t,t}] \tag{8-9}$$

其中，当 $X_t \geqslant L_t$ 时，$e_{t,t} = 1$，当 $X_t < L_t$ 时，$e_{t,t} = 0$。我们假定流动

性冲击随着经济的增长而增长，即 $l_t = \frac{L_t}{H_t}$ 服从同一分布，这一假设可以保证流动性冲击的影响不会随着经济的增长而衰减，从而可以保证经济沿着平衡增长路径运行。

令 $x_t = \frac{X_t}{H_t}$，企业家的最优化行为描述如下：

$$\max_{i_t, r_t} E_t[A_t k_t^{\alpha} + \beta A_{t+1} i_t^{\alpha} + \beta A_{t+1} r_t^{\alpha} p_t] \tag{8-10}$$

服从预算约束：

$$i_t + r_t = k_t = \frac{K_t}{H_t} = \theta \tag{8-11}$$

p_t 为企业拥有足够资金，成功抵抗流动性冲击的概率。为了便于分析，假设 $p_t \equiv \Phi(x_t) = [(1+\mu_t)A_t f(k_t)]^{\phi}$，该假设意味着项目二成功的概率对可用资金是固定弹性的。我们对上述企业家决策方程进行求解可得欧拉方程如下：

$$E_t[\beta A_{t+1} \alpha i_t^{\alpha-1}] = E_t\{\beta A_{t+1} \alpha r_t^{\alpha-1}[(1+\mu_t)A_t k_t^{\alpha}]^{\phi}\} \tag{8-12}$$

进行进一步化简可得：

$$\frac{i_t}{r_t} = [(1+\mu_t)A_t k_t^{\alpha}]^{\frac{\phi}{\alpha-1}} \tag{8-13}$$

代入预算约束条件可得：

$$r_t = \frac{\theta}{1 + [\theta^{\alpha}(1+\mu_t)A_t]^{\frac{\phi}{\alpha-1}}} \tag{8-14}$$

代入式(8-5)可得：

$$rate_{long-term} = \ln\varphi + \alpha\ln\theta - \alpha\ln\{1 + [\theta^{\alpha}(1+\mu_t)A_t]^{\frac{\phi}{\alpha-1}}\} \tag{8-15}$$

我们暂令 $N_t \equiv (1+\mu_t)A_t$，根据式(8-15)可知，由于 $\alpha < 1$，因此长期经济增速 $rate_{long-term}$ 与 N_t 正相关。如图 8-1 至图 8-3 所示，$rate_{long-term}$ 与 N_t 的关系可能有三种情形。

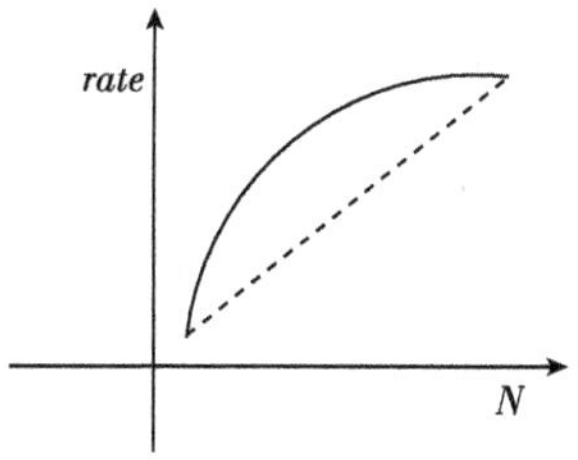

图 8-1　N_t 波动加剧抑制长期增长

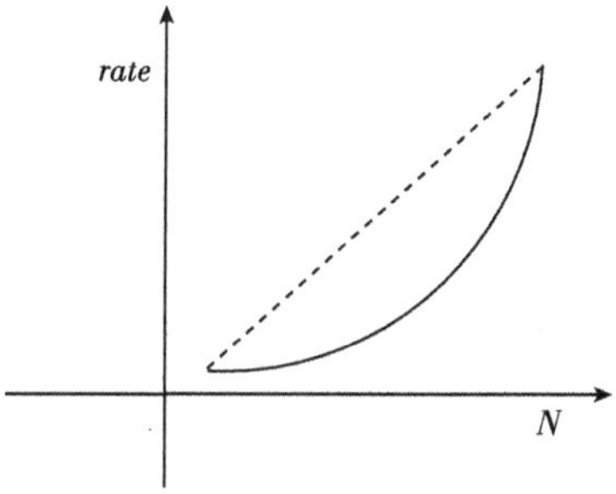

图 8-2　N_t 波动加剧促进长期增长

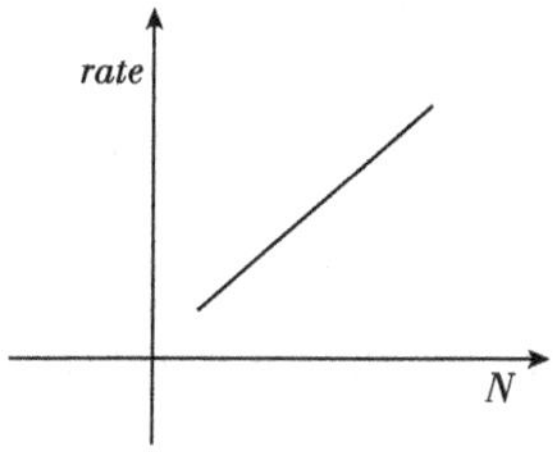

图 8-3　N_t 波动加剧与长期增长无关

理论上来说,上述三种情形都有可能。由式(8-13)和式(8-15)可以得出:

$$rate_{long-term} = \ln\varphi + \alpha\ln\theta - \alpha\ln\left[1 + \frac{i_t}{r_t}\right]$$

其中 $\frac{i_t}{r_t} = [N_t\theta^{\alpha}]^{\frac{\phi}{\alpha-1}}$ 。

由于 $\alpha < 1$, $\frac{i_t}{r_t} = [N_t\theta^{\alpha}]^{\frac{\phi}{\alpha-1}}$ 是关于 N_t 的凸函数,因此 N_t 波动性增加会

造成 $\frac{i_t}{r_t}$ 波动加剧以及 $\frac{i_t}{r_t}$ 均值发生变化。一方面，N_t 波动性增加会导致 $\frac{i_t}{r_t}$ 均值的增加，进而导致 $rate_{long-term}$ 均值减小；另一方面 $-\alpha\ln\left(1+\frac{i_t}{r_t}\right)$ 关于 $\frac{i_t}{r_t}$ 为凹函数，即 $\frac{i_t}{r_t}$ 波动性增加会导致 $-\alpha\ln\left(1+\frac{i_t}{r_t}\right)$ 增加，进而导致 $rate_{long-term}$ 均值增大。也就是说，N_t 波动加剧会对 $rate_{long-term}$ 均值产生刚好相反的双重效应。当负面效应大于正面效应，便会出现图 8-1 所示情形，当正面效应大于负面效应，便会出现图 8-2 所示情形，当正负面效应刚好相抵，便会出现图 8-3 所示情形。通常来说，N_t 波动加剧对 $rate_{long-term}$ 均值的负面效应大于正面效应，这是因为 N_t 变动通过影响 $\frac{i_t}{r_t}$ 均值来对 $rate_{long-term}$ 均值产生的影响大于通过 $\frac{i_t}{r_t}$ 波动性来对 $rate_{long-term}$ 均值产生的影响，除非是在 $-\alpha\ln\left(1+\frac{i_t}{r_t}\right)$ 关于 $\frac{i_t}{r_t}$ 曲率非常大的情形下才有可能出现相反的情形。根据下文的实证分析我们也将会证实这一结论。

由于 $N_t \equiv (1+\mu_t)A_t$，因此，$D(N_t) = D[(1+\mu_t)A_t]$，此处 D 表示方差运算。为了简化分析，我们假定 μ_t 和 A_t 相互独立，进而可以将上式进一步分解为：

$$
\begin{aligned}
D(N_t) &= [D(1+\mu_t)+E^2(1+\mu_t)][D(A_t)+E^2(A_t)]-E^2(1+\mu_t)E^2(A_t) \\
&= D(\mu_t)D(A_t)+E^2(1+\mu_t)D(A_t)+E^2(A_t)D(\mu_t)
\end{aligned}
$$

当 μ_t 和 A_t 均值不变，波动性加剧时[即 $D(\mu_t)$ 和 $D(A_t)$ 变大]，我们发现 μ_t 和 A_t 不仅自身波动加剧会对长期经济增速产生影响，而且两者会对长期经济增长产生交互影响。通常情形下，N_t 波动加剧会抑制长期增长，因此长期经济增速与 $D(\mu_t)$ $D(A_t)$ 负相关。即金融波动和经济波动同时加剧时，除了自身会对经济增长产生负面效应外，还会放大对方对经济增长的负面效应。

虽然从上面的模型中可以很直接地看出金融波动和经济波动会对经济增长产生交互影响,但是似乎我们还是没太明白这种交互影响是如何产生的。金融波动和经济波动是通过对投资结构产生交互影响进而影响经济增长的,那么金融波动和经济波动如何对投资结构产生交互影响呢?其中的奥秘就在于 $X_t \equiv (1+\mu_t)Y_{t,t}$ 。银行对企业信贷资金为企业产出的一个倍数。由于金融机构对企业的贷款和企业的产出挂钩,企业产出下降时,不仅用于预防流动性冲击的自营资金减少,用于预防流动性冲击的信贷资金也会按比例相应减少,进而长期投资相对于短期投资的存活概率就会较大幅度降低,长期投资相对于短期投资的预期收益就会较大幅度下降,自然企业就会大幅度削减长期投资占比。同样,企业产出增多时,不仅用于预防流动性冲击的自营资金增加,用于预防流动性冲击的信贷资金也会按比例相应增加,长期投资相对于短期投资的存活概率就会较大幅度上升,长期投资相对于短期投资的预期收益就会较大幅度上涨,自然企业就会较大幅度增加长期投资占比。当企业产出上下波动时,不仅用于预防流动性冲击的自营资金数量上下波动,用于预防流动性冲击的信贷资金数量也会上下波动,长期投资相对于短期投资的风险就会较大幅度上升,自然企业就会大幅度削减长期投资占比。我们可以假设存在另一种情形: $X_t \equiv Y_{t,t}+\mu_t$,即银行信贷数量与企业产出不相关。在此种情形下,这种交互效应就会消失,因为企业产出的波动和银行信贷的波动是完全不相关的。两种风险均加剧时,对于总量风险只有加法效应,没有乘数效应。那么银行信贷与企业产出到底有没有挂钩呢?答案是肯定的。金融机构为了规避风险,在对企业进行放贷时都会要求企业有相应的抵押物,即金融机构对企业的贷款通常均会和企业某一方面的指标挂钩(本书统一为企业产出),因此银行信贷和企业产出挂钩的假设符合客观实际。

通过上面的分析我们发现,由于融资约束的存在(即银行信贷和企业产出挂钩),金融波动和经济波动会对投资结构,进而对经济增长产生交互影响。这一效应与金融周期理论中的金融加速器效应一致。那么既然金融周期理论已经将金融加速器效应的产生原理和传导机制研究清楚,本书的研究创新何在呢?的确,根据金融加速器效应,当经济遭到负向冲击时,由于金融摩擦的存在,金融机构会进一步收缩对企业的贷款,而这又会进一步加剧企业经营的困难,进而造成一种恶性循环,导致一个小的外生冲击被不断放大和传播。反之亦然,当经济受到正向冲击时,金融摩擦的存在也会导致这种正面冲击不断增强和传播。金融加速器效应虽然解释清楚了金融因素如何与经济波动互动,进而对经济增长产生交互影响,但是它并没有说明当金融因素和经济增速均值一定(一阶矩一定),波动性增大(二阶矩变化)时,金融波动和经济波动会对经济增长产生何种影响。根据上文的分析,这是因为RBC模型中决定经济波动和经济增长的因素都是生产率A导致的。金融周期理论在RBC模型基础上引入金融摩擦因素也未能改变这一现象。本章的理论模型是在AABM模型框架下研究金融波动和经济波动对经济增长的交互影响,而AABM模型将经济波动和经济增长决定因素进行了分离,因此我们可以用于研究金融波动和经济波动对经济增长的交互影响。与金融周期理论相比,本书的创新在于研究的是金融波动性和经济波动性(即二阶矩)对经济增长的影响,而金融周期理论的研究对象是一阶矩。与AABM模型相比,本书的创新在于引入金融波动性,研究了金融波动和经济波动对经济增长的交互影响,而AABM模型仅研究经济波动对经济增长的影响。

第三节　金融波动对经济增长影响的实证分析

根据前文的分析我们知道了在经济波动的背景下，金融波动不仅会对经济增长产生影响，而且还会与经济波动一起对经济增长产生交互影响。那么事实是否如此呢？接下来我们将从实际数据出发对此进行验证。

一、模型设定

根据理论分析可知，不仅金融波动会对经济长期增长产生影响，而且金融波动和经济波动会对经济增长产生交叉影响。我们根据 Levine 和 Renelt(1992)以及 Ramey 和 Ramey(1995)，在增长回归方程中引入金融波动变量以及金融波动和经济波动交叉项进行回归，在区域经济增长收敛性研究框架下分析这一问题。设定模型如下：

$$rgdp_{it} = \alpha_0 + \alpha_1 \times vloan_{it} + \alpha_2 \times vloan_{it} \times vgdp_{it} + \alpha_3 \times vgdp_{it} + X_{it}^T\beta + \varpi_i + v_t + \varepsilon_{it} \quad (8-16)$$

其中，$rgdp_{it}$ 为平均经济增速，$vloan_{it}$ 为金融波动，$vgdp_{it}$ 为经济波动，X_{it}^T 为控制变量向量，主要包括人均收入 $\ln gdp_{it}$、人力资本 stu_{it}、人口增长率 $rpop_{it}$ 以及开放程度 exp_{it}。

为了检验投资率在其中作用的大小，我们在上述模型中引入投资率变量进行回归，以观测引入投资率前后金融波动项及其与经济波动交叉项系数的变化。模型扩展如下：

$$rgdp_{it} = \alpha_0 + \alpha_1 \times vloan_{it} + \alpha_2 \times vloan_{it} \times vgdp_{it} + \alpha_3 \times vgdp_{it} + \alpha_4 \times rinv_{it} + X_{it}^T\beta + \varpi_i + v_t + \varepsilon_{it} \quad (8-17)$$

其中，$rinv_{it}$ 为投资率。

为了检验投资结构是否是中间传导渠道，我们以非国有企业固定资产投资占比作为因变量进行回归，设定模型如下：

$$rsinv_{it} = \alpha_0 + \alpha_1 \times vloan_{it} + \alpha_2 \times vloan_{it} \times vgdp_{it} + \alpha_3 \times vgdp_{it} + \varpi_i + v_t + \varepsilon_{it} \quad (8-18)$$

其中，$rsinv_{it}$ 为非国有企业固定资产投资占比。

二、数据和指标说明

由于海南和重庆地区国有企业固定资产投资数据存续年限较短，因此本部分最终采用我国 29 个省份 1979—2012 年的数据进行实证分析。为了更好地反映经济波动对经济增长的影响，本书采用滚动划分时间样本的方法。全样本以 5 年为区间长度，可划分为 30 个时间段：1979—1983 年，1980—1984 年，…，2008—2012 年。本书所有的原始数据均来源于《新中国 60 年统计资料汇编》、Wind 资讯、《中国统计年鉴》以及国家统计局网站，各变量说明如下：

（1）平均经济增速 $rgdp_{it}$ 。用 t 到 $t+k-1$ 期（ t 到 $t+k-1$ 期为一个滚动样本时段，t 为该时段的第一年）i 地区不变价人均地区生产总值的对数差分的算术平均数来表示，即 $rgdp_{it} = \ln(y_{i,t+k-1}/y_{i,t-1})/k$ ，其中 $y_{i,t}$ 为 t 期 i 地区不变价的人均地区生产总值。本书基于人均地区生产总值指数计算平均增长速度，计算公式为 $rgdp_{it} = \ln(s_{i,t} * ... * s_{i,t+k-1})/k$ ，其中 $s_{i,t}$ 为 t 期 i 地区人均地区生产总值指数。其中 $k = 5$ ，下同。

（2）金融波动性 $vloan_{it}$ 。金融波动性的衡量涉及两个方面：一是基础指标的选择；二是测度方法的选择。根据 Borio（2014），金融周期主要有两类衡量方式：一类是基于单变量（主要是信贷，即信贷周期）进行衡量，例如 Aikman 和 Haldane（2015），Schularick 和 Taylor（2012），Jordà、

Schularick 和 Taylor(2011)以及 Dell' Arriccia 等(2012)。另一类是综合各类金融价格和数量变量,提取出金融周期成分,例如 English、Tsatsaronis 和 Zoli(2005),Ng(2011)以及 Hatzius 等(2010)。本书沿用了前一种做法,即采用信贷指标来衡量金融周期性波动。

根据已有文献,关于经济波动性的测度方法主要有三种:经济增长率标准差法、产出缺口标准差法以及增长回归方程残差标准差法。因此我们也可以通过相似的方式来测度金融波动性:金融发展标准差法、金融缺口标准差法以及金融回归方程残差标准差法。根据已有文献,目前关于金融波动性的衡量基本都是采用信贷增速或信贷与 GDP 之比变量的标准差,例如 Lin 和 Huang(2012)以及陈雨露、马勇和阮卓阳(2016)。而对于金融周期很多文献采用了金融缺口来衡量。因此本书主要以信贷与 GDP 之比作为基础变量,先是以其标准差来衡量金融波动性,然后再通过 HP 滤波法测算金融缺口,以金融缺口标准差来作为金融波动性替代指标进行稳健性检验。受限于数据,本书用中国各地区金融机构各项贷款余额来衡量信贷。最后,考虑到货币市场繁荣程度变化是金融波动的重要来源,因此我们还采用 M2 的波动性来作为金融波动性替代变量进行稳健性检验。

(3)经济波动 $vgdp_{it}$ 。经济波动是一个广义的概念,没有一个很明确的度量方法。在已有的研究中,主要采用了经济增长率的标准差、产出缺口标准差和增长方程预测残差的标准差作为经济波动的度量,这些指标有各自的优缺点。卢二坡和曾五一(2008)认为使用经济增长率的标准差作为衡量指标较为合适,他们在研究中还利用其他两个指标做了稳健性检验,发现结果没有太大变化,因此本书也借鉴他们的做法,采用经济增长率的标准差作为度量指标。本书用 t 到 $t+k-1$ 期 i 地区人均地区生产总值指数的对数的标准差表示。

(4)非国有企业固定资产投资占比 $rinv_{it}$ 。本书采用 t 到 $t+k-1$ 期非国有企业固定资产投资占总固定资产投资比例的平均值表示。受数据所限,所用数据时间序列长度为1983—2012年。

(5)金融发展程度 $credit_{it}$。Aghion 等(2010)在他们的研究中使用银行和金融中介对私人部门贷款数量与 GDP 之比作为金融发展程度的度量指标,受限于数据,本书用中国各地区金融机构各项贷款余额与 GDP 之比表示金融发展程度。各时间段金融发展程度为该时间段内各年金融发展程度平均值。

(6)人均收入 $\ln gdp_{it}$。gdp_{it} 为各时间段期初年份的不变价人均地区生产总值,本书采用对其进行对数化处理过的数据($\ln gdp_{it}$)进行分析。若 $\ln gdp_{it}$ 的系数显著为负,表示地区间经济增长收敛,否则表示没有收敛趋势。

(7)人力资本 stu_{it}。通常以教育水平指标来代表人力资本水平的高低,考虑到相关数据的可获得性和可信度,本书采用各时间段期初每万人中大学生数来表示人力资本水平。

(8)投资率 $rinv_{it}$。通常以投资率作为资本存量变动的度量,本书使用各地区固定资产投资完成额占地区生产总值的比率来表示投资率。各时间段投资率为该时间段内各年该比率的平均值。

(9)人口增长率 $rpop_{it}$。本书用各时间段期末与期初人口总数的对数差分来计算人口增长率。

(10)开放程度 exp_{it}。本书使用各地区出口总额占地区生产总值的比重来表示开放程度,其中各年出口额以当年汇率中间价转化为人民币表示。各时间段开放程度为该时间段内各年该比重的平均值。

主要变量的描述性统计如表 8-1 所示。

表 8-1 描述性统计

变量	样本量	均值	标准差	最小值	最大值
rgdp	870	0.091	0.024	0.004	0.180
vloan	870	0.080	0.048	0.006	0.488
vgdp	870	0.026	0.020	0.001	0.130

三、回归结果与分析

（一）金融波动对经济增长的影响

我们基于式（8－16），先采取简化形式①进行分析。回归结果如表8－2第（1）列所示。可以看出，在简化形式下，金融波动项系数为0.041，且在10%的显著水平上显著，经济波动项系数为0.225，且在1%的显著水平上显著，金融波动和经济波动交叉项系数为－2.588，且在1%的显著水平上显著。引入其余控制变量后，回归结果如第（2）列所示，金融波动项系数为0.03，但不显著，经济波动项系数为0.187，且在1%的显著水平上显著，金融波动和经济波动交叉项系数为－1.785，且在1%的显著水平上显著。不难发现，金融波动项、经济波动项以及金融波动和经济波动交叉项系数符号均未变，各系数绝对值变化也较小。

根据Aghion等（2010）的研究，金融发展对经济波动的系数会产生影响，因此在第（3）列中，我们进一步引入金融发展项、金融发展与经济波动交叉项进行回归。回归结果显示，金融发展和经济波动交叉项系数为0.173，且在10%的显著水平上显著，金融发展程度越高，经济波动和经济增长之间越偏向正相关，这一结论与Aghion等（2010）的研究相符。金融发展程度的提升有利于高效率投资项目成功概率的提升，从而经济波动与经济增长更偏向正相关。同时我们看到，金融波动项系数为0.046，且在1%的显著水平上显著，经济波动项系数为0.015，但不显著，金融波动和经济波动交叉项系数为－1.788，且在1%的显著水平上显著。金融波动和经济波动项系数仍然为正，金融波动和经济波动交叉项系数依然显著为负，而且各项系数绝对值也没有太大变化。将第（1）～第（3）列结果进行对比不难看出，本书的结论较为稳健：金融波动和经济波动不仅单

① 简化形式为模型中只引入核心变量，不引入控制变量的形式。

独对经济增长产生影响，两者还会交互影响经济增长，从而产生相互放大对方负面影响的效应。本书的研究结论与 Drehmann 等（2012）以及 Jordà 等（2011）的结论相似。根据他们的研究，当金融周期处于收缩阶段时，如果发生经济衰退，则衰退的幅度将更大，与没有金融收缩的衰退相比，伴随金融收缩的衰退会导致 GDP 多下降 50%。本书的研究进一步支持了他们的结论：金融波动与经济波动同时发生时的确会放大对方的负面效应。由于金融机构对企业的贷款和企业的产出挂钩，企业产出下降时，不仅用于预防流动性冲击的自营资金减少，用于预防流动性冲击的信贷资金也会按比例相应减少，进而长期投资相对于短期投资的存活概率就会较大幅度降低，长期投资相对于短期投资的预期收益就会较大幅度下降，企业自然会大幅度削减长期投资。同样，企业产出增多时，不仅用于预防流动性冲击的自营资金增加，用于预防流动性冲击的信贷资金也会按比例相应增加，长期投资相对于短期投资的存活概率就会较大幅度上升，长期投资相对于短期投资的预期收益就会较大幅度上涨，企业自然会较大幅度提高长期投资占比。当企业产出上下波动时，不仅用于预防流动性冲击的自营资金数量上下波动，用于预防流动性冲击的信贷资金数量也会上下波动，长期投资相对于短期投资的风险就会较大幅度上升，企业自然会大幅度降低长期投资占比。

为了检验投资率是否是金融波动和经济波动对经济增长产生交互影响的主要渠道，我们引入投资率变量进行回归，结果分别如表 8 - 2 第（4）~第（6）列所示。第（4）列为简化形式下引入投资率后的回归结果，结果显示金融波动项系数为 0.049，且在 5% 的显著水平上显著，经济波动项系数为 0.271，且在 1% 的显著水平上显著，金融波动和经济波动交叉项系数为 -2.734，且在 1% 的显著水平上显著。第（5）列为引入其余控制变量的回归结果，结果显示金融波动项系数为 0.029，但不显著，经济波动项系数为 0.202，且在 1% 的显著水平上显著，金融波动和经济波动交叉项系数为 -1.673，且在 1% 的显著水平上显著。第（6）列为引入金融发展和经济波动交叉项的回归结果。其中金融波动项系数为0.044，且在1%的显著水平上显著，经济波动项系数为0.057，但不显著，金融波动和经济波动交叉项系数为-1.629，且在1%的显著水平上显著。根据Aghion等(2010)的分析，如果投资率是金融波动和经济波动对经济增长产生影响的主要渠道，那么将投资率引入模型之后，金融波动和经济波动项系数应当发生较大变化。但是我们从结果中可以看出，无论采取哪种模型形式进行分析，引入投资率前后，金融波动系数、金融波动和经济波动交叉项系数均变化不大，这说明投资率并非金融波动和经济波动对经济增长产生影响的主要渠道。

表8-2　基本回归结果

项目	(1)	(2)	(3)	(4)	(5)	(6)
	rgdp	*rgdp*	*rgdp*	*rgdp*	*rgdp*	*rgdp*
vloan	0.041* (1.95)	0.030 (1.58)	0.046*** (2.66)	0.049** (2.46)	0.029 (1.58)	0.044*** (2.59)
vloan × *vgdp*	-2.588*** (-3.74)	-1.785*** (-2.82)	-1.788*** (-3.00)	-2.734*** (-4.18)	-1.673*** (-2.75)	-1.629*** (-2.84)
vgdp	0.225*** (3.26)	0.187*** (2.99)	0.015 (0.19)	0.271*** (4.13)	0.202*** (3.36)	0.057 (0.75)
vgdp × *credit*			0.173* (1.67)			0.126 (1.26)
credit			-0.050*** (-12.65)			-0.046*** (-12.18)
rinv				0.047*** (9.79)	0.040*** (8.40)	0.034*** (7.93)
ln*gdp*		-0.041*** (-9.19)	-0.058*** (-13.66)		-0.046*** (-10.53)	-0.061*** (-14.87)
stu		-0.000*** (-2.72)	0.000 (0.68)		-0.000 (-0.62)	0.000** (2.41)
rpop		-0.344*** (-3.70)	-0.189** (-2.25)		-0.350*** (-3.93)	-0.203** (-2.51)
exp		-0.018*** (-3.03)	-0.005*** (-1.03)		-0.002 (-0.40)	0.007 (1.31)

续表

项目	(1)	(2)	(3)	(4)	(5)	(6)
	rgdp	*rgdp*	*rgdp*	*rgdp*	*rgdp*	*rgdp*
常数项	0.048*** (9.53)	0.317*** (11.57)	0.444*** (16.87)	0.034*** (6.87)	0.333*** (12.61)	0.451*** (17.76)
地区效应	是	是	是	是	是	是
时间效应	是	是	是	是	是	是
R-squared	0.5429	0.6415	0.7109	0.5914	0.6704	0.7320
N	870	870	870	870	870	870

注:①***、**、*分别表示在1%、5%和10%的显著水平上显著;②括号内为t值。

考虑到经济长期增长可能会对金融波动和经济波动产生逆向影响,进而导致模型存在内生性问题。因此,为了减小估计结果偏误,我们采用金融波动和经济波动滞后期变量作为工具变量,基于工具变量法对模型进行回归,结果如表8-3所示。表8-3中第(1)列为采用工具变量法对式(8-16)进行估计的结果,其中金融波动项系数为0.091,且在1%的显著水平上显著,经济波动项系数为0.499,且在1%的显著水平上显著,金融波动和经济波动交叉项系数为-4.861,且在1%的显著水平上显著。第(3)列为引入金融发展和经济波动交叉项后的回归结果,以验证模型形式改变时,估计结果是否稳健。其中金融波动项系数为0.097,且在1%的显著水平上显著,经济波动项系数为0.157,但不显著,金融波动和经济波动交叉项系数为-3.837,且在1%的显著水平上显著。第(2)列和第(4)列分别为两种形式下各自引入投资率变量后的估计结果,以验证投资率是否是金融波动和经济波动对经济增长产生交互影响的主要渠道。在第(2)列中,金融波动项系数为0.086,且在1%的显著水平上显著,经济波动项系数为0.509,且在1%的显著水平上显著,金融波动和经济波动交叉项系数为-4.552,且在1%的显著水平上显著。在第(4)列中,金融波动项系数为0.093,且在1%的显著水平上显著,经济波动项系数为0.184,且在10%的显著水平上显著,金融波动和经济波动交叉项系数为-3.669,且在1%的显著水平上显著。

我们通过对比各列结果可以看出，表 8－3 中采用工具变量法进行回归的结果与表 8－2 的结果基本一致：金融波动项和经济波动项系数均显著为正，金融波动和经济波动交叉项系数显著为负。投资率变量引入前后，各项系数变化不大，说明投资率不是金融波动和经济波动对经济增长产生影响的主要渠道，进一步说明本书的结论是稳健的。

表 8－3　工具变量法回归结果

项目	(1)	(2)	(3)	(4)
	rgdp	*rgdp*	*rgdp*	*rgdp*
vloan	0.091*** (3.26)	0.086*** (3.21)	0.097*** (3.86)	0.093*** (3.82)
vloan × *vgdp*	−4.861*** (−4.64)	−4.552*** (−4.53)	−3.837*** (−3.91)	−3.669*** (−3.87)
vgdp	0.499*** (4.87)	0.509*** (5.17)	0.157 (1.49)	0.184* (1.79)
vgdp × *credit*			0.266** (2.00)	0.259** (2.01)
credit			−0.050*** (−11.63)	−0.047*** (−11.21)
rinv		0.040*** (8.14)		0.034*** (7.65)
ln*gdp*	−0.038*** (−7.57)	−0.043*** (−8.93)	−0.057*** (−12.03)	−0.060*** (−13.12)
stu	−0.000*** (−3.02)	−0.000 (−0.85)	0.000 (0.19)	0.000** (1.97)
rpop	−0.367*** (−3.85)	−0.373*** (−4.08)	−0.205** (−2.40)	−0.221*** (−2.67)
exp	−0.021*** (−3.35)	−0.004 (−0.62)	−0.008*** (−1.45)	0.005 (0.92)
常数项	0.303*** (9.56)	0.323*** (10.59)	0.447*** (14.88)	0.454*** (15.63)
地区效应	是	是	是	是
时间效应	是	是	是	是
R－squared	0.6255	0.6558	0.7050	0.7253
N	841	841	841	841

注：①***、**、*分别表示在 1%、5%和 10%的显著水平上显著；②括号内为 *t* 值。

为了检验内生性问题是否严重,我们还可以直接采取滞后期变量作为解释变量进行回归。如果以滞后期变量作为解释变量进行回归的结果与基本结果一致,那么就说明上述结论是可靠的。当然,我们同时还可以据此观察金融波动对远期经济增长的影响。根据理论分析,金融波动会通过影响投资结构进而影响长期增长,因此金融波动和经济波动会对未来经济增长产生影响也是符合理论预期的。我们接下来将分别用金融波动、经济波动以及金融波动和经济波动交互项的 1~5 期滞后期变量作为替代变量进行回归,结果如表 8-4 所示。

表 8-4　滞后期作为解释变量的回归结果

项目	(1)	(2)	(3)	(4)	(5)
	rgdp	*rgdp*	*rgdp*	*rgdp*	*rgdp*
	一期	二期	三期	四期	五期
vloan 滞后期	0.060***	0.073***	0.069***	0.062***	0.039
	(3.08)	(3.54)	(3.07)	(2.58)	(1.57)
vloan × *vgdp* 滞后期	-3.048***	-3.330***	-2.624***	-1.920***	-1.241*
	(-4.80)	(-5.20)	(-3.95)	(-2.81)	(-1.78)
vgdp 滞后期	0.298***	0.327***	0.259***	0.190***	0.113*
	(4.80)	(5.25)	(4.06)	(2.95)	(1.74)
ln*gdp*	-0.042***	-0.046***	-0.051***	-0.053***	-0.053***
	(-9.08)	(-9.66)	(-10.23)	(-10.22)	(-9.80)
stu	-0.000***	-0.000***	-0.000***	-0.000***	-0.000***
	(-3.08)	(-3.37)	(-3.71)	(-3.81)	(-3.32)
rpop	-0.345***	-0.323***	-0.276***	-0.252***	-0.250***
	(-3.74)	(-3.50)	(-2.95)	(-2.72)	(-2.72)
exp	-0.020***	-0.022***	-0.024***	-0.030***	-0.036
	(-3.29)	(-3.54)	(-3.79)	(-4.57)	(-5.35)
常数项	0.335***	0.368***	0.404***	0.423***	0.432***
	(11.74)	(12.49)	(13.05)	(13.04)	(12.63)
地区效应	是	是	是	是	是
时间效应	是	是	是	是	是
R-squared	0.6483	0.6619	0.6676	0.6815	0.6948
N	841	812	783	754	725

注:①***、*分别表示在 1% 和 10% 的显著水平上显著;②括号内为 *t* 值。

当采用滞后一期变量作为解释变量时,金融波动项系数为 0.060,且在 1% 的显著水平上显著,经济波动项系数为 0.298,且在 1% 的显著水平上显著,金融波动和经济波动交叉项系数为 -3.048,且在 1% 的显著水平上显著。当采用滞后二期变量作为解释变量时,金融波动项系数为 0.073,且在 1% 的显著水平上显著,经济波动项系数为 0.327,且在 1% 的显著水平上显著,金融波动和经济波动交叉项系数为 -3.330,且在 1% 的显著水平上显著。当采用滞后三期变量作为解释变量时,金融波动项系数为0.069,且在 1% 的显著水平上显著,经济波动项系数为 0.259,且在 1% 的显著水平上显著,金融波动和经济波动交叉项系数为 -2.624,且在 1% 的显著水平上显著。当采用滞后四期变量作为解释变量时,金融波动项系数为 0.062,且在 1% 的显著水平上显著,经济波动项系数为 0.190,且在 1% 的显著水平上显著,金融波动和经济波动交叉项系数为 -1.920,且在 1% 的显著水平上显著。当采用滞后五期变量作为解释变量时,金融波动项系数为 0.039,但不显著,经济波动项系数为 0.113,且在 10% 的显著水平上显著,金融波动和经济波动交叉项系数为 -1.241,且在 10% 的显著水平上显著。

不难看出,无论采取哪一期滞后项变量进行替代,所得到的回归结果均显示:金融波动和经济波动项系数为正,金融波动和经济波动交互项系数为负。而且除了五期滞后项情形下,金融波动项系数不显著,其余情形下,这三项系数均显著。一方面,说明金融波动、经济波动以及两者交互项的确会对远期经济增长产生影响;另一方面,也说明上文的结论是稳健、可靠的。当然,我们同时也可以看出,随着滞后期数的增多,金融波动和经济波动交互项系数绝对值先变大,在滞后二期时达到最大,然后开始衰减,这说明滞后二期情形下,金融波动和经济波动对经济增长产生的交互影响最显著。一方面,说明金融波动和经济波动对经济增长产生的交互影响会随着时间的推移而逐渐衰减;另一方面,也说明金融波动和经济波动对经济增长产生交互影响需要一定时间周期。

(二)金融波动与经济波动对投资率的交互影响

在上面的分析中,我们通过对比引入投资率变量前后的回归结果发现,引入投资率之后的回归结果与引入之前结果差异不大,因此投资率机制并非金融波动和经济波动对经济增长产生交互影响的主要机制。其实我们还可以观察金融波动和经济波动对投资率变量的交互影响来检验上面的结论是否稳健。为此,我们构建模型如下:

$$rinv_{it} = \alpha_0 + \alpha_1 \times vloan_{it} + \alpha_2 \times vloan_{it} \times vgdp_{it} + \alpha_3 \times vgdp_{it} + \varpi_i + v_t + \varepsilon_{it}$$

我们分别基于双向固定效应模型、单向固定效应模型和随机效应模型对上述模型进行回归,回归结果如表 8-5 中第(1)~第(4)列所示。我们从回归结果可以看出,当采用同时控制地区效应和时间效应的双向固定效应模型进行回归时,金融波动项系数为-0.164,但不显著,经济波动项系数为-0.956,且在1%的显著水平上显著,金融波动和经济波动交叉项系数为3.053,但不显著。当采用仅控制地区效应的单向固定效应模型进行回归时,金融波动项系数为0.593,且在1%的显著水平上显著,经济波动项系数为-3.352,且在1%的显著水平上显著,金融波动和经济波动交叉项系数为-8.473,但不显著。当采用仅控制时间效应的单向固定效应模型进行回归时,金融波动项系数为-0.166,且在1%的显著水平上显著,经济波动项系数为-0.968,且在5%的显著水平上显著,金融波动和经济波动交叉项系数为3.229,但不显著。当采用随机效应模型进行回归时,金融波动项系数为0.587,且在1%的显著水平上显著,经济波动项系数为-3.368,且在1%的显著水平上显著,金融波动和经济波动交叉项系数为-8.163,但不显著。因此,无论我们采取哪种形式进行回归,金融波动和经济波动交叉项系数均不显著,这说明金融波动和经济波动对投资率没有显著的交互影响,因此投资率机制并非金融波动和经济波动对经济增长产生交互影响的主要机制。

考虑到金融波动和经济波动会受到投资率变量的逆向影响,为了减弱模型的内生性,我们接下来分别基于工具变量法和直接采用各解释变量滞后一期值进行回归的方式来进行回归，回归结果分别如表 8－5 中第(5)列、第(6)列所示。从结果中可以看出，当采用工具变量法进行回归时，金融波动项系数为－0.244，但不显著，经济波动项系数为－1.355，但不显著，金融波动和经济波动交叉项系数为 2.807，但不显著。当采用滞后一期变量直接作为解释变量进行回归时，金融波动项系数为－0.188，但不显著，经济波动项系数为－1.033，且在 5% 的显著水平上显著，金融波动和经济波动交叉项系数为 2.213，但不显著。因此，即使考虑存在内生性问题，回归结果依然显示金融波动和经济波动交叉项系数不显著，说明金融波动和经济波动对投资率没有显著的交互影响，投资率机制并非金融波动和经济波动对经济增长产生交互影响的主要机制。

表 8－5　投资率作为因变量的回归结果

项目	(1) *rsinv* (Fe)	(2) *rsinv* (Fe)	(3) *rsinv* (Fe)	(4) *rsinv* (Fe)	(5) *rsinv* (Fe)	(6) *rsinv* (Fe)
滞后期数	零期	零期	零期	零期	零期	一期
vloan 滞后期	－0.164 (－1.14)	0.593*** (3.40)	－0.166*** (－1.16)	0.587*** (3.37)	－0.244 (－1.23)	－0.188 (－1.28)
vloan×*vgdp* 滞后期	3.053 (0.65)	－8.473 (－1.50)	3.229 (0.69)	－8.163 (－1.45)	2.807 (0.38)	2.213 (0.47)
vgdp 滞后期	－0.956*** (－2.03)	－3.352*** (－6.77)	－0.968** (－2.06)	－3.368*** (－6.81)	－1.355 (－1.85)	－1.033** (－2.18)
常数项	0.293*** (8.43)	0.460*** (14.13)	0.278*** (6.12)	0.461*** (11.63)	0.347*** (8.15)	0.317*** (9.03)
地区效应	是	是			是	是
时间效应	是		是		是	是
R－squared	0.5577	0.2624	0.5577	0.2624	0.5471	0.5498
N	870	870	870	870	841	841

注：①***、**分别表示在 1%、5% 的显著水平上显著；②括号内为 *t* 值。

(三)金融波动与经济波动对非国企固定资产投资占比的交互影响

根据前面章节的分析,中国经济波动对经济增长产生影响的传导渠道应该是投资结构,而不是投资率。本章上述分析也得出金融波动对经济增长产生影响的渠道也不是投资率,那么投资结构会不会是中间传导渠道呢?接下来我们做一个简要的验证,我们同样以非国有企业投资占比来衡量投资结构,以该变量作为因变量进行回归,如果金融波动、经济波动和两者交互项的系数符号与以经济增速为因变量时系数符号一致,那么投资结构就应该是一条重要的传导渠道。同样我们也采取工具变量法进行回归以规避可能存在的内生性问题。而且以1~5期滞后项变量作为替代变量进行回归,以检验结论的稳健性,回归结果如表8-6所示。

表8-6 非国企固定资产投资占比作为因变量的回归结果

项目	(1)	(2)	(3)	(4)	(5)	(6)	(7)
	rsinv (*Fe*)	*rsinv* (*IV*)	*rsinv* (*Fe*)	*rsinv* (*Fe*)	*rsinv* (*Fe*)	*rsinv* (*Fe*)	*rsinv* (*Fe*)
	零期	零期	一期	二期	三期	四期	五期
vloan 滞后期	0.260*** (3.14)	0.434*** (3.76)	0.316*** (3.77)	0.382*** (4.43)	0.473*** (5.27)	0.554*** (6.00)	0.566*** (6.03)
vloan×*vgdp* 滞后期	-11.604*** (-4.04)	-19.672*** (-4.41)	-13.663*** (-4.77)	-15.928*** (-5.54)	-18.518*** (-6.42)	-20.248*** (-7.03)	-20.227*** (-7.05)
vgdp 滞后期	2.428*** (7.78)	4.055*** (8.10)	2.691*** (8.69)	2.950*** (9.58)	3.222*** (10.59)	3.339*** (11.18)	3.133*** (10.64)
常数项	0.599*** (31.20)	0.163*** (6.74)	0.210*** (10.12)	0.209*** (10.11)	0.200*** (9.73)	0.195*** (9.62)	0.198*** (9.89)
地区效应	是	是	是	是	是	是	是
时间效应	是	是	是	是	是	是	是
R-squared	0.8216	0.8189	0.8269	0.8347	0.8454	0.8566	0.8656
N	754	725	725	696	667	638	609

注:①***表示在1%的显著水平上显著;②括号内为 *t* 值。

通过表8-6的结果可以看出,采用零期变量作为解释变量时,金融波动项系数为 0.260，且在 1% 的显著水平上显著，经济波动项系数为 2.428，且在 1% 的显著水平上显著，金融波动和经济波动交叉项系数为 -11.604，且在 1% 的显著水平上显著。采用工具变量法进行回归时，金融波动项系数为 0.434，且在 1% 的显著水平上显著，经济波动项系数为 4.055，且在 1% 的显著水平上显著，金融波动和经济波动交叉项系数为 -19.672，且在 1% 的显著水平上显著。采用滞后一期变量作为解释变量进行回归时，金融波动项系数为 0.316，且在 1% 的显著水平上显著，经济波动项系数为 2.691，且在 1% 的显著水平上显著，金融波动和经济波动交叉项系数为 -13.663，且在 1% 的显著水平上显著。采用滞后二期变量作为解释变量进行回归时，金融波动项系数为 0.382，且在 1% 的显著水平上显著，经济波动项系数为 2.950，且在 1% 的显著水平上显著，金融波动和经济波动交叉项系数为 -15.928，且在 1% 的显著水平上显著。采用滞后三期变量作为解释变量进行回归时，金融波动项系数为 0.473，且在 1% 的显著水平上显著，经济波动项系数为 3.222，且在 1% 的显著水平上显著，金融波动和经济波动交叉项系数为 -18.518，且在 1% 的显著水平上显著。采用滞后四期变量作为解释变量进行回归时，金融波动项系数为 0.554，且在 1% 的显著水平上显著，经济波动项系数为 3.339，且在 1% 的显著水平上显著，金融波动和经济波动交叉项系数为 -20.248，且在 1% 的显著水平上显著。采用滞后五期变量作为解释变量进行回归时，金融波动项系数为 0.566，且在 1% 的显著水平上显著，经济波动项系数为 3.133，且在 1% 的显著水平上显著，金融波动和经济波动交叉项系数为 -20.227，且在 1% 的显著水平上显著。

无论采取哪种方式进行估计，金融波动、经济波动以及二者交互项系数均在 1% 的显著水平上显著，而且金融波动和经济波动项系数为正，两者交互项系数为负。这三项系数的符号和以经济增长为因变量时的符号一致。这说明金融波动、经济波动对非国企固定资产投资占比的影响方向和对经济增长的影响方向是一致的，投资结构应当是金融波动与经济波动对长期增长产生影响的重要渠道。

对于中国而言,国有企业投资和非国有企业投资在投资周期和受约束程度方面都存在差异。第一,国有企业管理层聘用采用任期制,而且国有企业领导人肩负经济人和政治人双重身份,除了发展企业,还担负保增长、保就业等政治任务(詹新宇和方福前,2011)。因此,国有企业经营目标出现短期化现象:国有企业通常不愿意进行长期投资,而只注重能在自己任期内带来回报的短期投资。第二,中国过去几十年的高速发展,民营企业可谓功不可没,然而金融机构对民营企业的信贷支持力度却远没有对国有企业的支持力度大(卢峰和姚洋,2004)。这中间可能是因为国有企业禀赋较好、规模较大,具有大量资产可供抵押(苟琴、黄益平和刘晓光,2014),但也不乏所有制歧视的原因(靳来群,2015)。因此,民营企业借贷不仅难,而且贵,金融波动加剧时,本就缺乏资金的民营企业更是雪上加霜。国有企业和非国有企业在经营目标和融资约束程度上的差异,导致金融波动对国企和非国企投资的影响存在很大差异。不仅如此,经济波动对国企和非国企投资的影响以及金融波动和经济波动对国企和非国企投资产生的交互影响也存在很大差异。

当然,我们同时也可以看出,随着滞后期数的增多,金融波动和经济波动交互项系数绝对值是不断变大的,说明金融波动和经济波动对非国企固定资产投资占比产生影响需要一定的时间才能体现出来,在滞后零期至滞后五期的情形下,滞后期越多,金融波动和经济波动对非国企固定资产投资占比影响越强。而在上面的分析中,当以经济增长为因变量时,金融波动和经济波动交互项系数绝对值是先变大,在滞后二期时达到最大,然后开始衰减,这说明滞后二期情形下,金融波动和经济波动对经济增长产生的交互影响最显著。一方面,说明金融波动和经济波动对经济增长产生交互影响需要一定时间周期;另一方面,也说明金融波动和经济波动对经济增长产生的交互影响会随着时间的推移而逐渐衰减。分别以非国企固定资产投资占比和经济增长为因变量时,金融波动和经济波动交互项产生影响的衰减速度并不一致，这可能是因为非国企固定资产投资占比对经济增长的影响存在一定的滞后性以及衰减性，虽然在滞后一至五期情形下，金融波动和经济波动交互项对非国企固定资产投资占比的影响一直不断变强，但是非国企固定资产投资占比对经济增长的影响不断衰减，两者结合便会导致金融波动和经济波动交互项对经济增长的影响先变大，在滞后两期时达到高峰，然后开始衰减。

(四)稳健性检验

为了进一步检验本书结论的稳健性，我们接下来将采取分样本回归以及更换变量衡量指标的方法进行检验。

1. 分时间段回归结果

由于 1994 年是我国真正确立市场化改革大方向的一年，很多文献也通过研究发现 1994 年之前和之后两个时期经济制度以及环境有很大区别，因此我们将以 1994 年为分界点，将总样本分为两个子样本进行回归，回归结果如表 8 -7 所示。

表 8 -7　分时间段回归结果

项目	(1)	(2)	(3)	(4)
	rsinv	*rsinv*	*rgdp*	*rgdp*
	1994 年之前	1994 年之后	1994 年之前	1994 年之后
vloan	-0.321 (-0.99)	0.187** (2.22)	-0.104* (-1.93)	0.058*** (2.92)
vloan × *vgdp*	-1.174 (-0.18)	-9.567** (-2.44)	-0.110 (-0.11)	-2.998*** (-3.17)
vgdp	1.629*** (3.10)	2.312*** (5.19)	0.239*** (2.75)	0.404*** (3.72)
ln*gdp*			-0.118*** (-10.47)	-0.068*** (-9.74)
stu			0.000 (0.54)	-0.000*** (-2.82)

续表

项目	(1)	(2)	(3)	(4)
	rsinv	rsinv	rgdp	rgdp
	1994 年之前	1994 年之后	1994 年之前	1994 年之后
rpop			0.122 (0.37)	-0.319*** (-3.56)
exp			0.012 (0.77)	-0.049*** (-7.02)
常数项	0.856*** (26.04)	0.642*** (34.72)	0.889*** (10.72)	0.788*** (11.71)
地区效应	是	是	是	是
时间效应	是	是	是	是
R-squared	0.9639	0.8671	0.6920	0.6294
N	319	551	319	551

注：①***、**、*分别表示在1%、5%和10%的显著水平上显著；②括号内为 t 值。

表8-7中第(1)列和第(2)列分别为基于1994年之前样本和1994年之后样本在简化形式下进行回归的结果。在1994年之前，金融波动项系数为-0.321，但不显著，经济波动项系数为1.629，且在1%的显著水平上显著，金融波动和经济波动交叉项系数为-1.174，但不显著。在1994年之后，金融波动项系数为0.187，且在5%的显著水平上显著，经济波动项系数为2.312，且在1%的显著水平上显著，金融波动和经济波动交叉项系数为-9.567，且在5%的显著水平上显著。第(3)列和第(4)列为引入其余控制变量后的估计结果。在1994年之前，金融波动项系数为-0.104，且在10%的显著水平上显著，经济波动项系数为0.239，且在1%的显著水平上显著，金融波动和经济波动交叉项系数为-0.110，但不显著。在1994年之后，金融波动项系数为0.058，且在1%的显著水平上显著，经济波动项系数为0.404，且在1%的显著水平上显著，金融波动和经济波动交叉项系数为-2.998，且在1%的显著水平上显著。

我们通过对比各项可以看出，在1994年之前，金融波动和经济波动交互项不够显著。金融波动项系数在简化形式下也不显著，但引入控制变量后，该系数在10%的显著水平上显著。而在1994年之后的样本中，金融波动、经济波动以及两者交互项系数均显著，而且符号均与总样本结果一致。这说明基于总样本得出的结论主要发生在1994年之后，在1994年之前这一结论并不成立。这可能是因为金融波动如果对经济增长产生显著影响，需要一个市场化程度较高的经济环境，否则资源无法自由流动，金融波动也难以对经济增长产生显著影响。根据上面的理论模型分析，金融波动和经济波动若要对经济增长产生显著的交互影响，前提条件是银行信贷与企业产出挂钩。在1994年之前，我国市场化程度还不够高，各项市场化政策尚未落实，银行信贷可能更多的是根据行政指令，而较少采取和企业产出挂钩的形式。因此，金融波动和经济波动对经济增长没有显著的交互影响。1994年之后，市场化改革政策真正得到推行，市场化程度开始较大幅度提升，金融机构出于规避风险的目的会将信贷与企业产出进行挂钩，此时金融波动和经济波动对经济增长的交互影响便显现出来。

2. 金融周期波动性回归结果

本部分我们将采取另一种方式衡量金融波动，根据金融周期理论，我们可以采取HP滤波法计算出金融的周期项，进而可以算出金融缺口[①]。我们可以采用金融缺口标准差作为金融周期波动性的衡量指标。接下来我们就采用金融周期波动性作为解释变量进行回归，回归结果如表8－8和表8－9所示。

表8－8中第(1)～第(3)列分别为基于总样本、1994年之前样本和1994年之后样本进行回归的结果。从总样本结果来看，金融波动项系数为0.070，且在1%的显著水平上显著，经济波动项系数为0.248，且在1%的显著水平上显著，金融波动和经济波动交叉项系数为－1.854，且在

① 即金融变量实际值与趋势值之间的缺口大小，计算方法与产出缺口相同。采用HP滤波法进行计算时趋势成分波动因子 $\lambda=100$。

1%的显著水平上显著。金融波动项系数显著为正,金融波动和经济波动交叉项系数显著为负,这与上文的结论一致,说明本书结论是稳健的。根据子样本的回归结果可以看出,1994 年之前,金融波动项系数为 -0.030,但不显著,经济波动项系数为 0.190,且在 1%的显著水平上显著,金融波动和经济波动交叉项系数为 0.588,但不显著。1994 年之后,金融波动项系数为 0.109,且在 1%的显著水平上显著,经济波动项系数为 0.452,且在 1%的显著水平上显著,金融波动和经济波动交叉项系数为 -3.953,且在 1%的显著水平上显著。1994 年之前金融波动和经济波动项系数不显著,1994 年之后的结果与总样本结果一致,这与上文的结论一致,金融波动和经济波动对经济增长产生的交互影响主要是在 1994 年之后。

表 8-8　金融周期波动性回归结果

项目	(1)	(2)	(3)
	rgdp	*rgdp*	*rgdp*
	总样本	1994 年之前	1994 年之后
vloan	0.070*** (3.84)	-0.030 (-1.07)	0.109*** (4.59)
vloan × *vgdp*	-1.854*** (-3.96)	0.588 (0.93)	-3.953*** (-3.45)
vgdp	0.248*** (3.77)	0.190*** (2.33)	0.452*** (3.75)
ln*gdp*	-0.039*** (-8.65)	-0.116*** (-9.76)	-0.071*** (-10.40)
stu	-0.000** (-2.49)	0.000 (0.88)	-0.000*** (-2.93)
rpop	-0.333 (-3.59)	0.197 (0.58)	-0.271*** (-3.05)
exp	-0.019*** (-3.16)	0.001 (0.09)	-0.050*** (-6.99)
常数项	0.353*** (11.01)	0.867*** (9.91)	0.566*** (12.13)

续表

项目	(1)	(2)	(3)
	rgdp	*rgdp*	*rgdp*
	总样本	1994 年之前	1994 年之后
地区效应	是	是	是
时间效应	是	是	是
R - squared	0.6453	0.6678	0.6370
N	870	319	551

注:①***、**分别表示在1%、5%的显著水平上显著;②括号内为 *t* 值。

我们同样采用滞后期变量作为替代变量进行回归,结果如表 8 - 9 所示。本部分我们采用了滞后一至七期变量作为解释变量,之所以采取这么多滞后期,是因为直到七期滞后值时,金融波动和经济波动交互项系数才变得不显著。采用滞后一期变量作为解释变量进行回归时,金融波动项系数为 0.071,且在 1% 的显著水平上显著,经济波动项系数为 0.289,且在 1% 的显著水平上显著,金融波动和经济波动交叉项系数为 -2.049,且在 1% 的显著水平上显著。采用滞后二期变量作为解释变量进行回归时,金融波动项系数为 0.085,且在 1% 的显著水平上显著,经济波动项系数为 0.378,且在 1% 的显著水平上显著,金融波动和经济波动交叉项系数为 -2.731,且在 1% 的显著水平上显著。采用滞后三期变量作为解释变量进行回归时,金融波动项系数为 0.094,且在 1% 的显著水平上显著,经济波动项系数为 0.404,且在 1% 的显著水平上显著,金融波动和经济波动交叉项系数为 -3.057,且在 1% 的显著水平上显著。采用滞后四期变量作为解释变量进行回归时,金融波动项系数为 0.083,且在 1% 的显著水平上显著,经济波动项系数为 0.347,且在 1% 的显著水平上显著,金融波动和经济波动交叉项系数为 -2.677,且在 1% 的显著水平上显著。采用滞后五期变量作为解释变量进行回归时,金融波动项系数为 0.069,且在 1% 的显著水平上显著,经济波动项系数为 0.245,且在 1% 的显著水平上显著,金融波动和经济波动交叉项系数为 -2.038,且在 1% 的显著水平上显著。采用滞后六期变量作为解释变量进行回归时,金融波动项系数为0.058,且在1%的显著水平上显著,经济波动项系数为0.129,且在5%的显著水平上显著,金融波动和经济波动交叉项系数为-1.400,且在1%的显著水平上显著。采用滞后七期变量作为解释变量进行回归时,金融波动项系数为0.027,但不显著,经济波动项系数为-0.013,但不显著,金融波动和经济波动交叉项系数为-0.444,但不显著。

一方面,我们通过表8-9的结果可以看出,在第(1)~第(6)列中,金融波动项和经济波动项系数均显著为正,金融波动和经济波动交叉项系数均显著为负,这一结论与上文的基本结论相符,说明本书结论较为稳健。另一方面,我们发现采用金融周期波动性滞后期作为替代变量时,滞后七期才会导致金融波动和经济波动交互项不显著,而在上文中采用金融波动滞后项作为替代变量时,滞后五期的显著性就很弱了。这说明与金融波动性相比,金融周期波动性对经济增长的影响更长远。当然这一点我们也可以从金融波动和经济波动交叉项系数衰减程度看出来。在上文的分析中,当以金融波动性进行衡量时,随着滞后期数的增多,金融波动和经济波动交叉项系数绝对值先变大,在滞后二期时达到最大,然后开始衰减,这说明滞后二期情形下,金融波动和经济波动对经济增长产生的交互影响最显著。在表8-9中,以金融周期波动性衡量金融波动时,金融波动和经济波动交互项系数绝对值先变大,在滞后三期时达到最大,然后开始衰减。这说明与金融波动性相比,金融周期波动性与经济波动对经济增长的交互影响需要更多时间才能显现出来,衰减期出现得也越迟。

表8-9　金融周期波动性滞后期作为解释变量的回归结果

项目	(1)	(2)	(3)	(4)	(5)	(6)	(7)
	rgdp	*rgdp*	*rgdp*	*rgdp*	*rgdp*	*rgdp*	*rgdp*
	一期	二期	三期	四期	五期	六期	七期
vloan 滞后期	0.071*** (3.82)	0.085*** (4.59)	0.094*** (4.97)	0.083*** (4.31)	0.069*** (3.47)	0.058*** (2.82)	0.027 (1.30)
vloan×*vgdp* 滞后期	-2.049*** (-4.35)	-2.731*** (-5.83)	-3.057*** (-6.56)	-2.677*** (-5.78)	-2.038*** (-4.34)	-1.400*** (-2.94)	-0.444 (-0.93)

续表

项目	(1)	(2)	(3)	(4)	(5)	(6)	(7)
	rgdp	rgdp	rgdp	rgdp	rgdp	rgdp	rgdp
	一期	二期	三期	四期	五期	六期	七期
vgdp 滞后期	0.289*** (4.36)	0.378*** (5.75)	0.404*** (6.17)	0.347*** (5.35)	0.245*** (3.76)	0.129** (1.97)	-0.013 (-0.21)
lngdp	-0.041*** (-8.76)	-0.042*** (-8.72)	-0.045*** (-8.99)	-0.049*** (-9.58)	-0.052*** (-9.68)	-0.054*** (-9.53)	-0.056*** (-9.48)
stu	-0.000*** (-2.86)	-0.000*** (-3.00)	-0.000*** (-3.18)	-0.000*** (-3.03)	-0.000*** (-2.82)	-0.000*** (-2.68)	-0.000*** (-2.75)
rpop	-0.303*** (-3.25)	-0.283*** (-3.06)	-0.261*** (-2.83)	-0.268*** (-2.94)	-0.273*** (-2.99)	-0.277*** (-3.03)	-0.271*** (-2.98)
exp	-0.022*** (-3.58)	-0.026*** (-4.19)	-0.029*** (-4.55)	-0.032*** (-4.94)	-0.036 (-5.40)	-0.038*** (-5.60)	-0.040*** (-5.92)
常数项	0.385*** (11.48)	0.402*** (11.53)	0.426*** (11.78)	0.462*** (12.39)	0.488*** (12.46)	0.491*** (11.70)	0.506*** (11.39)
地区效应	是	是	是	是	是	是	是
时间效应	是	是	是	是	是	是	是
R - squared	0.6463	0.6647	0.6796	0.6925	0.7018	0.7101	0.7138
N	841	812	783	754	725	696	667

注：①***、**分别表示在1%、5%的显著水平上显著；②括号内为 t 值。

3. M2 波动性回归结果

金融波动的起因主要分为供给方和需求方两个方面。从资金需求方企业来看，外生因素导致的企业投资决策的变化是引起借贷行为发生变化的重要原因之一。从供给方金融机构来看，对企业杠杆率（亦可看成借贷难易程度）的调控也是一项重要的因素。对于中国而言，由于政府长期实施利率管控的政策，导致市场利率被压低到均衡水平以下，因此信贷市场一直处于供不应求的状态，金融的上下波动主要取决于金融机构，而货币供应的宽松程度是其中一项主要变量。我们接下来便以 M2 与 GDP 之比来衡量广义的金融繁荣程度，以这一指标的标准差来衡量金融波动，进而研究 M2 波动性如何影响经济增长。

国内关于货币增长不确定性与宏观经济运行之间的研究主要以贾俊雪、郭庆旺和曹永刚（2006）以及刘金全和隋建利（2010）为代表。其中，贾俊雪、郭庆旺和曹永刚（2006）主要研究了货币增长不确定性对宏观经济波动的影响，刘金全和隋建利（2010）则主要分析了货币增长不确定性对经济增长的影响。根据他们的分析，货币增长波动性分为政策冲击引致和外生经济冲击引致两种类型。外生经济冲击（如国际金融危机）是引起货币增长波动的主要因素，而且这种类型货币增长波动不仅会造成经济波动加剧，还会抑制长期增长趋势。本书此处研究的是 M2 波动性对经济增长的影响，与刘金全和隋建利（2010）主要不同点在于本书重点研究金融波动与经济波动对经济增长的交互影响。限于数据可得性，此处仅采用 1994—2012 年的数据进行分析。为了简化分析，我们仅采用当期值或滞后期值进行回归，结果如表 8-10 所示。

表 8-10　M2 波动性滞后期作为解释变量的回归结果

项目	(1)	(2)	(3)	(4)	(5)
	rgdp	*rgdp*	*rgdp*	*rgdp*	*rgdp*
	零期	一期	二期	三期	四期
vloan 滞后期	2.535*** (12.81)	1.594*** (11.11)	1.377*** (8.04)	1.809*** (5.80)	-2.841*** (-4.59)
vloan×*vgdp* 滞后期	-3.983** (-2.33)	-9.366*** (-5.64)	-7.857*** (-4.52)	-1.959 (-1.03)	3.087 (1.63)
vgdp 滞后期	0.448*** (2.95)	0.922*** (6.30)	0.877*** (5.94)	0.425*** (2.78)	0.054*** (0.37)
ln*gdp*	-0.072*** (-10.51)	-0.063*** (-8.77)	-0.050*** (-6.40)	-0.039*** (-4.52)	-0.025*** (-2.69)
stu	-0.000*** (-2.64)	-0.000*** (-2.80)	-0.000*** (-2.65)	-0.000*** (-2.72)	-0.000*** (-2.78)
rpop	-0.317*** (-3.52)	-0.360*** (-4.00)	-0.382*** (-4.19)	-0.372*** (-3.89)	-0.405*** (-4.08)

续表

项目	(1)	(2)	(3)	(4)	(5)
	rgdp	*rgdp*	*rgdp*	*rgdp*	*rgdp*
	零期	一期	二期	三期	四期
exp	-0.044*** (-6.35)	-0.042*** (-6.13)	-0.043*** (-5.92)	-0.044*** (-5.47)	-0.046 (-5.14)
常数项	0.497*** (11.77)	0.503*** (10.41)	0.418*** (8.13)	0.304*** (6.09)	0.512*** (4.33)
地区效应	是	是	是	是	是
时间效应	是	是	是	是	是
R - squared	0.6257	0.6460	0.6516	0.6397	0.6558
N	551	522	493	464	435

注：①***、**分别表示在1%、5%的显著水平上显著；②括号内为 *t* 值。

表8-10中第(1)列为当期值作为解释变量进行回归，第(2)~第(5)列为滞后期值作为解释变量进行回归。从第(1)列结果可以看出，采用M2波动性作为金融波动衡量指标后，金融波动项系数为2.535，且在1%的显著水平上显著，经济波动项系数为0.448，且在1%的显著水平上显著，金融波动和经济波动交叉项系数为-3.983，且在5%的显著水平上显著。金融波动和经济波动项系数均显著为正，金融波动和经济波动交叉项系数显著为负，这一结论与上文的结论一致，说明无论是采用哪种方式衡量金融波动，结果都相当稳健。我们采用滞后期作为替代变量进行回归后发现，当滞后一期时，金融波动项系数为1.594，且在1%的显著水平上显著，经济波动项系数为0.922，且在1%的显著水平上显著，金融波动和经济波动交叉项系数为-9.366，且在1%的显著水平上显著。当滞后二期时，金融波动项系数为1.377，且在1%的显著水平上显著，经济波动项系数为0.877，且在1%的显著水平上显著，金融波动和经济波动交叉项系数为-7.857，且在1%的显著水平上显著。当滞后三期时，金融波动项系数为1.809，且在1%的显著水平上显著，经济波动项系数为0.425，且在1%的显著水平上显著，金融波动和经济波动交叉项系数为

-1.959，但不显著。当滞后四期时，金融波动项系数为-2.841，且在1%的显著水平上显著，经济波动项系数为0.054，且在1%的显著水平上显著，金融波动和经济波动交叉项系数为3.087，但不显著。不难看出之前的结论依然成立，但是滞后三期时，金融波动和经济波动交互项系数开始变得不显著，这说明与上文的两种金融波动衡量方式相比，M2波动性对经济增长的远期影响不是很显著。

我们通过三种金融波动指标滞后期的回归结果还可以发现，金融波动和经济波动交叉项系数绝对值并不是在当期最大，而是随着滞后期增大，该系数绝对值先变大后逐渐减小。例如该系数绝对值在表8-4中滞后二期时最大，在表8-9中滞后三期时最大，在表8-10中滞后一期时最大。这与上面分析的多少期开始交叉项系数不显著是一致的。即交叉项对经济增长影响越是长远，交叉项系数绝对值最大值就会出现在更多的变量滞后期处。另外，这也说明金融波动对经济增长影响也需要一定时间，因此对当期经济增长的影响不是最大的。

4. GMM法估计结果

考虑到可能存在内生性问题，我们进一步引入经济增长变量的一至三期滞后项作为解释变量，将上面的基本模型扩展为动态面板模型，并基于广义系统矩估计进行回归，回归结果如表8-11所示。其中第(1)列为不引入其余控制变量的回归结果，第(2)列为引入控制变量后的回归结果，第(3)列为引入投资率作为控制变量的回归结果。GMM估计量的一致性关键取决于各项假设条件是否满足，这需要进行两个检验：第一个是通过Sargan过度识别约束检验对所使用的工具变量的有效性进行检验，此检验的原假设是所使用的工具变量与误差项是不相关的；第二个是通过Arrellano-Bond的自相关检验方法对差分方程的随机误差项的二阶序列相关进行检验，其原假设是一阶差分方程的随机误差项中不存在二阶序列相关，如果不能拒绝上述检验的原假设，则意味着模型设定正确。各列回归结果均显示Sargan检验不能拒绝工具变量有效性的原假设，二阶序列相关检验[AR

(2) 的概率]显示不存在二阶序列相关,说明可以进行结构分析。

从表 8-11 回归结果可以看出,在第(1)列中金融波动项系数为 0.033,且在 10% 的显著水平上显著,经济波动项系数为 0.189,且在 5% 的显著水平上显著,金融波动和经济波动交叉项系数为 -1.201,且在 5% 的显著水平上显著。在第(2)列中金融波动项系数为 0.032,且在 10% 的显著水平上显著,经济波动项系数为 0.110,但不显著,金融波动和经济波动交叉项系数为 -1.013,且在 10% 的显著水平上显著。在第(3)列中金融波动项系数为0.032,且在 5% 的显著水平上显著,经济波动项系数为 0.121,但不显著。金融波动和经济波动交叉项系数为 -1.079,且在 10% 的显著水平上显著。第(1)列和第(2)列结果显示,无论是否引入控制变量,经济波动和金融波动交叉项系数均显著为负,说明金融波动与经济波动同时发生时的确会放大对方的效果。第(3)列和第(2)列结果对比可以看出,引入投资率变量前后,金融波动项、经济波动项以及金融波动和经济波动交叉项系数均变化不大,说明投资率变量的确不是主要的传导机制。这些结论均与上文的分析一致,说明上述结论是稳健的、可靠的。

表 8-11　系统广义矩估计法回归结果

项目	(1)	(2)	(3)
	rgdp	*rgdp*	*rgdp*
rgdp 一期滞后	1.434*** (15.16)	1.261*** (18.83)	1.239*** (18.45)
rgdp 二期滞后	-0.504*** (-3.23)	-0.410*** (-4.13)	-0.405*** (-4.14)
rgdp 三期滞后	-0.042 (-0.47)	-0.010 (-0.19)	-0.009 (-0.17)
vloan	0.033* (1.71)	0.032* (1.93)	0.032** (1.97)
vloan × *vgdp*	-1.201** (-1.97)	-1.013* (-1.74)	-1.079* (-1.87)

续表

项目	(1)	(2)	(3)
	rgdp	rgdp	rgdp
vgdp	0.189 ** (2.37)	0.110 (1.39)	0.121 (1.56)
rinv			0.006 ** (2.52)
ln*gdp*		−0.018 *** (−5.68)	−0.019 *** (−6.03)
stu		−0.000 (−1.64)	−0.000 (−1.00)
rpop		−0.085 * (−1.83)	−0.086 * (−1.87)
exp		0.000 (0.16)	0.002 (0.79)
C	0.008 ** (2.55)	0.191 *** (6.01)	0.196 *** (6.24)
AR(1)	0.000	0.000	0.000
AR(2)	0.124	0.116	0.112
Sargan test	1.000	0.998	0.998
地区效应	是	是	是
时间效应	是	是	是
N	783	783	783

注:①***、**、*分别表示在1%、5%和10%的显著水平上显著;②括号内为 t 值。

第四节　本章小结

本章通过理论分析和实证分析发现，金融波动加剧会通过影响投资结构对长期经济增长产生负面影响。在经济波动背景下，金融波动与经济波动会对经济增长产生负的交互影响，即会放大对方对经济增长的负面效应。由于金融机构将企业的贷款和企业的产出挂钩，企业产出下降时，不仅用于预防流动性冲击的自营资金减少，用于预防流动性冲击的信贷资金也会按比例相应减少，进而长期投资相对于短期投资的存活概率就会较大幅度降低，长期投资相对于短期投资的预期收益就会较大幅度下降，企业自然会大幅度降低长期投资占比。同样，企业产出增多时，不仅用于预防流动性冲击的自营资金增加，用于预防流动性冲击的信贷资金也会按比例相应增加，长期投资相对于短期投资的存活概率就会较大幅度上升，长期投资相对于短期投资的预期收益就会较大幅度上涨，企业自然会较大幅度提高长期投资占比。当企业产出上下波动时，不仅用于预防流动性冲击的自营资金数量上下波动，用于预防流动性冲击的信贷资金数量也会上下波动，长期投资相对于短期投资的风险就会较大幅度上升，企业自然会大幅度降低长期投资占比。国有企业和非国有企业对金融波动敏感性的差异是金融波动对投资结构产生影响的原因。而企业经营目标和融资约束程度不同可能是两种投资对金融波动敏感性存在差异的主要原因。

第九章

经济政策波动对经济增长的影响

第一节 引言

在上面的章节中我们不仅研究清楚了总体波动（经济波动）对经济长期增长的影响，而且还分析了特定型波动（金融波动）对经济长期增长的影响。我们通过分析发现，金融波动的确会通过投资结构机制对经济长期增长产生影响。不仅如此，金融波动和经济波动还会对经济长期增长产生交互影响。除了金融波动以外，近些年来另一大特定型波动（经济政策波动）（用经济政策不确定性衡量）也越来越受到学者们的关注。经济政策波动（用经济政策不确定性衡量）如何影响经济长期增长呢？经济政策波动与经济波动是否会对经济长期增长产生交互影响呢？接下来我们就围绕这个主题进行分析。

根据已有研究，多数学者认为经济政策不确定性加大会给宏观经济带来负面影响。经济政策不确定性加大时，宏观经济变量波动和金融资产变量波动会相应扩大（Villaverde et al.，2015；Pastor & Veronesi，2012；Born & Pfeifer，2014）。经济政策不确定性加大还会抑制产出和就业，阻碍经济复苏（Baker et al.，2012，2016）。关于经济政策不确定如何影响微观企业的研究也认为经济政策不确定性可能通过改变企业经营活动成本抑制企业的投资活动，这一抑制作用与不可逆投资比例、金融约束、竞争程度等企业、行业特征因素相关（Julio & Yook，2012；Gulen & Ion，2016；Kang et al.，2014）。在针对我国的研究中，学者们也发现经济政策不确定性不仅影响房价波动、GDP 和就业，还影响企业投资决策、资金需求和经营活动，从而抑制企业投资（金雪军等，2014；王义中和宋敏，2014；李凤羽和杨墨竹,2015)。

上述研究基本都认为政策不确定性对宏观经济的影响主要是负面作用,Atanassov 等(2018)的研究对此提出异议。他们研究了政策不确定性与 R&D 投入之间的关系,结果发现政策不确定性加大会促进企业层级 R&D 投入的增加,并且对于政治敏感性高、越难以创新的产业,这种促进效应越显著。企业所处产品市场竞争度越高,这种促进效应也越强。这说明政策不确定性加大不一定不利于投资,投资种类不同以及企业所处产品市场竞争激烈程度差异都会导致结论存在差异。顾夏铭、陈勇民和潘士远(2018)利用 Baker 等(2016) 构建的中国经济政策不确定性指数和我国上市公司的创新数据进行实证研究,发现经济政策不确定性正向影响上市公司 R&D 投入和专利申请量。此外,这一经济政策不确定性与创新活动的关系受政府补贴、金融约束、企业所有权性质、行业特征等因素影响。这些发现与经济政策不确定性对企业创新产生的选择效应和激励效应相吻合。

综观已有文献,多是研究经济政策不确定性对经济变量的短期影响,而且得出的结论基本都认同经济政策不确定性加大会带来负面效应。仅有少数文献研究了经济政策不确定性对经济的长期影响(如研发活动),而且得出的结论基本都支持经济政策不确定性加大有利于长期投资。本章主要致力于研究经济政策不确定性如何影响长期经济增长以及中间影响机制是什么。比对上文中经济波动对经济长期增长的影响,对于中国而言,投资和投资结构这两个方面应当是经济政策不确定性影响长期经济增长的主要机制。当经济政策不确定性加大时,为了抵御风险,人们会增加预防性储蓄,进而促进投资率的提升,最终促进经济增长。经济政策不确定性增加还会对投资结构产生影响,虽然经济政策不确定性变化均会影响到国有企业投资和非国有企业投资,但是对这两种投资的影响存在差异性。经济政策不确定加大时会导致非国有企业投资占比的增加,进而促进长期经济增长。因此我们提出本章第一条假设。

假设一:与经济波动类似,经济政策不确定性对经济长期增长的影响应当是促进作用为主。

金融波动和经济波动之所以对经济长期增长产生交互影响,是因为融资约束的存在,金融波动和经济波动之间不是独立的,而是相互影响的。同样,经济政策不确定性的加大会导致人们难以产生稳定的政策预期,进而投资决策波动就会较大,从而导致经济波动较大。经济波动加剧时,为应对更加复杂的经济形势,政府也会相机抉择制定相应的经济政策,因此经济政策不确定性也会加大。即同样存在经济政策不确定性和经济波动相互加强对方效果的效应。因此我们提出本章第二条假设。

假设二:经济政策不确定性和经济波动对经济长期增长产生负的交互影响。

事实是否真的如此呢?我们接下来就基于实际数据检验上述两条假设。

第二节　经济政策波动对经济增长影响的计量模型设定、指标选取与说明

一、模型设定

本章节主要是研究经济政策不确定性变化如何影响经济长期增长，以及随着国企占比和金融发展程度的不同，经济政策不确定性变化对增长趋势的影响会如何变化。根据第三章的研究，我们设定基本模型为：

$$rgdp_{it} = \alpha_0 + \alpha_1 \times uncertainty_{it} + X_{it}^T \mathrm{B} + \varpi_i + \nu_t + \varepsilon_{it} \quad (9-1)$$

其中，$rgdp_{it}$为平均经济增速，$uncertainty_{it}$为经济政策不确定性，X_{it}^T为控制变量向量，主要包括人均收入 $\ln gdp_{it}$、人力资本 stu_{it}、人口增长率 $rpop_{it}$以及开放程度 $\exp_{it}$，ϖ_i 为地区效应，v_t 为时间效应。根据上一节的研究，引入金融发展变量进行分析，将模型扩展如下：

$$\begin{aligned} rgdp_{it} = {} & \alpha_0 + (\alpha_1 + \gamma_1 \times credit_{it}) \times uncertainty_{it} + \\ & \varphi_1 credit_{it} + X_{it}^T B + \varpi_i + v_t + \varepsilon_{it} \end{aligned} \quad (9-2)$$

其中，$credit_{it}$为金融发展变量。为了检验国企占比的作用，进一步引入国企占比变量，将模型扩展如下：

$$\begin{aligned} rgdp_{it} = {} & \alpha_0 + (\alpha_1 + \gamma_1 \times credit_{it} + \gamma_2 \times rpublic_{it}) \times uncertainty_{it} + \\ & \varphi_1 credit_{it} + \varphi_2 rpublic_{it} + X_{it}^T B + \varpi_i + v_t + \varepsilon_{it} \end{aligned} \quad (9-3)$$

其中，$rpublic_{it}$为国有企业占比。

为了检验投资率机制是否为经济不确定性影响经济长期增长的主要机制，我们构建如下两个模型进行分析：

$$rinv_{it} = \beta_0 + \beta_1 \times uncertainty_{it} + \varpi_i + \nu_t + \varepsilon_{it} \quad (9-4)$$

$$rgdp_{it} = \gamma_0 + \gamma_1 \times uncertainty_{it} + \gamma_2 \times rinv_{it} + \varpi_i + \nu_t + \varepsilon_{it} \quad (9-5)$$

其中，$rinv_{it}$ 为投资率。

关于中介效应的检验，大部分国内外学术研究借鉴 Baron 和 Kenny (1986)提出的因果逐步回归的检验方法。温忠麟等(2004)将该中介效应检验方法进行总结，提炼了中介效应的检验程序和具体的操作步骤。具体来说，以本章为例，第一，检验模型(9－1)回归系数 α_1，如果显著，继续下面的第 2 步，否则停止分析。第二，依次检验模型(9－4)系数 β_1 和模型(9－5)系数 γ_2，如果都显著，意味着经济政策不确定性对经济长期增长的影响至少有一部分是通过了固定资产投资率实现的，第一类错误率小于或等于 0.05，继续下面第 3 步。如果至少有一个不显著，意味着该检验的功效较低(即第二类错误率较大)，那么就不能下结论转到第 4 步。第三，检验模型(9－5)系数 γ_1，如果不显著，说明是完全中介过程，即经济政策不确定性对经济长期增长的影响都是通过固定资产投资率实现的；如果显著，说明只是部分中介过程，即经济政策不确定性对经济长期增长的影响只有一部分是通过固定资产投资率实现的，检验结束。第四，做 Sobel 检验，如果显著，意味着固定资产投资率的中介效应显著，否则中介效应不显著，检验结束。国内学者在中介效应检验时普遍参照该方法，例如陈东和刘金东(2013)、甄红线等(2015)、钱雪松等(2015)。

然而，也有不少学者对 Baron 和 Kenny(1986)的因果逐步回归方法提出质疑。首先，Baron 和 Kenny(1986)认为系数主效应存在(α_2 显著)是中介效应的根本前提，但是诸多统计检验方法的研究文章指出中介效应的存在并不需要主效应显著(Mac Kinnon，2000；Shrout & Bolger，2002；Preacher & Hayes，2004；Zhao et al.，2010)，因为可能存在两个并列的中介路径，它们的中介效应大小相近，但对因变量的影响发挥着相反的作用，两者抵消，所以主效应并没有被观测到。例如，Mitra 和 Lynch(1995)发现广告对价格弹性的影响存在两条路径：一是广告扩大了消费考虑集，进而提高了价格弹性；二是广告使产品差异化进而降低了价格弹性。其次，在检验方法上，Sobel 检验的有效性也存在较大弊端，Sobel 检验假定 ab 服从正态分布，但是 ab 通常不服从正态分布，这导致检验结果犯第一类错误的概率增加。Preacher 和 Hayes(2004)通过一个例子发现，尽管 sobel 检验没有发现中介效应($p>0.05$)，但是使用 Bootstrap 方法，在不假设 ab 服从正态分布的情况下，却发现存在中介效应($p<0.05$)。针对上述中介效应检验存在的诸多问题，Zhao 等(2010)总结提出了一套更为合理、有效的中介效应检验程序，本书即是以此检验程序为参照。

二、指标选取与说明

本部分使用我国 31 个省份 1995—2012 年的数据进行实证分析。全样本以 5 年为区间长度，可划分为 14 个时间段：1995—1999 年，1996—2000 年，…，2008—2012 年。当时间段不断向前滚动时，就会增加一个新的时点，同时剔除最旧的时点，这样不断增添新的信息而舍弃旧的信息，使我们不会遗漏每一个时点，同时增大了样本量，使得实证结论更加可靠。本书所有的原始数据均来源于《新中国 60 年统计资料汇编》、Wind 资讯、《中国统计年鉴》以及国家统计局网站，各变量说明如下：

(1)平均经济增速 $rgdp_{it}$。用 t 到 $t+k-1$ 期(t 到 $t+k-1$ 期为一个滚动样本时段，t 为该时段的第一年) i 地区不变价人均地区生产总值的对数差分的算术平均数来表示，即 $rgdp_{it}=\ln(y_{i,t+k-1}/y_{i,t-1})/k$，其中 y_{it} 为 t 期 i 地区不变价的人均地区生产总值。本书基于人均地区生产总值指数计算平均增长速度，计算公式为 $rgdp_{it}=\ln(s_{i,t}\times\cdots\times s_{i,t+k-1})/k$，其中 $s_{i,t}$ 为 t 期 i 地区人均地区生产总值指数。本书以 $k=5$ 为区间长度进行分析，同时还分别使用了 $k=3$ 和 $k=8$ 做了主要结论的稳健性检验。

(2)经济政策不确定性 $uncertainty_{it}$。经济政策不确定性由斯坦福大学和芝加哥大学联合公布的我国 EPU 指数来衡量。Baker 等(2013)运用文本分析法首先提取《南华早报》每月讨论中国经济不确定性的文章，这类文章需同时包含“中国”或者“中国的”“经济”或者“经济的”以及“不确定”或者“不确定性”这三类关键词。其次以第一步提取的文章作为子样本，在子样本中提取讨论政策问题的文章。这类文章需至少包含“政府预算”“政府支出”“政府改革”“政府政策”“税收”“监管”“央行”“中国人民银行”“世贸组织”等关键词中的一个。最后用第二步提取的文章数量除以该报纸当月的文章总数量，获得一个衡量经济政策不确定性的月度数据序列，并在此基础上以 100 作为均值基准对月度数据序列进行标准化。标准化后的数据序列即为当前斯坦福大学和芝加哥大学每月联合公布的我国 EPU 指数①。

（3）金融发展程度 $credit_{it}$ 。Aghion 等（2010）在他们的研究中使用银行和金融中介对私人部门贷款数量与 GDP 之比作为金融发展程度的度量指标，受限于数据，本书用中国各地区金融机构各项贷款余额与 GDP 之比表示金融发展程度。各时间段金融发展程度为该时间段内各年金融发展程度平均值。

（4）国企占比 $rpublic_{it}$ 。考虑数据的可得性，本书采用各地区国有企业职工人数占总职工人数的比重来表示国企占比，各时间段国有企业职工占比数据为该时间段的期初值。由于本书想用国企占比间接衡量企业异质性，而这种企业异质性会随着经济增长或波动发生变化，因此用期初值可以较好地避免内生性问题。而且经济波动对经济增长产生影响靠的是对低效率企业的清理，用初期国企占比能够较好地衡量经济波动发生之初地区的资源配置状况。

（5）人均收入 $\ln gdp_{it}$ 。gdp_{it} 为各时间段期初年份的不变价人均地区生产总值，本书采用对其进行对数化处理过的数据（ $\ln gdp_{it}$ ）进行分析。若 $\ln gdp_{it}$ 的系数显著为负，表示地区间经济增长收敛，否则表示没有收敛

① 我国 EPU 指数的详细测算方法和数据见 http://www.policyuncertainty.com/china_monthly.html.

趋势。

(6)人力资本 stu_{it}。通常以教育水平指标来代表人力资本水平的高低,考虑到相关数据的可获得性和可信度,本书采用各时间段期初每万人中大学生数来表示人力资本水平。

(7)投资率 $rinv_{it}$。通常以投资率作为资本存量变动的度量,本书使用各地区固定资产投资完成额占地区生产总值的比率来表示投资率。各时间段投资率为该时间段内各年该比率的平均值。

(8)人口增长率 $rpop_{it}$。本书用各时间段期末与期初人口总数的对数差分来计算人口增长率。

(9)开放程度 exp_{it}。本书使用各地区出口总额占地区生产总值的比重来表示开放程度,其中各年出口额以当年汇率中间价转化为人民币表示。各时间段开放程度为该时间段内各年该比重的平均值。

第三节　经济政策波动对经济增长影响的计量检验结果分析

一、基本回归结果分析

我们基于模型(9－3),依次先采取受约束形式和无约束形式进行分析,回归结果如表9－1和表9－2所示。表9－1为未引入其他控制变量的回归结果,表9－2为引入其他控制变量后的回归结果。从表9－1中第(1)列结果可以看出,在简化形式下,经济政策不确定性项系数为0.025,且在1%的显著水平上显著。说明总体来看,经济政策不确定性与经济长期增长趋势正相关,经济政策不确定性的加大有利于经济长期增长。在表9－1第(2)列中,我们引入经济政策不确定性和金融发展程度交叉项进行分析,结果显示经济政策不确定性项系数为0.05,且在1%的显著水平上显著,经济政策不确定性和金融发展程度交叉项系数为－0.022,且在1%的显著水平上显著,金融发展程度项系数为0.077,且在5%的显著水平上显著。这表明金融发展程度的提升会导致经济政策不确定性项系数更加偏向于负,即金融发展程度越高,经济政策不确定性与经济长期增长趋势之间越偏向于负相关。

在表9－1第(3)列中,我们引入经济政策不确定性和国有企业占比交叉项进行分析,结果显示经济政策不确定性项系数为－0.017,但不显著,经济政策不确定性和国有企业占比交叉项系数为0.089,且在1%的显著水平上显著,国有企业占比项系数为－0.355,且在1%的显著水平上显著。说明国有企业占比越高,经济政策不确定性和经济长期增长趋势之间越偏向于正相关。在表9-1第(4)列中,我们同时引入经济政策不确定性和金融发展程度交叉项、经济政策不确定性和国有企业占比交叉项进行分析,结果显示经济政策不确定性项系数为-0.003,但不显著,经济政策不确定性和金融发展程度交叉项系数为-0.008,亦不显著,金融发展程度系数为0.022,但不显著,经济政策不确定性和国有企业占比交叉项系数为0.073,且在1%的显著水平上显著,国有企业占比项系数为-0.308,且在1%的显著水平上显著。在同时引入两项交叉项的情形下,经济政策不确定性和金融发展程度交叉项系数以及经济政策不确定性与国有企业占比交叉项系数与依次单个引入交叉项时的系数符号一致,说明结论是稳健的。

表9-1 未引入控制变量的回归结果

项目	(1)	(2)	(3)	(4)
	rgdp	*rgdp*	*rgdp*	*rgdp*
ln*uncer*	0.025*** (6.51)	0.050*** (5.79)	-0.017 (-1.10)	-0.003 (-0.19)
credit × ln*uncer*		-0.022*** (-2.97)		-0.008 (-1.09)
credit		0.077** (2.15)		0.022 (0.63)
rpublic × ln*uncer*			0.089*** (4.40)	0.073*** (3.60)
rpublic			-0.355*** (-3.51)	-0.308*** (-3.04)
常数项	-0.047** (-2.56)	-0.108*** (-2.62)	0.119 (1.53)	0.102 (1.16)
地区效应	是	是	是	是
时间效应	是	是	是	是
R-squared	0.5865	0.6418	0.6527	0.6655
N	434	434	434	434

注:①***、**分别表示在1%、5%的显著水平上显著;②括号内为*t*值。

在表9-2中,我们引入其他控制变量进行分析。第(1)列回归结果显示,不引入交叉项情形下,经济政策不确定性项系数为0.081,且在1%显著水平上显著。这与表9-1第(1)列结果差异不大,均显示经济政策不确定性越高,长期经济增长速度越快。第(2)列和第(3)列结果显示,引入控制变量后,经济政策不确定性和金融发展程度交叉项系数为-0.032,且在1%的显著水平上显著,经济政策不确定性和国有企业占比交叉项系数为0.073,且在1%的显著水平上显著。与表9-1中第(2)列和第(3)列结果对比来看,经济政策不确定性和金融发展程度交叉项以及经济政策不确定性和国有企业占比交叉项系数均变化不大,说明上述结论是稳健的。在第(4)列中,我们基于模型(9-3)的无约束形式进行分析,结果显示经济政策不确定性项系数为0.095,且在1%的显著水平上显著,经济政策不确定性和金融发展程度交叉项系数为-0.023,且在1%的显著水平上显著,金融发展程度项系数为0.093,且在5%的显著水平上显著。与表9-1第(4)列结果相比,这三项系数均由不显著变成显著,说明引入相关控制变量进行分析是很有必要的。经济政策不确定性和国有企业占比交叉项系数为0.046,且在5%的显著水平上显著,国有企业占比项系数为-0.201,且在5%的显著水平上显著。这两项系数与表9-1结果相比变化不大,说明结论是稳健的。

表9-2　引入控制变量的回归结果

项目	(1)	(2)	(3)	(4)
	rgdp	*rgdp*	*rgdp*	*rgdp*
ln*uncer*	0.081*** (4.36)	0.146*** (6.30)	0.033 (1.26)	0.095*** (2.85)
credit × ln*uncer*		-0.032*** (-4.07)		-0.023*** (-2.75)
credit		0.130*** (3.49)		0.093** (2.38)
rpublic × ln*uncer*			0.073*** (3.66)	0.046** (2.24)

续表

项目	(1)	(2)	(3)	(4)
	rgdp	rgdp	rgdp	rgdp
rpublic			-0.303*** (-3.02)	-0.201** (-1.96)
lngdp	-0.023** (-2.29)	-0.042*** (-4.06)	-0.022** (-2.19)	-0.035*** (-3.22)
stu	-0.000*** (-3.39)	-0.000** (-2.39)	-0.000 (-1.24)	-0.000 (-1.49)
rpop	-0.336*** (-3.20)	-0.232** (-2.30)	-0.324*** (-3.21)	-0.254** (-2.52)
exp	-0.050*** (-5.00)	-0.036*** (-3.51)	-0.035*** (-3.41)	-0.032*** (-3.05)
常数项	-0.047*** (-2.28)	-0.157*** (-3.82)	0.126 (1.63)	-0.003 (-0.04)
地区效应	是	是	是	是
时间效应	是	是	是	是
R-squared	0.6592	0.6941	0.6867	0.7004
N	434	434	434	434

注：①***、**分别表示在1%、5%的显著水平上显著；②括号内为t值。

综合来看，我们通过表9-1和表9-2的回归结果可以看出，经济政策不确定性越大，经济长期增速反而越快，这与上文中以经济波动为核心解释变量时的回归结果一致。当经济政策不确定性加大时，为了抵御风险，人们会增加预防性储蓄，进而促进投资率的提升，最终促进经济增长。经济政策不确定性增加还会对投资结构产生影响，虽然经济政策不确定性变化均会影响到国有企业投资和非国有企业投资，但是对这两种投资的影响存在差异性。随着金融发展程度的提升，经济政策不确定性与经济长期增长之间越来越偏向负相关。随着国有企业占比的提升，经济政策不确定性与经济长期增长之间越来越偏向正相关。这一结论与第七章中1994年以后数据进行回归的结论是一致的，说明在1994年之后，金融发展和国企占比对经济政策不确定性与经济增长之间关系的影响方向与金融发展和国企占比对经济波动与经济增长之间关系的影响方向是一致的。需要注意的是，虽然经济政策不确定性对经济长期增长的影响方向与经济波动一致，但是中间的主要影响机制并不一定相同。在接下来的分析中我们会对中间影响机制进行进一步研究。

二、地区性差异

为了检验经济政策不确定性对经济长期增长的影响是否存在地区性差异，我们将总样本分为东部地区和非东部地区两个子样本进行研究，回归结果如表9－3所示。我们依次采取未引入控制变量和交叉项的简化形式、引入控制变量的形式以及引入控制变量和交叉项的形式进行分析。通过第（1）列和第（2）列结果可以看出，在简化形式下，经济政策不确定性变化对东部地区的经济长期增长影响并不显著，但对非东部地区经济长期增长的影响显著为正。东部地区和非东部地区结论存在差异可能是因为遗漏重要解释变量导致，因此我们在第（3）列和第（4）列中引入控制变量进行回归，结果显示，东部地区样本中，经济政策不确定性项系数为0.076，且在5%的显著水平上显著，在非东部地区，经济政策不确定性项系数为0.099，且在1%的显著水平上显著。说明无论在东部地区还是非东部地区，经济政策不确定性与经济长期增长之间呈正相关关系，这与总样本的结论是一致的，说明上述结论是稳健的。

在第（5）列和第（6）列中，我们引入经济政策不确定性和金融发展交叉项以及经济政策不确定性和国有企业占比交叉项进行回归分析。结果显示，在东部地区，经济政策不确定性和金融发展交叉项系数为－0.033，且在1%的显著水平上显著，在非东部地区，经济政策不确定性和金融发展交叉项系数为0.026，且在5%的显著水平上显著。说明金融发展对经济政策不确定性与经济长期增长之间关系的作用是存在地区性差异的，总样本中观察到的结果主要体现在东部地区。东部地区和非东部地区结论存在差异可能是因为市场化程度以及金融资源配置存在差异所致。经济政策不确定性和国有企业占比项系数在东部地区和非东部地区均不显著，但是在总样本中显著，说明总样本中国有企业占比和经济政策不确定性交叉项系数显著可能是因为国有企业投资和非国有企业投资在东部地区和非东部地区之间的流动。

表9-3　分地区回归结果

项目	(1)	(2)	(3)	(4)	(5)	(6)
	东部地区	非东部地区	东部地区	非东部地区	东部地区	非东部地区
	rgdp	*rgdp*	*rgdp*	*rgdp*	*rgdp*	*rgdp*
ln*uncer*	-0.006 (-0.93)	0.042*** (10.75)	0.076** (2.41)	0.099*** (4.68)	0.209*** (3.97)	0.076* (1.72)
credit × ln*uncer*					-0.033*** (-3.11)	0.026** (2.24)
credit					0.152*** (3.07)	-0.132** (-2.43)
rpublic × ln*uncer*					0.001 (0.03)	-0.052 (-1.57)
rpublic					0.108 (0.70)	0.177 (1.10)
ln*gdp*			-0.022 (-1.33)	-0.039*** (-3.43)	-0.072*** (-3.82)	-0.024* (-1.86)
Stu			-0.000*** (-5.14)	0.000*** (2.86)	-0.000 (-0.44)	0.000 (0.74)
rpop			-0.088 (-0.56)	-0.224* (-1.69)	-0.125 (-0.93)	-0.345*** (-2.64)
exp			-0.052*** (-4.29)	-0.103*** (-3.42)	-0.006 (-0.58)	-0.074** (-2.42)
常数项	0.097*** (3.12)	-0.125*** (-6.61)	-0.002 (-0.07)	-0.071** (-2.43)	-0.316** (-2.53)	-0.023 (-0.16)
地区效应	是	是	是	是	是	是
时间效应	是	是	是	是	是	是
R-squared	0.4808	0.7613	0.6511	0.7890	0.7765	0.8093
N	154	280	154	280	154	280

注：①***、**、*分别表示在1%、5%和10%的显著水平上显著；②括号内为*t*值。

三、中介效应检验:投资率抑或投资结构

为了检验中介效应,我们基于模型(9 –4)和模型(9 –5)进行进一步分析,回归结果如表9 –4 所示。表9 –4 中第(1)列和第(2)列结果为以固定资产投资率作为中介变量的回归结果。第(3)列和第(4)列为以非国有固定资产投资占比作为中介变量的回归结果。均采用同时控制时间效应和地区效应的双向固定效应模型进行分析。在第(1)列中,我们以固定资产投资率为因变量进行回归分析,结果显示经济政策不确定性项系数为0.406,且在1%的显著水平上显著。在第(2)列中我们以经济长期增长为因变量,同时引入经济政策不确定性和固定资产投资率变量作为自变量进行分析,结果显示经济政策不确定性项系数为0.004,且不显著,固定资产投资率项系数为0.051,且在1%的显著水平上显著。我们根据中介效应检验程序,固定资产投资率的确是经济政策不确定性影响经济长期增长的一个中间变量。而且经济政策不确定性通过固定资产投资率变量产生的影响系数约为0.4 ×0.05 =0.02,而表9 –1 第(1)列结果显示经济政策不确定性对经济长期增长的总影响系数为0.025,说明固定资产投资率是一个重要中介变量,经济政策不确定性变化对经济长期增长80%的影响是通过影响固定资产投资率产生的。

表9 –4　中介效应检验回归结果

项目	(1)	(2)	(3)	(4)
	rinv	*rgdp*	*rsinv*	*rgdp*
ln*uncer*	0.406*** (10.12)	0.004 (1.14)	0.366*** (24.54)	0.010* (1.74)
rinv		0.051*** (12.53)		
rsinv				0.039*** (3.05)
常数项	–1.445*** (–7.48)	0.027 (1.61)	–1.156*** (–16.07)	–0.001 (–0.08)

续表

项目	(1)	(2)	(3)	(4)
	rinv	rgdp	rsinv	rgdp
地区效应	是	是	是	是
时间效应	是	是	是	是
R - squared	0.4512	0.7054	0.8779	0.5962
N	434	434	434	434

注:①***、*分别表示在1%和10%的显著水平上显著;②括号内为*t*值。

在第(3)列中,我们以非国有企业固定资产投资占比为因变量进行回归分析,结果显示经济政策不确定性项系数为0.366,且在1%的显著水平上显著。在第(4)列中我们以经济长期增长为因变量,同时引入经济政策不确定性和非国有企业固定资产投资占比变量作为自变量进行分析,结果显示经济政策不确定性项系数为0.01,且在10%的显著水平上显著。非国有企业固定资产投资占比项系数为0.039,且在1%的显著水平上显著。我们根据中介效应检验程序,非国有企业固定资产投资占比也是经济政策不确定性影响经济长期增长的一个中间变量,而且经济政策不确定性通过非国有企业固定资产投资占比变量产生的影响系数约为0.36×0.04=0.014,说明非国有企业固定资产投资占比也是一个重要的中介变量,经济政策不确定性变化对经济长期增长约50%的影响是通过影响非国有企业固定资产投资占比产生的。

需要说明的是,非国有企业固定资产投资占比的作用和固定资产投资率的作用加起来超过了100%,这是因为这两个中介变量并非完全独立所致,经济政策不确定性引致固定资产投资率(或非国有企业固定资产投资占比)变化时,也会引致非国有企业固定资产投资占比(或固定资产投资率)变化。这两个中介变量的一部分作用是重叠发生的。当然,与上文中以经济波动作为核心解释变量的结果相比,固定资产投资率的作用在本部分显著增大了。说明虽然与经济波动相同,经济政策不确定性与经济长期增长之间呈正相关关系,但是这种正相关关系产生的机制是不一样的。经济波动主要是通过投资结构对经济长期增长产生影响，而经济政策不确定性则主要是通过投资率对经济长期增长产生影响。这一结论具有重要的政策意义，虽然同为不确定性，即使不确定性产生的最终影响相似，但不同种类的不确定性作用机制是存在差异的。针对相应不确定性变化出台政策时应该有的放矢，依据不确定性的种类区分各自的影响机制，进而制定出针对性的政策，这样才能达到预期的政策效果。

四、经济政策不确定性与经济波动的交互效应

在第八章中我们检验了金融波动和经济波动对经济长期增长产生的交互影响，结果发现金融波动和经济波动同时变化时会放大对方对经济长期增长的负面作用。那么经济政策不确定性变化与经济波动是否会对经济长期增长产生交互影响呢？如果产生，这种交互影响的方向又是怎样的呢？接下来我们就对这两个问题进行分析。

表 9－5　经济政策不确定性与经济波动对经济增长的交互影响

项目	(1)	(2)	(3)	(4)
	总样本	总样本	东部地区	非东部地区
	rgdp	*rgdp*	*rgdp*	*rgdp*
ln*uncer*	0.040＊＊＊ (5.91)	0.087＊＊＊ (4.61)	0.092＊＊ (2.55)	0.098＊＊＊ (4.71)
vgdp×ln*uncer*	－1.041＊＊ (－2.49)	－0.742＊ (－1.92)	－0.558 (－0.86)	－0.915＊＊ (－2.03)
vgdp	4.916＊＊＊ (2.57)	3.500＊＊ (1.98)	2.518 (0.85)	4.350＊＊ (2.13)
ln*gdp*		－0.020＊＊ (－2.06)	－0.028 (－1.55)	－0.030＊＊＊ (－2.61)
Stu		－0.000＊＊＊ (－3.30)	－0.000＊＊＊ (－4.84)	0.000＊＊＊ (2.71)
rpop		－0.308＊＊＊ (－2.92)	－0.085 (－0.54)	－0.180 (－1.36)

续表

项目	(1)	(2)	(3)	(4)
	总样本	总样本	东部地区	非东部地区
	rgdp	*rgdp*	*rgdp*	*rgdp*
exp		-0.052*** (-5.16)	-0.051*** (-3.94)	-0.095*** (-3.20)
常数项	-0.120*** (-3.74)	-0.100*** (-3.09)	-0.026 (-0.56)	-0.126*** (-3.01)
地区效应	是	是	是	是
时间效应	是	是	是	是
R - squared	0.5957	0.6635	0.6535	0.7958
N	434	434	154	280

注：①***、**、*分别表示在1%、5%和10%的显著水平上显著；②括号内为*t*值。

在表9-5中，我们依次采取不引入其他控制变量的简化形式和引入其他控制变量的完整形式进行分析。在简化形式下，经济政策不确定性项系数为0.04，且在1%的显著水平上显著，经济政策不确定性和经济波动交互项系数为-1.041，且在5%的显著水平上显著，经济波动项系数为4.916，且在1%的显著水平上显著。因此，总体来看，经济政策不确定性和经济波动同时变化时会放大对方对经济长期增长的负面作用。经济政策不确定性越大，经济波动和经济长期增长之间越偏向负相关，经济波动越剧烈，经济政策不确定性和经济长期增长之间越偏向负相关。我们进而引入控制变量进行分析，结果显示经济政策不确定性项系数为0.087，且在1%的显著水平上显著，经济政策不确定性和经济波动交叉项系数为-0.742，且在10%的显著水平上显著，经济波动项系数为3.5，且在5%的显著水平上显著。各项结论均与未引入控制变量时相符，说明上述结论是稳健的。

考虑到地区之间发展程度存在差异，我们将总样本分为东部地区和非东部地区进行分析，回归结果如表9-5中第(3)列和第(4)列所示。结果显示，在东部地区经济政策不确定性项系数为0.092，且在5%的显著水平上显著，经济政策不确定性和经济波动交叉项系数为-0.558，但不显著，经济波动项系数为2.518，也不显著。在非东部地区，经济政策不确定性项系数为0.098，且在1%的显著水平上显著，经济政策不确定性和经济波动交叉项系数为-0.915，且在5%的显著水平上显著，经济波动项系数为4.35，且在5%的显著水平上显著。说明总样本中经济政策不确定性和经济波动同时变化会放大对方对经济长期增长的负面效应的现象主要出现在非东部地区。

在第八章中我们通过理论模型分析发现金融波动和经济波动之所以对经济长期增长产生交互影响，是因为融资约束的存在，金融波动和经济波动之间不是独立的，而是相互影响的。那么我们也可以据此推测，经济政策不确定性和经济波动对经济长期增长产生交互影响应当也是由经济政策不确定性和经济波动相互不独立、互相影响所致。经济政策不确定性的增大会导致人们难以产生稳定的政策预期，进而投资决策波动就会较大，从而导致经济波动较大。同样，经济波动加剧时，为应对更加复杂的经济形势，政府也会相机抉择制定相应的经济政策，因此经济政策不确定性也会加大。正是因为存在经济政策不确定性和经济波动相互加强对方效果的效应，经济政策不确定性和经济波动对经济长期增长产生交互影响。经济政策不确定性和经济波动这种交互效应主要发生在非东部地区，说明与东部地区相比，非东部地区经济波动和经济政策不确定性的相互加强效应更显著，两者相关性更强。这可能是因为东部地区市场化程度较高，经济政策变化对企业投资决策影响没有非东部地区显著。

第四节 本章小结

本章基于省际面板数据进行实证检验得出如下结论:第一,经济政策不确定性与经济长期增长正相关,这与上文中以经济波动为核心解释变量时的回归结果一致。当经济政策不确定性加大时,为了抵御风险,人们会增加预防性储蓄,进而促进投资率的提升,最终促进经济增长。经济政策不确定性增加还会对投资结构产生影响,虽然经济政策不确定性变化均会影响国有企业投资和非国有企业投资,但是对这两种投资的影响存在差异性。

第二,虽然与经济波动相同,经济政策不确定性与经济长期增长之间呈正相关关系,但是这种正相关关系产生的机制是不一样的。经济波动主要是通过投资结构对经济长期增长产生影响,而经济政策不确定性则主要是通过投资率对经济长期增长产生影响。

第三,与金融波动相似,经济政策不确定性和经济波动同时变化会放大对方对经济长期增长的负面效应。经济政策不确定性的增大会导致人们难以产生稳定的政策预期,进而投资决策波动就会较大,从而导致经济波动较大。同样,经济波动加剧时,为应对更加复杂的经济形势,政府也会相机抉择制定相应的经济政策,因此经济政策不确定性也会加大。正是因为存在经济政策不确定性和经济波动相互加强对方效果的效应,经济政策不确定性和经济波动对经济长期增长产生交互影响。

第十章

结论和政策建议

第一节　本书主要结论

本书先是通过综述已有的文献和基于省际面板数据进行实证分析，发现中国经济短期波动性对长期增长趋势的影响呈现阶段性特点：1978年之前影响为负，1978年之后到本轮经济下行之前为正，进入新常态以来又为负。即在中华人民共和国经济史上，经济波动性变化对增长趋势的影响呈现出“负—正—负”的阶段性特征。

中国经济波动性变化对增长趋势的影响为什么会呈现这种阶段性特征？本书具体从投资率、资源在企业内配置以及资源在企业间配置的角度研究了经济短期波动如何对长期增长产生影响。

从投资率角度来看，我们基于省际面板数据实证分析了经济波动如何通过投资率机制对经济增长产生影响。根据本书的分析发现：第一，经济波动加剧可以通过实际期权效应和金融摩擦效应两种机制降低投资率，进而抑制经济增长，这一结论和已有文献相符。第二，中国经济波动主要通过实际期权机制对投资率产生影响，这一点和国外的情况很不同（国外发达国家的数据表明金融摩擦是一项更为重要的机制），这主要是因为中国存在大量国企以及政府的隐性担保，金融摩擦机制（仅对经济波动和投资率关系而言）很难发生作用。第三，经济波动通过投资率机制对经济增长产生的影响有限，这一点也和已有文献相符，而且由于金融摩擦机制难以发生作用，因此中国经济波动通过投资率对经济增长产生的影响应当较国外更小。

从资源在企业内配置的角度来看，经济波动通过影响研发活动强度以及技术进步模式两种方式对经济增长产生影响。通过研究发现:第一,中国经济波动对自主创新强度的影响为负,即经济波动加剧会导致自主创新投资强度下降。第二,中国经济波动加剧对技术引进强度有明显的促进效应,而且对技术引进的促进效应明显强于对自主创新的抑制效应,从而表现出中国经济波动对总研发强度(自主创新强度和技术引进强度之和)影响显著为正。这说明中国经济波动的确通过企业内资源再配置这一机制对经济增长产生了促进作用。第三,中国经济波动不仅对企业内部研发活动和非研发活动之间产生筛选效应,而且对研发活动中究竟采取技术引进还是自主创新实现技术进步也产生了筛选效应,且这种效应受金融发展以及国企占比两个因素的影响。

从资源在企业间配置的角度来看,我们通过理论模型分析和实证分析发现,中国经济波动加剧会提高非国有企业固定资产投资占比,进而促进长期经济增长。也就是说,中国经济波动通过资源在企业间再配置这一机制对经济增长产生了促进作用,而且根据实证分析,可以得出经济波动对经济增长的主要作用机制就是资源在不同效率企业之间的再配置。中国过去三十多年实行的市场化改革,对计划经济体制遗留的大量落后企业进行了清理,对严重错配的资源进行了重新配置,这种改革红利的释放使中国经济波动和经济增长的关系与发达国家的情况不同。

通过逐项分析,我们研究清楚了中国经济波动是如何通过投资率、资源在企业内配置以及资源在企业间配置三条机制对经济增长产生影响。同时,我们还发现金融发展程度会影响这三条机制作用的大小。金融发展程度之所以会影响经济波动和经济增长之间的关系,主要是因为两个原因:一是金融摩擦具有普遍存在性;二是对不同类型投资或企业而言金融摩擦具有异质性。因此,金融发展在经济波动性变化对增长趋势影响中所起的作用取决于金融资源的支持偏好。如果金融资源更多地用于高效率投资,那么随着金融发展程度的提升,经济波动性变化对增长趋势的促进效应就越强。如果金融资源分配偏向于低效率投资,那么金融发展程度提升就会导致经济波动和增长更偏向负相关。如果金融资源分配不偏向任何类型的投资,那么金融发展就不会有任何影响。总的来看,随着过去几十年金融发展程度的提高,我国经济波动和经济增长之间越来越偏向正相关。但是金融发展的作用仍然存在时间和空间上的差异性。

除了金融发展程度以外,我们还发现国有企业占比变量会对经济波动和经济增长之间关系产生影响。国有企业占比大小首先会直接影响地区企业异质性大小,即资源在企业间重新配置空间的大小。这主要是因为计划经济时期遗留了大量低效率企业,而这些低效率企业大多是国企,但并非说国有企业就一定是低效率企业。国有企业在研发活动中还会表现出与其他类型企业不同的特征,当经济波动加剧时,国企占比越高的地区,自主创新强度会下降得越厉害,但是技术引进强度则会上升得越明显。国企占比越高,还会导致投资率对经济波动敏感度下降,因此在一定程度上国企占比较高也通过投资率机制致使经济波动和经济增长更偏向正相关。

我们研究清楚了经济波动如何通过投资率、资源在企业内配置以及资源在企业间配置三条机制对经济增长产生影响,也弄清了金融发展和国企占比在其中所起的作用,进而就可以据此对中国的特殊现象进行分析和解释了。1978 年之前,中国经济属于计划经济体制,市场的筛选效应无法发挥作用,因此中国经济波动性增大时会抑制长期增长。1978 年开始,中国实行改革开放,阻碍资源自由流动的闸门被打开,市场的筛选效应开始起作用,这时我国与发达国家的技术水平差距很大,技术引进的空间当然也很大,因此经济波动对经济增长呈现出促进效应,而且这种促进效应受金融发展程度和企业异质性(本书用国有企业占比衡量)两个因素的影响。根据上文的分析,金融发展程度越高,经济波动和经济增长之间越偏向正相关;国企占比越高,经济波动和经济增长之间越偏向正相关。改革开放之初,虽然存在大量低效率企业,但是由于我国金融发展程度较低,经济波动对经济增长的促进效应较弱。而后随着我国金融发展程度的提升,经济波动对经济增长的促进效应不断加强,终于在 20 世纪

90年代末达到高峰。21世纪以来,国有企业职工占比不断下降,低效率企业不断减少,资源配置不断优化,配置效率不断提高,再结合中国技术水平的提升、技术引进空间越来越小,经济波动对经济增长的促进效应不断减弱,两者之间越来越偏向负相关关系。本书还基于面板非参数时变系数模型对经济波动项系数直接进行估计,得出的结论与参数模型的结论相符,说明本书的结论是稳健的。

此外,本书还将金融波动和经济波动放在一个统一的分析框架下进行研究,我们通过分析得出,由于融资约束的原因,不仅金融波动和经济波动各自会对经济增长产生影响,而且两者会对经济增长产生交互作用。企业产出下降时,不仅用于预防流动性冲击的自营资金减少,用于预防流动性冲击的信贷资金也会按比例相应减少,进而长期投资相对于短期投资的存活概率就会较大幅度降低,长期投资相对于短期投资的预期收益就会较大幅度下降,企业自然会大幅度降低长期投资占比。同样,企业产出增多时,不仅用于预防流动性冲击的自营资金增加,用于预防流动性冲击的信贷资金也会按比例相应增加,长期投资相对于短期投资的存活概率就会较大幅度上升,长期投资相对于短期投资的预期收益就会较大幅度上涨,企业自然会较大幅度提高长期投资占比。当企业产出上下波动时,不仅用于预防流动性冲击的自营资金数量上下波动,用于预防流动性冲击的信贷资金数量也会上下波动,长期投资相对于短期投资的风险就会较大幅度上升,企业自然会大幅度削减长期投资。

本书最后还分析了经济政策不确定性对经济长期增长的影响。一方面,近几年学者们对经济政策不确定性较为关注,认为经济政策不确定性属于导致经济波动的一个重要因素。另一方面,我们也可以将经济政策波动视为一种特定来源的经济波动,通过对比分析来检验本书结论的稳健性。通过分析我们得出以下几点结论:第一,经济政策不确定性与经济长期增长正相关,这与以经济波动为核心解释变量时的回归结果一致,说明本书的结论是稳健的。第二,经济政策不确定性主要是通过投资率对经济长期增长产生影响。说明不同类型波动对经济长期增长的影响机制存在差异。第三,与金融波动相似,经济政策不确定性和经济波动同时变化会放大对方对经济长期增长的负面效应。经济政策不确定性的加大会导致人们难以产生稳定的政策预期,进而投资决策波动就会较大,从而导致经济波动较大。同样,经济波动加剧时,为应对更加复杂的经济形势,政府也会相机抉择制定相应的经济政策,因此经济政策不确定性也会加大。正是因为存在经济政策不确定性和经济波动相互加强对方效果的效应,经济政策不确定性和经济波动对经济长期增长产生交互影响。

需要特别说明的是,虽然本书将国有企业作为低效率企业代表,国企占比作为企业异质性大小的衡量指标,但是并非意味着国有企业就一定是低效率的、落后的企业。本书之所以这样做,只是因为计划经济体制遗留了大量低效率企业,而这些低效率企业又刚好大多为国有企业而已。随着这些低效率企业的减少,以及通过国企改革,大量国企效率的显著提高,低效率企业已经明显减少,企业异质性已经大大降低。本书并非认为简单私有化就可以改变一个企业的经营效率和创新性,而是认为无论是哪种所有制企业,都应当努力破除那些阻碍创新、抑制效率提升的因素。

另外,本书只对经济波动和经济增长关系进行实证研究,而不对它们进行规范研究。本书不涉及究竟是应该欢迎经济波动还是应该平抑经济波动的讨论或判断。在以往的研究中,提高经济增速和平抑经济波动常常被当作经济增长和经济波动两大研究领域的直接目标。本书只是揭示经济波动可能会对经济增长产生影响,因此平抑经济波动时应当考虑到对长期增长趋势的影响,而并非认为经济波动加剧是好的现象。

第二节　政策建议

一、在当前经济形势下不能盲目乐观，要适度出台一些平稳经济波动的政策

已有研究多是根据过去几十年中国经济波动和增长之间的正相关关系认为此次经济增速下滑会有利于长期增长，因此不必过于担心，但是根据本书的分析可知，虽然平均来看，过去几十年经济波动和增长关系为正相关，但两者之间的关系并不是线性的，而是随着金融发展、国企占比变化而变化的。过去几十年中国经济波动对增长的促进效应是边际递减的、不可持续的。因此在当前情形下我们不能盲目乐观，坐等经济自己调节，我们应当适度出台一些平稳经济波动的政策，以免造成经济周期下滑和趋势性下滑交叉影响、恶性循环的情形出现。

当然，在中国未来的经济发展中，经济波动和经济增长之间究竟是正相关还是负相关尚无确切的答案。根据本书的分析可知，改革开放之初，虽然存在大量低效率企业，但是由于我国金融发展程度较低，经济波动对经济增长的促进效应较弱。而后随着我国金融发展程度的提升，经济波动对经济增长促进效应不断加强，终于在 20 世纪 90 年代末达到高峰。21 世纪以来，由于国有企业职工占比的不断下降，低效率企业的不断减少，资源配置不断优化，配置效率不断提高，再结合中国技术水平的提升、技术引进空间越来越小，经济波动对经济增长的促进效应不断减弱，两者之间越来越偏向负相关关系。因此，在未来一段时期内，如果经济波动仍

然是通过企业间资源配置这一机制来影响经济增长，那么当改革力度不强，经济波动引起的企业间资源再配置效应较弱时，经济波动和经济增长之间就会偏向负相关。当改革力度较大，经济波动引起的企业间资源再配置效应较强时，经济波动和经济增长之间就会偏向正相关。如果随着中国经济的发展，经济波动影响经济增长的主要渠道由企业间资源配置变为企业内资源配置，那么，当金融发展程度较高、金融资源更多地支持创新型企业时，经济波动与经济增长就会偏向正相关。如果金融市场发展得不完善、金融资源更多地支持落后企业，那么经济波动与经济增长偏向于负相关。因此可以说，未来中国经济波动和经济增长之间的关系取决于中国所处发展阶段、金融市场发展程度以及政府改革力度三者的共同作用。

二、继续深化改革，提高资源利用效率，促进经济增长方式由投资驱动型向效率驱动型、创新驱动型转变

平稳经济波动毕竟不是长久之计，中国经济若想走出此轮经济增长困境，不外乎从需求和供给两个方面想办法。从需求方来看，消费在短时间内难以提升，净出口受到不利的国际经济形势拖累也难以恢复往日水平，增加投资又受产能过剩的困扰，而且容易造成政府和企业杠杆率过高。从供给角度来看，资本本身就存在边际效率递减趋势，人口红利减少使劳动力不再是支撑经济增长的主要因素，剩下的唯一一个能够有效解决当前中国经济发展困境的因素或途径就是提高全要素生产率。根据本书的分析，现阶段提高中国经济的 TFP 主要有三种途径：一是减少对金融机构的行政干预，降低对落后企业的保护力度，优化金融资源配置方式，提高金融资源利用效率。将更多的金融资源由低效率、产能过剩的企业或项目转移到创新型的、高效率的企业或项目上。二是调整和优化资源在区域间和产业间的配置。三是加快推进中西部地区的市场化改革，提高中西部地区经济的市场化水平。

我国目前正在大力施行的供给侧结构性改革可以说正是对症下药，

通过深化改革可以大大提高资源利用效率,实现生产率的明显提升。当然,从更长期的视角来看,效率改进的空间仍然是有限的,要实现更长期的持续增长,还得实现效率驱动到创新驱动的成功转型。

三、利用此次经济下行创造条件实现技术进步模式的成功转换

当前是实现技术进步模式转变的窗口期,因此利用此次经济波动加剧这一条件实现技术进步模式成功转变是目前非常迫切的任务。根据本书的研究,我们认为未来应当注意从以下几个方面着手促进技术进步模式的转变:

第一,根据本书的结论,在目前情形下,金融发展程度越高,经济波动与自主创新占比越偏向正相关。经济越是持续下探、下探幅度越大,经济波动与自主创新占比越偏向正相关。因此,一方面可以利用此轮经济增速不断下行、经济波动加剧,促进技术进步模式转变;另一方面加快推进金融体制改革,为技术进步模式的成功转换创造条件。

第二,我国实施创新驱动战略、鼓励自主创新也要因地制宜、因时制宜、因行业制宜。各地区、各行业技术水平各异,技术差距也存在差异,我们应当在技术水平较高、技术差距较小的地区或行业充分发挥金融发展和经济波动对技术进步模式转换的促进作用,而在技术水平较低、技术差距较大的地区或行业,除了鼓励自主创新外,也要重视采用技术引进的方式促进技术进步。

第三,破除行政垄断,充分激发自主创新动力。一些国有企业的垄断地位会导致国有企业不思进取,自主创新意愿不强,未来,应当逐步破除这种行政垄断,让市场竞争激发国有企业自主创新动力。

四、谨防金融波动、经济政策波动与经济波动形成共振效应，降低多重风险对经济长期增长的负面乘数效应

第一，虽然我们需要根据经济形势做出相机抉择，制定相应的货币政策，但我们也要考虑政策频繁改变给经济增长带来的损失，尽量避免朝令夕改的现象，给企业和居民一个较为稳定的政策预期，这样才能有利于我国经济平稳健康地发展。

第二，在经济波动加剧背景下，当经济政策波动与金融波动亦同时加剧时，我们尤其要注意多重风险对经济增长产生的交互影响。制定相应政策也应当全盘考虑，否则有可能会出现负面影响交叉性放大、风险急剧上升的情形。

第三，不同类型投资对金融波动敏感性存在差异是金融波动对经济增长产生影响的主要原因，因此当金融波动加剧时，如果创新型、高效率投资受影响较大，我们应当重点扶持这些投资，帮助其渡过难关。

参考文献

[1] Alvarez F. ,Jermann U. J. Using asset prices to measure the cost of business cycles[J]. Journal of Political Economy,2004,112(6):1223 –1256.

[2] Abate G. D. On the link between volatility and growth: A spatial econometrics approach[J]. Spatial Economic Analysis,2016,11(1):27 –45.

[3] Aghion P. ,P. Bacchetta and A. Banerjee. Financial development and the instability of open economies[J]. Journal of Monetary Economics, 2004,51(6):1077 –1106.

[4] Aghion P. , P. Howitt and D. Mayer – Foulkes. The effect of financial development on convergence: Theory and evidence[J]. The Quarterly Journal of Economics,2005,120(1):173 –222.

[5] Aghion P. and A. Banerjee. Volatility and Growth[M]. Oxford University Press,2005.

[6] Aghion P. , G. M. Angeletos , A. Banerjee and K. Manova. Volatility and growth: Credit constraints and the composition of investment[J]. Journal of Monetary Economics,2010,57(3):246 –265.

[7] Aghion P. , Angeletos M. , Banerjee A. ,Manova K. Volatility and growth: Financial development and the cyclical composition of investment [Z]. Currently revised for the Journal of Monetary Economics,2005.

[8] Aghion P. ,Howitt P. A model of growth through creative destruction [J]. Econometrica,1992,60(2):323 –351.

[9]Aghion P. , Askenazy P. , Berman N. , Cette G. ,Eymard L. Credit constraints and the cyclicality of R&D investment: Evidence from France[J]. Journal of the European Economic Association,2012,10(5):1001 - 1024.

[10]Aikman D. , A. G. Haldane and B. D. Nelson. Curbing the credit cycle[J]. The Economic Journal,2015,125(585):1072 - 1109.

[11]Angeletos G. M. Uninsured idiosyncratic investment risk and aggregate saving[J]. Review of Economic Dynamics,2007,10(1):1 - 30.

[12]Anselin L. Spatial econometrics: Methods and models[J]. Springer Science & Business Media,1999(4).

[13]Arellano C. , Bai Y. ,Kehoe, P. Financial markets and fluctuations in volatility[J]. Federal Reserve Bank of Minneapolis Research Department Staff Report,2012(466).

[14]Atanassov J. , Julio B. ,Leng, T. The bright side of political uncertainty: The case of R&D[R]. Working Book,2018.

[15]Bachmann R. ,Bayer C. Firm - Specific Productivity Risk Over the Business Cycle: Facts and Aggregate Implications[Z]. SSRN eLibrary,2009.

[16] Bachmann R. , Bayer, C. "Wait - and - See" business cycles? [J]. Journal of Monetary Economics,2013,60(6):704 - 719.

[17]Backus D. K. ,Kehoe P. J. International evidence on the historical properties of business cycles[J]. The American Economic Review, 1992, 82 (4):864 - 888.

[18]BakerS. R. ,N. Bloom, S. J. Davis. Has Economic Policy Uncertainty Hampered the Recovery? [R]. Chicago Booth Research Book,2012.

[19]Baker S. R. , N. Bloom, S. J. Davis. Measuring economic policy uncertainty[J]. Quarterly Journal of Economics,2016(131):1593 - 1636.

[20]Barlevy, G. The cost of business cycles under endogenous growth [J]. The American Economic Review,2004,94(4):964 - 990.

[21] Barro R. J. , Sala - I - Martin X. Technological diffusion, convergence, and growth[J]. Journal of Economic Growth, 1997, 2(2): 1 - 26.

[22] Barsky R. B. , Sims, E. R. Information, animal spirits, and the meaning of innovations in consumer confidence[J]. The American Economic Review, 2012, 102(4): 1343 - 1377.

[23] Benfratello L. , Schiantarelli F. , Sembenelli, A. Banks and innovation: Microeconometric evidence on Italian firms[J]. Journal of Financial Economics, 2008, 90(2): 197 - 217.

[24] Bernanke B. Gertler, M. Agency costs, net worth, and business fluctuations[J]. The American Economic Review, 1989, 79(1): 14 - 31.

[25] Bernanke B. Irreversibility, uncertainty, and cyclical investment [J]. Quarterly Journal of Economics, 1983, 98(1): 85 - 106

[26] Blackburn K. , Pelloni A. On the relationship between growth and volatility[J]. Economics Letters, 2014, 83(1): 123 - 127.

[27] Bloom N. , Bond S. , Reenen, J. V. Uncertainty and investment dynamics[J]. Review of Economic Studies, 2007, 74(2): 391 - 415.

[28] Bloom, N. The impact of uncertainty shocks[J]. Econometrica, 2009, 77(3): 623 - 685.

[29] Bloom, N. Floetotto M. , Jaimovich N. , Saporta - Eksten I. , Terry S. J. Really Uncertain Business Cycles[R]. NBER Working Book, 2012.

[30] Borensztein E. , De Gregorio J. , Lee J. W. How does foreign direct investment affect economic growth? [J]. Journal of international Economics, 1998, 45(1): 115 - 135.

[31] Borio C. The Financial Turmoil of 2007 - ?: A Preliminary Assessment and Some Policy Considerations[J]. Bank for International Settlements Working Book, 2008(251).

[32] Borio C. The Financial Cycle and Macroeconomics: What Have We

Learnt? [J]. Journal of Banking and Finance,2014(45):182 – 198.

[33] Born, B., J. P., Feifer. Policy Risk and the Business Cycle[J]. Journal of Monetary Economics,2014,68: 68 – 85.

[34] Boulding K. E, Harper & Row. Economic analysis, volume I: Microeconomics, fourth edn[M]. New York,1996.

[35] Brandt L., Hsieh C. T., Zhu, X. Growth and structural transformation in China [J]. China's Great Economic Transformation, 2008: 683 – 728.

[36] Caballero R., Hammour M. L. The cleansing effect of recessions [J]. The American Economic Review,1994,84(5):1350 – 1368.

[37] Caballero R. J., Pindyck R. S. Uncertainty, investment, and industry evolution[J]. International Economic Review,1992,37(3):641 – 662.

[38] Cai Z. Trending time – varying coefficient time series models with serially correlated errors[J]. Journal of Econometrics,2007,136(1):163 – 188.

[39] Campbell J., Mankiw N. G. "Are output fluctuations persistent?" [J]. Quarterly Journal of Economics,1987,102(4):857 – 880.

[40] Campbell J., Mankiw N. G. International evidence on the persistence of economic fluctuations[J]. Journal of Monetary Economics,1989,23(2):319 – 333.

[41] Calcagnini G., Saltari E. Real and financial uncertainty and investment decisions[J]. Journal of Macroeconomics,2000,22(3):491 – 514.

[42] Chauvet M., Guo, J. T. Sunspots, animal spirits, and economic fluctuations[J]. Macroeconomic Dynamics,2003,7(1):140 – 169.

[43] Chen Y., Puttitanun T. Intellectual property rights and innovation in developing countries[J]. Journal of development economics, 2005, 78(2):474 – 493.

[44] Chen K., Song, Z. Financial frictions on capital allocation: A

transmission mechanism of TFP fluctuations[J]. Journal of Monetary Economics,2013,6(60):683 - 703.

[45]Chen K. C., L. Wu and J. Wen. The relationship between finance and growth in China[J]. Global Finance Journal,2013,24(1):1 - 12.

[46]Cheung K. Y., Lin, P. Spillover effects of FDI on innovation in China: Evidence from the provincial data[J]. China Economic Review,2004, 15(1):25 - 44.

[47]Christiano L. J., Motto R., Rostagno, M. Risk shocks[J]. The American Economic Review,2014,104(1):27 - 65.

[48]Chugh S. K. Firm risk and leverage - based business cycles[J]. Review of Economic Dynamics,2016(20):111 - 131.

[49]Dell'Arriccia D. Igan, L. Laeven and H. Tong. Policies for macrofinancial stability: How to deal with credit booms[R]. IMF Discussion Note, April,2012.

[50]Dixit A. K., Pindyck R. S. Investment under uncertainty[J]. Journal of Finance,1994,49(49):659 - 681.

[51]Doshi H., Kumar P., Yerramilli, V. Uncertainty and capital investment: Real options or financial frictions[R]. SSRN Scholarly Book,2014.

[52]Doraszelski U., Jaumandreu J. R&D and productivity: Estimating endogenous productivity[J]. The Review of Economic Studies,2013,80(4): 1338 - 1383.

[53]Drehmann M., C. Borio and K. Tsatsaronis. Characterising the financial cycle: Don't lose sight of the medium term[R]. BIS Working Books, 2012.

[54]Elekdag S. and Y. Wu. Rapid Credit Growth: Boon or Boom - Bust [Z]. International Monetary Fund,2011.

[55]Elhorst J. P. Specification and estimation of spatial panel data mod-

els[J]. International Regional Science Review,2003,26(3):244 - 268.

[56]English W., K. Tsatsaronis and E. Zoli. Assessing the predictive power of measures of financial conditions for macroeconomic variables[J]. BIS Books,2005:228 - 252.

[57]Fan J., Gijbels I. Local polynomial modelling and its applications [M]. CRC Press,1996.

[58]Fatas A. The effects of business cycles on growth[Z].. Central Bank of Chile,2002.

[59]Fostel A., J. Geanakoplos. Leverage cycles and the anxious economy[J]. American Economic Review,2008,98(4):1211 - 1244.

[60]Gertler M. and N. Kiyotaki. Financial intermediation and credit policy in business cycle analysis[J]. Handbook of Monetary Economics,2010,3(3):547 - 599.

[61]Gilchrist S., Sim J. W., Zakrajšek E. Uncertainty, financial frictions, and investment dynamics[R]. NBER Working Book,2014.

[62]Griffith R., Huergo E. Innovation and productivity across four European countries [J]. Oxford Review of Economic Policy, 2006, 22 (4): 483 - 498.

[63]Griliches Z. Productivity, R&D and basic research at firm level in the 1970s[J]. The American Economic Review,1986:76(1):141 - 154.

[64]GulenH., M. Ion. Policy uncertainty and corporate investment[J]. Review of Financial Studies,2016,29(3): 523 - 564.

[65]Harrison S. G., Weder M. Did sunspot forces cause the Great Depression? [J]. Journal of monetary Economics,2006,53(7):1327 - 1339.

[66]Hall B. H., Lotti F., Mairesse, J. Innovation and productivity in SMEs: Empirical evidence for Italy[J]. Small Business Economics,2009,33(1):13 - 33.

[67] Hatzius J., P. Hooper and F. S. Mishkin. Financial conditions indexes: A fresh look after the financial crisis[J]. National Bureau of Economic Research, 2010.

[68] Hsieh C. T., Klenow P. J. Misallocation and manufacturing TFP in China and India[J]. The Quarterly Journal of Economics, 2009, 124(4): 1403-1448.

[69] Hume M., A. Sentance. The global credit boom: Challenges for macroeconomics and policy[J]. Journal of international Money and Finance, 2009, 28(8): 1426-1461.

[70] Holtz-Eakin D., Joulfaian D., Rosen H. S. Sticking it out: Entrepreneurial survival and liquidity constraints[J]. Journal of Political Economy, 1994, 102(1): 53-75.

[71] Jermann U. and V. Quadrini. Macroeconomic effects of financial shocks[J]. American Economic Review, 2012(102): 238-271.

[72] Jordà Ò., M. H. P. Schularick and A. M. Taylor. When credit bites back: Leverage, business cycles, and crises[R]. National Bureau of Economic Research, 2011.

[73] Jones L., Manuelli R., Stacchetti, E. Technology and policy shocks in models of endogenous growth[R]. Federal Reserve Bank of Minneapolis Working Book, 2000.

[74] Jovanovich B. Asymmetric cycles[J]. Review of Economic Studies, 2006, 73(1): 145-162.

[75] JulioB., Y. Yook. Political uncertainty and corporate investment cycles[J]. Journal of Finance, 2012, 67(1): 45-83.

[76] Kang W. K., Lee R. A. Ratti. Economic Policy Uncertainty and Firm-level Investment[J]. Journal of Macroeconomics, 2014(39): 42-53.

[77] Kiyotaki N. Moore J. Credit cycles[J]. Journal of Political Econo-

my,1997,105(2):211 -248.

[78] King R. G. and R. Levine. Finance, entrepreneurships, and growth - theory and evidence[J]. Journal of Monetary Economics, 1993a (32):513 -542.

[79] King R. G. and R. Levine. Finance and growth: Schumpeter might be right[J]. Quarterly Journal of Economics,1993b(108):717 -737.

[80] Koopman S. J. , R. Lit and A. Lucas. Model - based business cycle and financial cycle decomposition for europe and the US[R]. Tinbergen Institute Discussion Book,2016.

[81] Leahy J. V. ,Whited, T. M. The effect of uncertainty on investment: some stylized facts[J]. Journal of Money Credit & Banking,1996,28 (1):64 -83.

[82] Levine R. , Renelt, D. A sensitivity analysis of cross - country growth regressions[J]. The American Economic Review, 1992, 82(4): 942 -963.

[83] Leland H. E. Saving and uncertainty: The precautionary demand for saving[J]. The Quarterly Journal of Economics,1996,82(3):465 -473.

[84] Li D. , Chen J. ,Gao, J. Non - parametric time - varying coefficient panel data models with fixed effects[J]. The Econometrics Journal,2011,14 (3):387 -408.

[85] Lin, S. C. ,Kim, D. H. The link between economic growth and growth volatility[J]. Empirical Economics,2014,46(1):43 -63.

[86] Lin P. C. and H. C. Huang. Banking industry volatility and growth [J]. Journal of Macroeconomics, 2012,34(4):1007 -1019.

[87] Lucas R. E. Models of Business Cycles[A]// Models of business cycles[M]. Basil Blackwell, 1987.

[88] Martin P. ,Rogers C. A. Stabilization policy, learning - by - do-

ing, and economic growth [J]. Oxford Economic Books, 1997, 49 (2): 152 - 166.

[89] Martin P., Rogers C. A. Optimal stabilization policy in the presence of learning by doing[J]. Journal of Public Economic Theory, 2000a, 2 (2):213 - 241.

[90] Martin P., Rogers C. A. Long - term growth and short - term economic instability[J]. European Economic Review, 2000b, 44(2):359 - 381.

[91] Matsuyama K. Credit traps and credit cycles [J]. American Economic Review, 2007, 97(1):503 - 516.

[92] Midrigan V., Xu D. Y. Finance and misallocation: Evidence from plant - level data [J]. The American Economic Review, 2014, 104 (2): 422 - 458.

[93] Musso P., Schiavo S. The impact of financial constraints on firm survival and growth [J]. Journal of Evolutionary Economics, 2008, 18 (2): 135 - 149.

[94] Narayan P. K., Narayan S., Smyth R. Understanding the inflation - output nexus for China[J]. China Economic Review, 2009, 20(1):82 - 90.

[95] Ng T. The predictive content of financial cycle measures for output fluctuations[J]. BIS Quarterly Review June, 2011:53 - 65.

[96] Ouyang M. The scarring effect of recessions[J]. Journal of Monetary Economics, 2009:56(2):184 - 199.

[97] Ouyang M. Cyclical persistence and the cyclicality of R&D [R]. Working Books, 2010.

[98] Ouyang M. On the cyclicality of R&D[J]. Review of Economics & Statistics, 2011, 93(93):542 - 553.

[99] PastorL., P. Veronesi. Uncertainty about Government Policy and Stock Prices[J]. Journal of Finance, 2012, 67(4): 1219 - 1264.

[100] Pindyck R. S. Irreversibility, uncertainty, and investment[J]. Journal of Economic Literature, 1991, 29(3): 1110 – 48.

[101] Pham T. A. Growth, volatility and stabilisation policy in a DSGE model with nominal rigidities and learning – by – doing[J]. International Economics and Economic Policy, 2011, 8(3): 307 – 322.

[102] Rafferty M. The effects of expected and unexpected volatility on long – run growth: Evidence from 18 developed economies[J]. Southern Economic Journal, 2005, 71(3): 582 – 591.

[103] Ramey G., Ramey V. A. Cross – country evidence on the link between volatility and growth[J]. The American Economic Review, 1995, 85(5): 1138 – 1151.

[104] Robinson P. M. Nonparametric trending regression with cross – sectional dependence[J]. Journal of Econometrics, 2012, 169(1): 4 – 14.

[105] Sandmo A. The effect of uncertainty on saving decisions[J]. Review of Economic Studies, 1970, 37(3): 353 – 360.

[106] Schularick M. and A. M. Taylor. Credit booms gone bust: Monetary policy, leverage cycles, and financial crises, 1870 – 2008[J]. American Economic Review, 2012, 102(2): 1029 – 1061.

[107] Stockhammer E. and L. Grafl. Financial uncertainty and business investment[J]. Review of Political Economy, 2010, 22(4): 551 – 568.

[108] VillaverdeJ. F., P. G. Quintana, K. Kuester, J. R. Ramírez. Fiscal volatility shocks and economic activity[J]. American Economic Review, 2015, 105(11): 3352 – 3384.

[109] Wang Pengfei and Yi Wen. Financial development and economic volatility: A unified explanation[R]. FRB of St. Louis Working Book, 2009.

[110] Zarnowitz V. Business cycles and growth: Some reflections and measures, in W. Muckl & A. Ott, eds, "Wirtschaftstheorie und Wirtschafts-

politik: Gedenkschrift für Erich Preiser"[J]. Passavia Universitätsverlag, Passau,1981:475 - 508.

[111]蔡昉. 认识中国经济减速的供给侧视角[J]. 经济学动态, 2016(4):14 - 22.

[112]程惠芳,文武,胡晨光. 研发强度、经济周期与长期经济增长[J]. 统计研究,2015(1).

[113]陈灿平. 我国人力资本存量与经济增长关系的实证研究[J]. 西南民族大学学报(人文社科版), 2009, 30(8):218 - 221.

[114]陈昆亭,周炎,龚六堂. 短期经济波动如何影响长期增长趋势?[J]. 经济研究,2012(1).

[115]陈太明. 中国经济周期的福利成本:1978—2004[J]. 数量经济技术经济研究,2007(1).

[116]陈彦斌. 中国经济增长与经济稳定:何者更为重要[J]. 管理世界,2005(7).

[117]陈彦斌,刘哲希. 宏观政策目标演进路径与2017年目标解读[J]. 宏观经济管理,2017(2).

[118]陈雨露,马勇,阮卓阳. 金融周期和金融波动如何影响经济增长与金融稳定?[J]. 金融研究,2016(2).

[119]陈彦斌,周业安. 中国商业周期的福利成本[J]. 世界经济, 2006(2).

[120]陈彦斌,唐诗磊. 信心、动物精神与中国宏观经济波动[J]. 金融研究,2009(9).

[121]陈彦斌, 姚一旻, 陈小亮. 中国经济增长困境的形成机理与应对策略[J]. 中国人民大学学报, 2013, 27(4):27 - 35.

[122]邓创,徐曼. 中国的金融周期波动及其宏观经济效应的时变特征研究[J]. 数量经济技术经济研究,2014(9).

[123]范小云,袁梦怡,肖立晟. 理解中国的金融周期:理论、测算与

分析[J]. 国际金融研究,2017(1).

[124]方福前. 实现经济突围须选好长短期突破点——中国经济减速的原因与出路分析[J]. 人民论坛,2014(26).

[125]方福前, 马学俊. 中国经济减速的原因与出路[J]. 中国人民大学学报, 2016, 30(6):64 - 75.

[126]付兵. 中国企业债信用利差与宏观经济指标关系的实证研究[D]. 复旦大学,2014.

[127]龚刚,黄春媛,张前程. 从技术引进走向自主研发——论新阶段下的中国经济增长方式[J]. 经济学动态,2013(5).

[128]苟琴,黄益平,刘晓光. 银行信贷配置真的存在所有制歧视吗?[J]. 管理世界,2014(1).

[129]顾元媛,沈坤荣. 地方政府行为与企业研发投入——基于中国省际面板数据的实证分析[J]. 中国工业经济,2012(10).

[130]顾夏铭, 陈勇民, 潘士远. 经济政策不确定性与创新——基于我国上市公司的实证分析[J]. 经济研究, 2018(2).

[131]郭豫媚,陈彦斌. 中国潜在经济增长率的估算及其政策含义:1979—2020[J]. 经济学动态,2015(2).

[132]韩国高,胡文明. 宏观经济不确定性, 企业家信心与固定资产投资——基于我国省际动态面板数据的系统 GMM 方法[J]. 财经科学,2016(3).

[133]何其春,孙萌. 对外贸易、金融改革和经济增长:来自中国的证据[J]. 经济学(季刊),2012(3).

[134]韩剑,郑秋玲. 政府干预如何导致地区资源错配——基于行业内和行业间错配的分解[J]. 中国工业经济,2014(11).

[135]韩其恒,李俊青,刘鹏飞. 要素重新配置型的中国经济增长[J]. 管理世界,2016(1).

[136]黄梅波,吕朝凤. 中国经济周期福利成本的边际分析[J]. 世界

经济,2011(6).

[137]黄赜琳. 中国经济周期特征与财政政策效应[J]. 经济研究,2005(6).

[138]黄国平,孔欣欣. 金融促进科技创新政策和制度分析[J]. 中国软科学,2009(2).

[139]简泽. 技术冲击,资本积累与经济波动——对实际经济周期理论的一个检验[J]. 统计研究,2005(11).

[140]简泽. 企业间的生产率差异、资源再配置与制造业部门的生产率[J]. 管理世界,2011(5).

[141]贾俊雪,郭庆旺,曹永刚. 中国货币增长的不确定性及其对宏观经济的影响[J]. 中国软科学,2006(11).

[142]金雪军,钟意,王义中. 政策不确定性的宏观经济后果[J]. 经济理论与经济管理,2014(2).

[143]靳来群,林金忠,丁诗诗. 行政垄断对所有制差异所致资源错配的影响[J]. 中国工业经济,2015(4).

[144]靳来群. 所有制歧视所致金融资源错配程度分析[J]. 经济学动态,2015(6).

[145]康立,龚六堂,陈永伟. 金融摩擦、银行净资产与经济波动的行业间传导[J]. 金融研究,2013(5).

[146]康立,龚六堂. 金融摩擦、银行净资产与国际经济危机传导——基于多部门 DSGE 模型分析[J]. 经济研究,2014(5).

[147]李凤羽,杨墨竹. 经济政策不确定性会抑制企业投资吗?——基于中国经济政策不确定指数的实证研究[J]. 金融研究,2015(4).

[148]李凌,王翔. 中国城镇居民消费增长与波动的福利成本比较[J]. 数量经济技术经济研究,2010(6).

[149]李小明. 中国经济波动与增长的福利成本分析[J]. 数量经济技术经济研究, 2013(4):34-45.

[150]李春吉,范从来,孟晓宏.中国货币经济波动分析:基于垄断竞争动态一般均衡模型的估计[J].世界经济,2010(7).

[151]李春吉,孟晓宏.中国经济波动——基于新凯恩斯主义垄断竞争模型的分析[J].经济研究,2006(10).

[152]黎欢,龚六堂.金融发展、创新研发与经济增长[J].世界经济文汇,2014(2).

[153]李平,钟学义,王宏伟,等.中国生产率变化与经济增长源泉:1978—2010年[J].数量经济技术经济研究,2013(1).

[154]林毅夫,张鹏飞.后发优势、技术引进和落后国家的经济增长[J].经济学(季刊),2005(4).

[155]林毅夫,苏剑.论我国经济增长方式的转换[J].管理世界,2007(11).

[156]刘智勇,胡永远,易先忠.异质型人力资本对经济增长的作用机制检验[J].数量经济技术经济研究,2008,25(4):86-96.

[157]刘树成,张晓晶,张平.实现经济周期波动在适度高位的平滑化[J].经济研究,2005(11).

[158]刘金全,李楠,刘汉.我国经济周期波动率的成分分解及稳定性研究[J].财经研究,2009(11).

[159]刘金全,刘志刚,于冬.我国经济周期波动性与阶段性之间关联的非对称性检验——Plucking模型对中国经济的实证研究[J].统计研究,2005(8).

[160]刘金全,隋建利.中国货币增长不确定性与经济增长关系检验(1980—2008)[J].中国社会科学,2010(4).

[161]刘伟,冯涛.要素再配置效应对中国服务业发展的影响研究[J].经济学家,2014(12).

[162]刘志阔,蒋坤宏.中国研发投入的周期性及其非对称性——基于工业企业数据库的实证研究[J].世界经济文汇,2014(3).

[163]刘小鲁.知识产权保护、自主研发比重与后发国家的技术进步[J].管理世界,2011(10).

[164]刘元春,杨丹丹.金融危机后产出缺口理论的回顾、反思与最新进展[J].中国人民大学学报,2016(2).

[165]罗德明,李晔,史晋川.要素市场扭曲、资源错置与生产率[J].经济研究,2012(3).

[166]卢峰,姚洋.金融压抑下的法治,金融发展和经济增长[J].中国社会科学,2004(1).

[167]卢二坡.转型期中国短期波动对长期增长影响的实证研究[D].厦门大学,2007.

[168]卢二坡,王泽填.短期波动对长期增长的效应——基于省际面板数据的经验证据[J].统计研究,2007(6).

[169]卢二坡,曾五一.转型期中国经济短期波动对长期增长影响的实证研究[J].管理世界,2008(12).

[170]卢二坡,吕介民,张焕明.我国制造业行业短期波动对长期增长的影响研究——基于CPMG估计方法[J].财经研究,2014(3).

[171]卢荻,王天骄.技术创新与金融发展[J].经济问题,2013(5).

[172]陆剑,柳剑平,程时雄.中国与OECD主要国家工业行业技术差距的动态测度[J].世界经济,2014(9).

[173]吕朝凤.中国经济周期特征与太阳黑子均衡[J].数量经济技术经济研究,2014(1).

[174]毛其淋,盛斌.中国制造业企业的进入退出与生产率动态演化[J].经济研究,2013(4).

[175]马勇,冯心悦,田拓.金融周期与经济周期——基于中国的实证研究[J].国际金融研究,2016(10).

[176]毛泽盛,王元.中国信贷波动对金融系统性风险影响的实证研究[J].国际金融研究,2015(12).

［177］梅冬州，龚六堂. 新兴市场经济国家的汇率制度选择［J］. 经济研究，2011（11）.

［178］聂辉华，贾瑞雪. 中国制造业企业生产率与资源误置［J］. 世界经济，2011（7）.

［179］钱士春. 中国宏观经济波动实证分析：1952—2002［J］. 统计研究，2004（4）.

［180］饶晓辉，廖进球. 递归偏好、经济波动与增长的福利成本：基于中国的实证分析［J］. 经济科学，2008（4）.

［181］邵军，徐康宁. 转型时期经济波动对我国生产率增长的影响研究［J］. 经济研究，2011（12）.

［182］沈春苗，郑江淮. 资源错配研究述评［J］. 改革，2015（4）.

［183］宋结焱，施炳展. 出口贸易是否降低了中国行业内资源错配？［J］. 世界经济研究，2014（10）.

［184］宋林，郭玉晶. 创新驱动发展战略下中国技术进步的路径选择［J］. 经济学家，2016（4）.

［185］唐绍祥. 中国民营企业技术进步的路径选择——基于民营大中型工业企业的实证分析［J］. 中国软科学，2011（5）.

［186］王青，冯宗宪，侯晓辉. 自主创新与技术引进对我国技术创新影响的比较研究［J］. 科学学与科学技术管理，2010（6）.

［187］王义中，宋敏. 宏观经济不确定性、资金需求与公司投资［J］. 经济研究，2014（2）.

［188］王国静，田国强. 金融冲击和中国经济波动［J］. 经济研究，2014（3）.

［189］武鹏. 改革以来中国经济增长的动力转换［J］. 中国工业经济，2013（2）.

［190］吴延兵. 自主研发、技术引进与生产率——基于中国地区工业的实证研究［J］. 经济研究，2008（8）.

[191]吴延兵. 国有企业双重效率损失研究[J]. 经济研究,2012(3).

[192]解维敏,方红星. 金融发展、融资约束与企业研发投入[J]. 金融研究,2011(5).

[193]杨光,孙浦阳,龚刚. 经济波动、成本约束与资源配置[J]. 经济研究,2015(2).

[194]姚洋. 非国有经济成分对我国工业企业技术效率的影响[J]. 经济研究,1998(12).

[195]鄢萍. 资本误配置的影响因素初探[J]. 经济学(季刊),2012(2).

[196]杨友才. 金融发展与经济增长——基于我国金融发展门槛变量的分析[J]. 金融研究,2014(2).

[197]姚耀军,鲍晓辉. 金融中介发展平抑了经济波动吗?——来自中国的经验证据[J]. 财经研究,2013(1).

[198]袁中国,陈平,刘兰凤. 汇率制度,金融加速器和经济波动[J]. 经济研究,2011(1).

[199]易先忠,张亚斌,刘智勇. 自主创新、国外模仿与后发国知识产权保护[J]. 世界经济,2007(3).

[200]易先忠. 技术差距双面效应与主导技术进步模式转换[J]. 财经研究,2010(7).

[201]于凌云. 教育投入比与地区经济增长差异[J]. 经济研究,2008(10):131-143.

[202]余泳泽. 改革开放以来中国经济增长动力转换的时空特征[J]. 数量经济技术经济研究,2015(2).

[203]余泳泽,张先轸. 要素禀赋、适宜性创新模式选择与全要素生产率提升[J]. 管理世界,2015(9).

[204]张杰,芦哲,郑文平,等. 融资约束、融资渠道与企业 R&D 投入[J]. 世界经济,2012(10).

[205]周黎安,张维迎,顾全林,等. 企业生产率的代际效应和年龄效

应[J].经济学(季刊),2007(4).

[206]张成思,李雪君.基于全球视角的中国金融发展指数研究[J].金融研究,2012(6).

[207]张军,金煜.中国的金融深化和生产率关系的再检测:1987—2001[J].经济研究,2005(11).

[208]詹新宇,方福前.国有经济改革与中国经济波动的平稳化[J].管理世界,2012(3).

[209]詹新宇.市场化、人力资本与经济增长效应——来自中国省际面板数据的证据[J].中国软科学,2012(8):166-177.

[210]赵留彦.供给、需求与中国宏观经济波动[J].财贸经济,2008(3).

[211]赵勇,雷达.金融发展与经济增长:生产率促进抑或资本形成[J].世界经济,2010(2).

[212]庄子罐,崔小勇,龚六堂,等.预期与经济波动——预期冲击是驱动中国经济波动的主要力量吗?[J].经济研究,2012(6).